Alta performance em VENDAS

Dale Carnegie and Associates, Inc., J. Oliver Crom e Michael Crom

Alta performance em VENDAS

Como fazer amigos & influenciar clientes
para aumentar as suas vendas

Tradução
Orlando Bandeira

Revisão técnica
Louis Burlamaqui

23ª EDIÇÃO

Rio de Janeiro | 2024

CIP-BRASIL. CATALOGAÇÃO-NA-FONTE
SINDICATO NACIONAL DOS EDITORES DE LIVROS, RJ

A367
23ª ed.
    Alta performance em vendas: como fazer amigos e influenciar clientes para aumentar suas vendas / Dale Carnegie & Associates, Inc., J. Oliver Crom, Michael Crom; tradução: Orlando Bandeira. – 23ª ed. – Rio de Janeiro: BestSeller, 2024.

    Tradução de: *The sales advantage*
    Apêndices
    ISBN 978-85-7684-072-5

    1. Vendas – 2. Vendas – Administração – 3. Vendedores – Treinamento. I. Crom, J. Oliver. II. Crom, Michael. III. Dale Carnegie & Associates.

04-2615
                              CDD: 658.85
                              CDU: 658.85

Título original norte-americano
THE SALES ADVANTAGE
Copyright © 2003 by Dale Carnegie and Associates, Inc.
Copyright da tradução © 2005 by Editora Best Seller Ltda
Publicado mediante acordo com The Free Press,
uma divisão da Simon & Schuster, Inc.

Capa: Sense Desing e Comunicação
Editoração eletrônica: Abreu's System

Todos os direitos reservados. Proibida a reprodução,
no todo ou em parte, sem autorização prévia por escrito da editora,
sejam quais forem os meios empregados.

Direitos exclusivos de publicação em língua portuguesa para o Brasil
adquiridos pela
EDITORA BEST SELLER LTDA.
Rua Argentina, 171, 3º andar, São Cristóvão
Rio de Janeiro, RJ – 20921-380
que se reserva a propriedade literária desta tradução

Impresso no Brasil

ISBN 978-85-7684-072-5

Seja um leitor preferencial Record.
Cadastre-se no site www.record.com.br e receba
informações sobre nossos lançamentos e nossas promoções.

Atendimento e venda direta ao leitor:
sac@record.com.br

Sumário

	Prefácio	7
	Agradecimentos	11
	Introdução	13
CAPÍTULO 1	**Novas oportunidades** *Encontrando os clientes potenciais*	31
CAPÍTULO 2	**Pré-abordagem** *Fazendo nosso dever de casa*	51
CAPÍTULO 3	**Comunicação inicial** *Ganhando a atenção do cliente potencial*	63
CAPÍTULO 4	**A entrevista** *Estabelecendo confiança*	89
CAPÍTULO 5	**Análise de oportunidades** *Determinando o potencial do cliente*	131
CAPÍTULO 6	**Desenvolvimento da solução** *Proporcionando aos clientes o que eles querem*	137
CAPÍTULO 7	**Apresentação da solução** *Compartilhando nossas recomendações*	159
CAPÍTULO 8	**Avaliação do cliente** *Rumo ao compromisso*	177
CAPÍTULO 9	**Negociação** *Chegando a um consenso*	195
CAPÍTULO 10	**Compromisso** *Mudando de cliente potencial para cliente*	219

CAPÍTULO 11	**Acompanhamento** *Mantendo nossos compromissos*	233
CAPÍTULO 12	**Objeções** *Oportunidades para se comunicar*	243
CAPÍTULO 13	**A mais Alta Performance em Vendas** *Nossa atitude*	265

Prefácio

As duas questões-chave que os profissionais de vendas mais nos perguntam são: 1) Como eu posso fechar mais vendas? e 2) O que eu posso fazer para reduzir as objeções?

Após mais de 60 anos no negócio de treinamento de vendas, temos aprendido que a resposta a essas questões é bem objetiva. Francamente, você aprende a vender.

Essa não é a resposta que a maioria das pessoas espera escutar, mas é uma na qual realmente acreditamos. Não importa quanto queiramos descobrir algo diferente, não existe fórmula mágica que elimine as objeções, ou aumente os índices de fechamentos de negócios. Superar as objeções e ganhar compromisso, são ambos resultados lógicos de um processo de venda bem-sucedido. Você quer conhecer um bom "fechador"? Encontre um bom vendedor que realmente entenda *como* vender.

Geralmente é difícil acreditar que os melhores vendedores necessitem aprender como vender. Contudo, temos nos deparado com um número extraordinário de profissionais experientes e bem-sucedidos, que têm descoberto que nossas afirmações são verdadeiras. De fato, praticando e aplicando com consistência princípios comprovados, eles têm sido capazes de aumentar as vendas e ganhar mais dinheiro do que poderiam pensar que era possível.

Isso nos diz que o processo de "Alta Performance em Vendas" é uma forma comprovada de construção de relações e enaltecimento de sua carreira de vendas, não importa há quanto tempo você já seja um vendedor.

Não nos entenda mal. Não estamos dizendo que aprender o processo de venda seja fácil. E certamente não estamos inferindo que possamos vender hoje, da mesma forma que vendíamos há dez anos. Não podemos. É um mundo diferente lá fora. A atitude dos clientes mudou. A tecnologia está quebrando barreiras entre as nações, mas criando diferentes tipos de barreiras entre nós e nossos clientes. As companhias estão diminuindo de tamanho. Os territórios estão se expandindo. Pede-se que geremos mais vendas com menos recursos. E não para por aí.

Estes novos aspectos representam uma variedade de desafios diários. Por exemplo, é duro quando um cliente promete um contrato assinado para quarta-feira e compra de um concorrente na terça-feira. É frustrante lidar com problemas de serviço num dia em que planejamos não fazer nada além da busca por novas oportunidades. É difícil perceber que, após meses construindo uma relação com um "tomador de decisão", o tomador de decisão verdadeiro é alguém que nunca conhecemos. É claro, tecnologia e globalização estão mudando o mundo das vendas. Mas, honestamente, a maioria de nós está preocupada em como superar os obstáculos com os quais nos deparamos no dia a dia do trabalho.

Aprender a vender utilizando as ferramentas e os princípios da Alta Performance em Vendas aumenta as chances de superarmos estes desafios de forma bem-sucedida. Como? Aprendendo a ver o processo de compra e venda do ponto de vista do cliente. Com este ideal como nosso fundamento, aprenderemos, então, a utilizar as ferramentas comprovadas e eternas. Estas ferramentas nos ajudarão a construir credibilidade, expor o Motivo Dominante de Compra do cliente e desenvolver relações comerciais fortes que levam a referências e a vendas repetidas. Ao final, quando oferecermos uma solução para um cliente, estaremos mais confiantes de que é a solução *correta*, em vez de apenas *esperarmos* que seja a solução mais correta.

Veja a coisa desta forma: como podemos vender o valor total de nossos produtos e serviços se não aprendemos como juntar informação de uma forma que nos diga o que é importante para o cliente? Como podemos maximizar nossos esforços de prospecção sem uma abordagem estratégica para encontrar e avaliar novas oportunidades? Como podemos superar barreiras frustrantes, tal como secretária eletrônica, se não sabemos o básico sobre boas formas de penetração? Como podemos estar preparados para dar tratamento às objeções se não compreendemos por inteiro os interesses primários e os critérios de compra do cliente? Quando consideramos estas questões, torna-se bem evidente porque uma compreensão completa de todo o processo de compra e venda é um elemento crítico em qualquer carreira de venda bem-sucedida.

Ao embarcar em sua viagem para melhorar sua habilidade em vendas, você compreenderá porque aprender a vender utilizando um processo efetivo lhe dá uma Alta Performance no mercado. Se você se dedicar a fazer destas ferramentas e princípios parte de sua estratégia de venda, você se destacará de milhares de vendedores que simplesmente vendem instintivamente. Seus clientes o verão de forma diferente quando vocês se encontrarem. Em vez de pensarem "Aqui está outro vendedor", eles pensarão: "Aqui está alguém que pode me ajudar. Aqui está alguém em quem confio."

Ao ler este livro, gostaríamos de oferecer quatro sugestões para ajudar você a obter os benefícios máximos de seu tempo investido:

MANTENHA A MENTE ABERTA

Nossos exemplos na vida real vêm de pessoas que vivem nas trincheiras de vendas diariamente. Eles sabem como é deixar 20 mensagens para alguém e nunca receber uma ligação de retorno. Eles foram, alguma vez, céticos em relação a tentar uma nova abordagem, mas o fizeram mesmo assim e obtiveram resultados. Eles depararam com platôs de vendas e encontraram formas de superá-los. Em resumo: toda ferramenta de venda bem-sucedida mencionada nestes exemplos tem sido testada e provada por um profissional de venda em algum lugar do mundo. Se eles podem fazê-lo, você também pode. Abra sua mente às possibilidades.

VISE A EVOLUÇÃO, NÃO A REVOLUÇÃO

Pelo fato do Alta Performance em Vendas cobrir o processo de venda inteiro, ele contém numerosos princípios e ferramentas. Não estamos pedindo para você experimentá-los todos ao mesmo tempo. De fato, nós o encorajamos a aplicá-los num ritmo que seja realista para você. Tente uma coisa nova. Fique confortável com ela. Depois experimente outra. E outra. E continue até que, enfim, suas habilidades de venda evoluam para um nível mais alto de desempenho. Dale Carnegie sempre disse: "O barco que faz a coisa certa nunca fica muito longe da beira." Em outras palavras, não tenha medo de dar uma chance e experimentar algo novo. Ao mesmo tempo, não subjugue a si mesmo fazendo muitas mudanças rápido demais.

TENTE AS ETAPAS DE AÇÃO E AS DICAS DE VENDAS

Todos nós gostamos de um pouco de gratificação imediata — coisas que possamos fazer já, e que possam ter um impacto positivo nos nossos resultados. Para esse fim, este livro possui etapas de ação e conselhos úteis que você possa aplicar de forma realista no seu trabalho hoje em dia. Quer você venda produtos, serviços ou ideias, esperamos que você ache estas sugestões úteis.

Ao longo do processo, não perca de vista como essas ideias se encaixam nele como um todo. As listas de pontos-alvo são úteis, mas eles sozinhos não o ajudarão a construir o tipo de relações necessárias para desenvolver soluções específicas para cada cliente e sustentar uma carreira de venda lucrativa. O seu sucesso no longo prazo depende muito de sua dedicação em entender o processo e de sua habilidade em praticar de forma consistente, utilizando as ferramentas de Alta Performance em Vendas em qualquer situação de venda.

SEJA VOCÊ MESMO

Muitos dos nossos formandos nos dizem que um dos maiores benefícios do Alta Performance em Vendas é torná-los capazes de utilizarem seus próprios estilos e habilidades, alinhados aos nossos processos comprovados. Com isso em mente, lembre-se que estes princípios e métodos não são uma abordagem mecânica para vender. Eles permitem fazer dos processos de venda uma segunda natureza para você, para que os realize intuitivamente — assim como dirigir um carro.

Se você se torna mecânico na aplicação dos princípios, isso ficará óbvio para seus clientes. Seu estilo de vender é o estilo certo para você. Esteja seguro quanto a suas próprias habilidades. É o processo que nós queremos que você entenda e aplique. Afinal de contas, as ferramentas e linguagem específicas que utiliza são decisão sua. Muito embora a forma como você vende e como seu colega vende possam ser totalmente diferentes, ambos podem aplicar o que aprenderam aqui e tornarem-se ainda mais bem-sucedidos.

Não importa quem você seja, o que venda, ou por quanto tempo já está vendendo. Compreender e aplicar de forma consistente estes conceitos tem o potencial de fazer uma tremenda diferença na sua carreira de vendas.

Não será fácil fazer mudanças em sua rotina. Mas se você quer aumentar a efetividade de suas vendas, oferecer melhores soluções a seus clientes, avançar em sua carreira e maximizar seu potencial de ganhos, você deve se comprometer a sair de sua zona de conforto e fazer algo diferente.

Como disse o próprio Sr. Carnegie: "Para se elevar a uma posição melhor, você deve fazer algo especial. Fazer um esforço extra. Não será prazeroso o tempo todo. Significará trabalho duro e cansativo enquanto estiver executando, e os resultados aparecerão a longo prazo."

Atenciosamente,

J. Oliver Crom
VICE-PRESIDENTE DO CONSELHO

Michael Crom
VICE-PRESIDENTE DO EXECUTIVO

Agradecimentos

A Dale Carnegie & Associates, Inc. gostaria de agradecer especialmente aos colaboradores de todo o mundo que forneceram histórias e analogias para este livro. Este livro não poderia ter sido escrito sem a ajuda de vocês! Gostaríamos de manifestar nossa gratidão a Kathy Broska, cujo empenho e devoção incansáveis à qualidade foram recompensados. Especificamente, agradecemos aos responsáveis e aos treinadores da Dale Carnegie que não mediram esforços no apoio desta importante iniciativa. As pessoas abaixo cederam generosamente seu tempo e seus conhecimentos para que criássemos este livro que complementa o nosso treinamento em vendas e proporciona valor aos profissionais de vendas em qualquer área.

Joe Brinckerhoff
Rick Gallegos
Rob Haines
Greg Hock
Kevin Kinney
Scott Laun
Mike McClain
Chris McCloskey
Tom Otley
Dr. Earl Taylor
Ron Zigmont

Introdução

"Não acredito que qualquer pessoa seja moldada para ser um vendedor ou qualquer outra coisa. Acredito que devemos moldar-nos para ser seja lá o que quisermos ser."

FRANK BETTGER

Quando se trata da importância dos profissionais de vendas no mercado de hoje em dia, Red Motley resume-a bem: "Nada acontece até alguém vender alguma coisa."

Isso pode parecer como uma afirmação audaciosa, mas veja-a por este lado: será que o motorista de uma companhia de frete internacional teria um emprego se alguém não tivesse vendido os produtos que estão sendo entregues? Será que o operário de construção civil teria um emprego se um incorporador não tivesse vendido ao Conselho Municipal a ideia de construir um shopping? Será que o engenheiro aeroespacial teria um emprego se um executivo de vendas não tivesse assegurado um novo contrato para aviões a jato comerciais?

Esses são somente alguns exemplos de quão poderoso é o papel de um profissional de vendas com relação à movimentação da economia mundial. Você poderia dizer a mesma coisa para praticamente qualquer negócio. De fato, a próxima vez que encontrar um caminhão na rodovia, passar por uma construção ou olhar um avião, você pode sorrir e pensar consigo mesmo: "Todas estas atividades ao meu redor estão acontecendo por causa do que eu faço."

Para nós, isso é emocionante. Os vendedores são líderes. Eles realmente fazem as coisas acontecerem. Na mente dos clientes e consumidores, eles são a face da companhia. E aqueles que conseguem construir fortes relações comerciais são frequentemente muito bem remunerados por conta de seus esforços.

Apesar das recompensas significativas que aguardam os melhores vendedores na maioria das indústrias, muitos vendedores não atingem seu potencial máximo. Por quê? Porque eles não entendem o processo fundamental da compra e venda.

Pense sobre o jogo de golfe: muita gente joga, mas muito poucos realmente sabem como fazê-lo. Podemos, inclusive, fazer a mesma comparação quando se trata de fotografia. A maioria de nós sabe tirar fotos, mas não muitos, entre nós, têm o conhecimento ou a habilidade para se transformarem em fotógrafos publicitários.

Vender é a mesma coisa. Muitas pessoas sabem o suficiente sobre vendas para ter uma vida decente. Mas a maioria não sabe sobre o processo de compra e venda para realmente se destacar numa carreira de vendas.

É aí que a Alta Performance em Vendas entra.

Se você já é vendedor há muitos anos, talvez mais por instinto do que por estrutura, este livro pode ajudá-lo a perceber porque está tendo sucesso. Ao mesmo tempo, mostra o que você não está fazendo — ou fazendo desnecessariamente — que o impede de alcançar seu potencial máximo. Se é novo em vendas, este livro poderá proporcionar um fundamento essencial com o qual poderá construir uma carreira de vendas bem-sucedida e lucrativa.

Compartilharemos numerosas ferramentas que podem aprimorar sua relação com o cliente. Utilizaremos todas estas ferramentas em toda discussão de venda? Absolutamente não. Cada situação de venda é diferente.

Tenha em mente que vender não é um modo de manipular as pessoas para que comprem. Trata-se de criar a atmosfera que conduz o cliente a tomar uma decisão favorável para todos os envolvidos. Afinal, ninguém gosta de ser objeto de uma venda. Mas todos nós gostamos de tomar uma boa decisão de compra. É por isso que a nossa filosofia de venda é um dos princípios de relações humanas mais citados de Dale Carnegie:

Filosofia de venda

"Tente honestamente ver as coisas do ponto de vista da outra pessoa."

Soa como uma questão de bom senso, não? Mas bom senso nem sempre é a prática comum. Geralmente é muito difícil para o vendedor ver as coisas do ponto de vista de um comprador. Frequentemente não conhecemos suas políticas, desafios e processos internos. Muitos vendedores nem sequer usam os produtos e serviços que eles vendem. De fato, muitas das pessoas que influenciam na decisão de compra também não os usam. Os compradores são um bom exemplo. Então, é crucial realmente entendermos as perspectivas de todos que têm um papel numa compra.

Esta filosofia melhora a confiança dos clientes, melhora sua reputação enquanto vendedor e constrói relações sólidas com os clientes. Vender conforme esta filosofia, associada ao seu próprio estilo de venda, vai energizá-lo. Aumentará significativamente seus resultados e irá ajudá-lo a sentir-se orgulhoso de ser um profissional de vendas.

A maioria dos vendedores bem-sucedidos consegue perceber que vender é um processo. Um processo comprovado nos dará resultados previsíveis. O processo em destaque abaixo se provou eficaz, e pode ajudar qualquer vendedor a melhorar seus resultados.

O Processo de venda

1. Nova Oportunidade
2. Pré-abordagem
3. Comunicação Inicial
4. Entrevista
5. Análise de Oportunidade
6. Desenvolvimento da Solução
7. Apresentação da Solução
8. Avaliação do Cliente
9. Negociação
10. Compromisso
11. Acompanhamento

Vendedores bem-sucedidos nos dizem que uma das chaves para sua *performance* é seguir um processo comprovado que possa ser repetido, que obtenha resultados positivos e consistentes. O processo apresentado acima tem sido testado extensivamente numa ampla variedade de produtos, indústrias e culturas. Funciona. Ajuste e adapte o processo para o seu negócio e você poderá ver os resultados.

Os primeiros três elementos do processo de vendas representam cada atividade que leva a esse primeiro encontro tão importante. Devemos identificar a nova oportunidade, fazer o nosso dever de casa através da pré-abordagem e iniciar a comunicação com o potencial cliente antes de obter uma entrevista. Estas são atividades essenciais no processo de venda e ocorrem em quase toda situação de venda. Se não executarmos estas atividades de forma efetiva, nós não teremos realmente merecido o direito de ter tomado o tempo do nosso possível cliente.

Quando entrarmos na entrevista, deveremos saber como construir empatia e descobrir especificamente o que as pessoas necessitam e querem. Mesmo sendo tão simples quanto parece, muitos vendedores não compreendem os problemas verdadeiros de seus clientes. Por quê? Eles não sabem como fazer as perguntas certas.

Quando entrevistam os clientes, formulam somente questões superficiais. Consequentemente, a maioria dos vendedores não cobre as áreas de interesse primário nem o Motivo de Compra Dominante (a razão emocional pela qual as pessoas compram). Estas duas peças-chave de informação são críticas no desenvolvimento de uma solução única de fato, que o diferencie da concorrência.

Enquanto a entrevista é o coração e a alma do processo de venda, existem muitas coisas que temos que fazer após o encontro para desenvolver relações sólidas com o cliente. Então, por trás da entrevista, o processo de vendas representa as atividades necessárias para tornar nossos clientes potenciais em clientes de fato. Nós desenvolvemos a solução e a apresentamos a nossos clientes. Ajudamos a avaliá-las, firmamos o compromisso e fazemos um acompanhamento visando assegurar a satisfação do cliente. É nesta parte do processo de vendas que realmente demonstramos nossa habilidade para entrar no mundo de nossos clientes. Vemos as coisas do ponto de vista deles e propomos soluções que nenhum outro vendedor é capaz de propor.

Que parte do processo é a mais importante? Todas. Veja-o desta forma: se não podemos fazer com que a discussão comece, como podemos apresentar uma solução? Se conseguirmos o primeiro encontro, mas não acumularmos informação de maneira efetiva, como podemos estar seguros de que oferecemos a solução certa? Se obtivermos o compromisso, mas não fizermos o acompanhamento, quais são as chances de voltar a fazer negócios? Obviamente, se qualquer etapa do processo falha, o relacionamento pode ser interrompido. Será que toda venda passa por estas fases? Não necessariamente. Mas a maioria passa. De fato, vender é frequentemente repetitivo e, em muitos casos, bastante previsível.

ALGUNS ELEMENTOS SE SOBREPÕEM

Descobriremos que muitos elementos do processo de vendas se sobrepõem em mais de uma parte da discussão de venda. Por exemplo, é provável que utilizaremos técnicas efetivas de indagação várias vezes durante a nossa interação com o cliente. E praticamente em todas as partes do processo encontraremos os princípios das relações humanas de Dale Carnegie como sendo um elemento crucial para nosso sucesso.

O PROCESSO É PREVISÍVEL, MAS A SITUAÇÃO NÃO É

Se estamos vendendo em um ambiente industrial com longos ciclos de venda, a pré-abordagem pode levar várias semanas. Além disso, podemos ter várias entrevistas com um cliente antes de realmente apresentarmos uma solução. Por outro lado, em situações de venda a varejo, existe muito pouco — se é que existe — trabalho de pré-abordagem que possa ser feito. E, em contraste com as grandes vendas de equipamentos, podemos nunca contatar o mesmo cliente novamente depois do encontro inicial.

A questão é: precisamos reconhecer que cada situação de venda é única. Alguns vendedores passarão por cada elemento do processo várias vezes ao dia. Outros poderão passar por eles poucas vezes ao ano. A chave é compreender como as 11 partes se aplicam nas situações únicas, e depois atuar de acordo com isso.

**COMPREENDER TODO O PROCESSO
É ESSENCIAL PARA O SUCESSO**

Dominar uma ou duas habilidades isoladamente não provocará o mesmo resultado que compreender e dominar todo o processo de vendas. Embora queiramos praticá-las uma de cada vez, o poder da Alta Performance em Vendas é alcançado completamente quando as trabalhamos em conjunto.

Digamos que estamos encalhados em uma ilha deserta. A boa notícia: há um velho avião na ilha que de fato voa. A má notícia: não temos ideia de onde estamos, e não temos mapa para ajudar-nos a chegar ao nosso destino final. Embora tenhamos ferramentas disponíveis para sair da ilha, não sabemos aonde ir quando estivermos no ar. Se decidirmos ir embora, voaremos por conta da sorte, na esperança de que o melhor aconteça. Poderemos até chegar em casa; ou não.

A mesma teoria aplica-se às vendas. Compreender e aplicar os princípios do processo inteiro de compra e venda não deixa nada por conta da sorte. Assim como nós não voaríamos no avião sem um plano de voo, não deveríamos tentar vender sem desenvolver uma estratégia de venda que englobe cada parte relevante do processo de vendas.

Kevin McCloskey, representante de vendas da Quantum EDP em Toronto, Ontário, Canadá, fala que aplicar os princípios da Alta Performance em Vendas faz uma diferença na sua estratégia de vendas.

— Eu estava no negócio de vendas há três anos e nunca tive um padrão para seguir quando abordava clientes potenciais — diz Kevin. — Essa abordagem desorganizada muitas vezes me deixava com a língua presa e incapaz de comunicar de maneira efetiva ao cliente quais os serviços que tinha a oferecer. Agora que compreendo a venda como um processo, sou capaz de compreender as necessidades e expectativas do cliente, e depois comunicar de maneira efetiva o serviço a mais que posso oferecer. Como resultado, meu índice de sucesso tem aumentado consideravelmente. Sinto que agora posso controlar e compreender o ciclo de vendas, o que inevitavelmente me faz um vendedor melhor e mais profissional.

O sucesso de McCloskey fala por si só: em apenas seis semanas pondo em prática os princípios de Alta Performance em Vendas, sua atividade aumentou tão dramaticamente que ele teve que contratar um assistente.

Jack Maloy, gerente do distrito nordeste da Tetra, em Blacksburg, Virgínia, diz que aplicar o processo de vendas e aliviar a "pressão" sobre o cliente permitiu que ele obtivesse um espaço significativo de projeção adicional para os produtos de sua companhia. Ele também diz que eles levaram um novo entusiasmo a uma conta de uma empresa familiar.

— A Treasure Island Aquarium e o Pet Center são um negócio familiar com estabelecimentos em três localidades. Com o tempo, fui lentamente ganhando a confiança em relação ao Pet Center, mas não consegui fazer com que implementassem o "Sistema Nutricional" completo da Tetra. O cliente era sempre muito cauteloso ao rever novos produtos e programas. Então percebi que se continuasse insistindo nas vendas em cada visita, poderia me arriscar a perder sua confiança.

"Então, em vez de pensar em fechar o negócio, eu decidi revisar todo o processo de venda. Comecei fazendo uma visita não anunciada a um dos estabelecimentos, somente para dizer 'Oi', e ver como as coisas estavam indo. Sem falar sobre qualquer venda. Comecei a sondar com perguntas, sabendo que a resposta do cliente tenderia a ser positiva.

"Por eu estar escutando e estar realmente interessado na sua opinião, o cliente também se interessou no que eu tinha a dizer, especialmente em como ele poderia aumentar as vendas com clientes habituais. Então, lhe apresentei a 'solução': nosso Sistema Nutricional completo. Ele fez algumas objeções, mas pelo fato de estar seguindo os passos lógicos de um processo de compra, eu estava preparado para elas e rapidamente as superamos, e consegui assegurar seu compromisso. Tanto a Treasure Island Aquarium quanto a Tetra se beneficiaram desta parceria."

O empreendedor Bruce Hughes, vice-presidente da Repro Tech, Inc., em Wauwatosa, Wisconsin, acredita que o aprendizado do processo de vendas lhe ensinou a "superar qualquer coisa".

— Após deixar a America Inc., decidi comprar parte da Repro Tech, Inc. Além de mim, havia então mais uma funcionária — minha parceira de negócios Deborah Bruss. Sua especialidade era na área administrativa e a minha em serviços e reparos. Nenhum de nós tinha experiência prévia em vendas. Nem preciso dizer que não sabia que vender era um processo.

"Já que tínhamos muito poucos clientes, contas a pagar e famílias que sustentar, eu precisava ter uma carteira de clientes. Como eu planejava obter clientes? Você adivinhou — simplesmente telefonando.

"Durante os seis meses seguintes, passei por algo que nunca vivera no passado: rejeição. Como todos sabemos, rejeição faz parte do negócio de vendas, mas naquela hora eu não estava preparado para essa nova experiência. Cheguei ao ponto de pensar que alguma coisa estava errada comigo. Comecei a ter medo de bater em portas, ou pegar no telefone, para marcar encontros. Mas seguia em frente, e não parava de dizer a mim mesmo: 'Tem que existir um jeito melhor.'

"Então me deparei com a Alta Performance em Vendas. Aprendi que com treinamento e atitude apropriados eu poderia tornar-me um vendedor muito bem-sucedido. Comecei a executar o processo. Em pouco tempo comecei a encontrar menos e menos rejeição. Aprender e compreender o processo de vendas ensinou-me a superar qualquer objeção, desde a ligação fria inicial até ter a ordem assinada.

"Nossa companhia continua a crescer. Agora temos vários empregados e servimos a vários municípios na área. Atingi metas que antes eram apenas sonhos. Não temos mais as rejeições ou objeções, mas as recebo de bom grado, frequentemente. Ainda recebo ligações frias todos os dias, mas agora eu as desfruto. Tenho o melhor trabalho do mundo. Amo ser um vendedor!"

Kevin, Jack e Bruce são somente três entre milhares de pessoas que têm visto um impulso significativo nos resultados de suas vendas, após eles terem começado a aplicar os fundamentos eternos da Alta Performance em Vendas.

Em resumo: aprender e aplicar as habilidades certas pode aumentar seu nível de atividade, diminuir seu nível de estresse, ajudá-lo a desenvolver relações comerciais mais fortes e colocar mais dinheiro no bolso. Qualquer pessoa que realmente entenda como vender dirá a mesma coisa.

Embora o ambiente de vendas mude, a mente do comprador passa pelo mesmo processo pelo qual sempre passou. Ninguém comprará algo a menos que ele ou ela tenha uma razão para fazê-lo. E quando essa razão torna-se significativa, nós temos que estar prontos para propor soluções que correspondam às necessidades e desejos específicos dessa pessoa.

Alta Performance em Vendas: um grande impacto em grandes desafios

Nossas ferramentas e princípios têm aplicações específicas quando surgem os desafios mais difíceis encarados pelos profissionais de vendas dos dias de hoje. Apresentamos a seguir alguns dos desafios mais comuns identificados por nossos participantes e instrutores, juntamente com uma explicação de como as ferramentas e os princípios podem ajudar-nos a conseguir melhores resultados.

DESAFIO: SOBRECARGA DE INFORMAÇÃO

No mercado de hoje, os clientes são saturados com mala direta, solicitações por telefone, fax, correio eletrônico e tudo mais que possamos imaginar, para conseguir realizar esse primeiro ponto de contato. Por essa razão, os clientes conhecem mais sobre os nossos produtos e serviços do que nunca.
    A internet apresenta outros desafios. Por exemplo, um cliente nos Estados Unidos pode conectar-se à rede e contratar um consultor da Europa. Consequentemente, em vez de competir somente com companhias locais, estamos competindo com organizações do mundo todo.

RESULTADO

Uma das melhores coisas que podia ter acontecido para os vendedores é o fato de o consumidor estar mais bem-informado. Por quê? Porque na maioria dos casos nós não temos que gastar nosso valioso tempo educando nossos clientes. Portanto, podemos concentrar-nos mais na aplicação de nossos produtos e serviços no ambiente do cliente, em vez de ficar basicamente apresentando aspectos e benefícios. O cliente informado de hoje em dia quer saber "O que isso fará por mim?" O vendedor que entenda oportunamente como vender neste nível de aplicação pode responder a essa questão de maneira efetiva.

DESAFIO: TRABALHAR COM RECEPCIONISTAS ELETRÔNICOS

Conseguir passar por uma secretária ou recepcionista tem sido um desafio para os vendedores desde sempre. Mas hoje a popularidade das mensagens eletrônicas de recebimento traz ainda outro desafio: conseguir chegar a um ser humano. A combinação de humanos e mensagens eletrônicas torna mais difícil do que nunca o acesso a nossos clientes.

RESULTADO

Na realidade, os clientes não querem ser cercados por pessoas tentando vender-lhes bens e serviços. Isso nunca vai mudar. Mas estão dispostos a conversar com pessoas que possam oferecer soluções realistas para os desafios com os quais eles se deparam.
    Os vendedores que aplicam os princípios de Alta Performance em Vendas encontram formas de penetrar nessas barreiras conversando sobre os interesses

do cliente. Com esse ideal como fundamento, nós criamos estratégias para lidar com os porteiros eletrônicos. Depois, não importa o que aconteça, implementamos a estratégia que preparamos. Veremos porque a mensagem eletrônica pode ser uma ponte em vez de um obstáculo para os profissionais de vendas que sabem como utilizá-la. Afinal, em vez de arriscar que nossa mensagem seja jogada fora ou escrita de forma inadequada, podemos deixar nossa própria mensagem sugestiva, com nosso próprio nível de envolvimento. De fato, temos mais oportunidades do que nunca de falar diretamente com o cliente, mesmo sendo através de uma gravação de voz.

DESAFIO: O LADO ESCURO DA QUALIDADE TOTAL

O gerenciamento da qualidade total fez grandes coisas para os processos internos e capacitação dos empregados, mas apresenta desafios para o vendedor. Decisões tomadas em equipe geralmente significam ciclos de compra mais longos. Significa também que cada vez mais os verdadeiros tomadores de decisões ficam fora do processo de vendas.

Hoje em dia, é raro encontrar uma situação de venda na qual lidamos com apenas um comprador e somente um conjunto de motivos de compra. Muitas vezes, quando lidamos com equipes de projeto, estamos lidando com coletores de informação. Frequentemente eles parecem ser, ou até assumem que são, os que dão a palavra final. Mas, na maioria das vezes, descobrimos que existe outro nível na organização, alguém com quem nem sequer chegamos a falar. E não importa quão inteligente sejamos ou quantas perguntas bem direcionadas façamos, que ainda podemos nos surpreender ao saber que o tomador de decisão é de fato uma pessoa com a qual nunca tivemos contato.

RESULTADO

Com a aplicação dos princípios de Alta Performance em Vendas na nossa estratégia de venda, aprenderemos a identificar diferentes níveis em nossos clientes potenciais, o que nos ajudará a analisar se a pessoa com a qual estamos nos encontrando é o tomador de decisão. Se não formos capazes de descobrir quem é o verdadeiro tomador de decisão, trabalharemos na identificação do elemento mais influente da equipe de compra. Em qualquer um dos casos, a Alta Performance em Vendas nos é útil, pois ensina a desenvolver soluções ao redor do Motivo de Compra Dominante — a razão emocional que faz a pessoa comprar.

DESAFIO: FUSÃO DE EMPRESAS E AQUISIÇÕES

Em todo lugar, parece que estamos escutando falar sobre fusões de empresas e aquisições. Assim que acreditamos ter construído uma boa relação comercial, nosso cliente nos informa que não é ele quem decide. Isto é especialmente difícil para os vendedores que não estão em cidades que são os centros de operações.

RESULTADO

O Alta Performance em Vendas nos fornece critérios para escolher caminhos pelos quais podemos estender nosso alcance dentro das organizações de nossos clientes. Aprenderemos como desenvolver campeões internos e sobre a importância de trabalho em rede e referências. O mais importante, porém, são as relações focadas nos clientes que desenvolveremos, pondo em prática as ferramentas e os princípios para cada situação de venda. Estas relações nos ajudarão a assegurar que nosso cliente permaneça leal e possa nos ajudar no meio de uma mudança organizacional.

DESAFIO: OS COMPRADORES DE PREÇO

Com a competição crescendo na maioria dos negócios, o preço parece ser um ponto mais crucial do que nunca. No ambiente competitivo no qual estamos vendendo, competir somente no preço nos põe numa situação perigosa.

RESULTADO

Em alguns casos, o preço é uma preocupação legítima. Mas em quase todas as situações de venda, o preço é uma péssima mercadoria para se vender. Muitas vezes, se a diferença entre ganhar ou perder o compromisso do cliente é baseada somente no preço, podemos não estar comunicando de maneira efetiva o valor de nossos produtos e serviços.

O Alta Performance em Vendas é planejado para apoiar nossas habilidades na venda de produtos e serviços que estão desenhados para suprir as necessidades e desejos de nossos clientes — e não só para atingir um preço. Quando aprendemos a juntar informações de forma efetiva, podemos determinar o interesse primário do cliente e o seu Motivo de Compra Dominante. Com essa informação, estamos mais bem preparados para prover soluções únicas e relevantes à solicitação do cliente. Como resultado, o preço torna-se menos que uma preocupação.

DESAFIO: TEMPO

Todos na nossa sociedade são sensíveis à perda de tempo. No passado, era muito mais fácil encontrar-se com os clientes durante o almoço ou jantar. Mas hoje em dia é comum eles não terem tempo para esse tipo de encontro. E quando conseguimos conversar com os clientes, eles estão mais preocupados em estabelecer parâmetros de tempo que podem ser inviáveis e arbitrários. Por que o fazem? Não estão apenas buscando um ganho de tempo. Na verdade acreditam antecipadamente que uma reunião conosco poderia ser uma perda de seu precioso tempo.

RESULTADO

Será que podemos culpar os clientes por agirem dessa forma? Afinal de contas, a maioria das apresentações de venda que eles escutam não está centrada neles, mas sim no que o vendedor quer lhes dizer.

Através do Alta Performance em Vendas aprendemos a planejar nosso encontro de uma forma que seja do interesse do cliente. Aprendemos que se fizermos com que o cliente fale a maior parte do tempo, ele rapidamente percebe que há algo de diferente. Quando engajamos as pessoas, intelectual e emocionalmente, numa conversação consistente, o tempo deixa de ser uma preocupação.

DESAFIO: SOLUÇÕES E PRODUTOS COMPLEXOS

Em modelos de vendas antigos, os vendedores geralmente sabiam tudo o que precisavam saber para fazer uma proposta de venda. Se não soubessem, tinham consigo um catálogo para ajudá-los a responder às perguntas dos clientes.

Hoje em dia, muitos de nós vendemos produtos que são tão complexos que é quase impossível saber tudo sobre eles. Alguns vendedores, especialmente aqueles que atuam em áreas altamente técnicas, frequentemente passam pela situação de "paralisia analítica". Em outras palavras, tratam de aprender tudo que for possível sobre os produtos e serviços de sua companhia, antes de começarem a vendê-los. Isto muitas vezes faz com que eles se mantenham retraídos e impede que se tornem vendedores produtivos.

Além disso, as soluções são muito mais voltadas para o cliente hoje em dia. Com frequência, temos que contar com o engenheiro, fornecedor, administrador de vendas ou alguém do departamento de pesquisa e desenvolvimento para ajudar-nos a responder às perguntas e desenvolver soluções.

RESULTADO

Praticamente nenhum dos clientes com os quais nos deparamos, nem mesmo os compradores técnicos, fazem aquisições somente com base em fatos concretos. Eles compram o que o produto e o serviço farão por eles no seu ambiente de negócios exclusivo. Aprender a vender a aplicação de um produto e recorrer ao Motivo de Compra Dominante do cliente pode fazer com que ganhemos uma vantagem significativa no mercado de hoje. Isto é especialmente verdadeiro para as indústrias nas quais os produtos em si são complexos, embora semelhantes entre os concorrentes.

Quando aprendemos a falar na linguagem do cliente e demonstramos compreender como o nosso produto ou serviço funcionará no ambiente dele ou dela, passamos a um nível de venda que nos distingue de nossa competição.

DESAFIO: APOIO INTERNO

No ambiente de vendas de hoje em dia, a maioria de nós não domina todos os contatos de nossos clientes. Nossas companhias nos querem ver fechando vendas. Portanto, assim que ganhamos compromisso, depende do pessoal interno a efetivação da entrega. O problema: se formos embora dizendo que nossa parte já foi feita, podemos estar cultivando problemas. Os grupos de apoio internos com frequência possuem pouco pessoal e muitas tarefas a serem executadas. Por essa razão, temos que ter boas relações e um processo de comunicação sólido com o pessoal interno responsável pela entrega a nossos clientes.

RESULTADO

Na fase de acompanhamento do processo de vendas, discutiremos como os nossos princípios de relações humanas se aplicam quando interagimos com outros em nossa organização. Também veremos as razões que podem tornar difícil conseguir o engajamento da equipe interna. Se aprendermos a compreender essas razões e vermos as coisas pelo ponto de vista da equipe, estaremos mais capacitados para motivá-los a atingirem uma meta comum que é a satisfação do cliente.

Cinco propulsores para o sucesso nas vendas

Quando compreendemos como os princípios e métodos básicos podem nos ajudar a superar alguns dos nossos maiores desafios de vendas, nossa primeira reação é geralmente: "Poxa, mas é tão lógico. Por que todo mundo não faz isso?"

Nós podemos responder a esta pergunta com base nas centenas de milhares de vendedores que têm passado pelo nosso treinamento em vendas durante todos esses anos. O que temos observado é o seguinte: embora muitos dos princípios e ferramentas baseiem-se no bom senso, eles não são a prática comum. Por quê? Simplesmente porque a maioria das pessoas não dedica qualquer esforço e tempo a mais para isto.

Esta parece ser uma afirmação um pouco dura, contudo, infelizmente, é verdade. É da natureza humana. Afinal, aprender os princípios e ferramentas de Alta Performance em Vendas é uma coisa, mas aplicá-los consistentemente todo dia é outra.

É como qualquer outra coisa na vida: sabemos que "devemos" fazê-la, mas optamos por não fazê-la. Sabemos que deveríamos ter uma dieta balanceada, mas muitos de nós não têm. Sabemos que devemos fazer exercícios, mas muitos não fazem.

Thomas Edison uma vez disse: "A oportunidade é muitas vezes desperdiçada pelas pessoas porque está vestida de macacão e parece ser trabalho." Por vezes dizemos: "Vender trata-se de sorte. Esta sorte, na verdade, soletra-se assim:

T-R-A-B-A-L-H-O."

Sem dúvida alguma, o trabalho duro e a dedicação na aplicação dos princípios do Alta Performance em Vendas realmente separam os amadores dos profissionais. Mas também existem certas qualidades — ou propulsores para o sucesso nas vendas — que são inerentes à personalidade e hábitos de trabalho dos melhores vendedores.

CONTROLE DA ATITUDE

Manter uma atitude positiva não é fácil. Mas o ditado que diz: "Se você não pode mudar a situação, mude sua atitude em relação a ela" é praticamente uma habilidade vital no mundo das vendas. Afinal, os clientes podem perceber uma atitude ruim na sua voz, vê-la em seu rosto e até senti-la nas coisas que fazemos ou dissemos. Contudo, pede-se sempre que façamos mais, de forma melhor e parecendo felizes enquanto fazemos.

Eric Larson de North Aurora, Illinois, nos fala sobre uma lição que ele aprendeu em relação ao controle de atitude.

— Durante meu primeiro mês como novo representante de vendas da Varian Vacuum Technologies, minha meta era estar pessoalmente com cada cliente grande. Enquanto visitava apressadamente o 22º cliente potencial do dia, notei que ele estava especialmente desinteressado no que eu tinha a dizer. Chegou um momento na conversa no qual ele me disse: "Eu conheço sua companhia. Comprei alguns de seus produtos há uns seis anos e eles simplesmente não funcionaram. Quanto a mim, tenho certeza de que nunca mais comprarei qualquer coisa dessa companhia!"

"Felizmente, não havia ninguém por perto para ver o meu queixo cair no chão. Saí totalmente sem graça do cliente e passei um bom tempo pensando sobre suas reclamações durante a viagem de três horas que fiz de volta para casa naquela noite. Meu orgulho, meu ego e minha autoconfiança levaram outra pancada quando fui investigar sobre as reclamações que ele tinha feito e constatei que eram reais!

"Um ano depois, recebi uma ligação desse cavalheiro. Ele queria saber sobre uns produtos novos que a nossa companhia tinha desenvolvido. Muito embora eu ainda me sentisse um pouco mal em relação a ele, decidi esquecer aquela experiência e tratá-lo como se nada tivesse acontecido no passado. Ele se encontrou cordialmente comigo e após outros seis meses de trabalho no desenvolvimento de confiança e empatia, ele comprou dois dos novos sistemas.

"Aprendi a esquecer o passado, tanto os meus erros como os de meus antecessores. Mudei minha atitude. Não vejo mais nenhum 'cliente problema'. Em vez disso, vejo 'cliente com problemas a resolver.'"

Kathleen Nugent, gerente de contas de clientes da Simco Eletronics em Santa Clara, Califórnia, comunga com o ponto de vista de Eric.

— Eu tive um cliente insatisfeito que me ligou furioso sobre algo que parecia ser um mal-entendido. Na sua raiva, ele estava ameaçando nunca mais voltar a fazer um negócio conosco. No passado eu poderia ter ficado na defensiva, mas o escutei e quando ele finalmente fez uma pausa para respirar, me mostrei solidária a ele. Eu disse que entendia como se sentia. Ele acalmou-se um pouco e desligamos o telefone.

"Na manhã seguinte ele ligou de novo e pediu desculpas pela atitude do dia anterior. Perguntou como poderíamos corrigir aquela situação. Apresentei-lhe uma solução e ele ainda está fazendo negócios conosco. O resultado poderia ter sido outro se eu não tivesse sido capaz de controlar minha reação a ele."

HABILIDADE EM VENDAS

Quando foi a última vez que você trocou o óleo do seu carro? Por que você o fez? O que aconteceria se você não trocasse o óleo? Será que seu carro funcionaria bem? Ou você arriscaria ter mais problemas durante uma viagem somente por ter deixado para lá uma simples questão de manutenção de rotina?

As respostas a estas questões são bem óbvias. A maioria sabe dizer as razões pelas quais troca o óleo do carro. Contudo, não somos capazes de reconhecer com frequência a importância de fazer uma pequena manutenção de rotina em nossas próprias habilidades de vendas.

Pelo fato de o ambiente de vendas estar sempre mudando rapidamente, aquele mascate do passado não é mais aceitável. Hoje em dia, devemos entender a tecnologia, utilizar sistemas eletrônicos de gerenciamento de contatos e ter uma habilidade inata para desenvolver e implementar soluções viáveis. Ao longo do processo, também devemos prover serviços de pós-venda e manter as relações comerciais com os clientes.

Assim como pode acontecer de nosso carro quebrar se não mudarmos o óleo, estamos arriscando que nossa carreira de vendas passe por problemas no longo prazo se não nos dedicamos continuamente a melhorar nossas habilidades de vendas.

Habilidades em comunicação

O que acontece se temos a solução certa para um cliente, mas não a transmitimos de maneira efetiva? Podemos perder a oportunidade. É essa a razão pela qual a habilidade de se comunicar por meios diversificados é algo que os profissionais de vendas bem-sucedidos devem possuir. As maiores limitações de tempo de nossos clientes geralmente implicam neles terem menos tempo para falar conosco e, por essa razão, é imperativo que saibamos nos comunicar de forma clara e concisa.

Habilidades em organização

A maioria de nós é solicitada a fazer mais com menos. Com isso em mente, a capacidade de fazer múltiplas tarefas num mesmo dia — e fazê-las de forma eficiente — é uma obrigação absoluta para o vendedor de hoje. Isto não significa apenas saber organizar bem nosso tempo, significa também ter que manter um sistema de gerenciamento de contatos eficiente. Se os clientes nos ligam para fazer perguntas e nós não sabemos respondê-las de imediato, podemos prejudicar nossa credibilidade. E principalmente para o vendedor que viaja, ser organizado é com frequência uma questão de sobrevivência. Não importa onde esteja, seja num escritório ou no aeroporto com uma maleta, ele deve ter um processo sólido e previsível à sua disposição, para poder lidar com os desejos e informações relatados pelos clientes.

Habilidades com as pessoas

A habilidade no trato com as pessoas caminha de mãos dadas com a criação de uma atmosfera de confiança e respeito com os clientes, e isto é um componente crucial na construção de relações comerciais duradouras. Os vendedores profissionais bem-sucedidos compreendem que vender é lidar com pessoas e resolver seus problemas, não pressionar para que comprem produtos.

Carl Ross, fundador e primeiro presidente da Lynx Golf Company, nos relata uma história sobre como utilizou suas habilidades com as pessoas para superar as expectativas de um cliente furioso.

— Um dia recebi uma ligação de um dos meus clientes, um profissional de golfe, que tinha acabado de receber uma caixa de quatro tacos que ele pediu. Só que, em vez de receber quatro tacos para destro, como ele solicitou, nós lhe enviamos dois tacos para destro e dois para canhoto. Eu me surpreendi ao saber que tínhamos feito isto, pois somos muito cuidadosos com nosso controle de qualidade. Porém, constatei que de fato ocorrera o erro. Fui então pessoalmente à fábrica, consegui quatro tacos para destro e mandei-os imediatamente para o cliente, juntamente com duas dúzias de bolas de golfe. Pedi a ele que me devolvesse os outros tacos quando pudesse, e dei-lhe o número de meu telefone particular, para o caso dele ter qualquer problema futuro.

"Esse profissional de golfe hoje é meu amigo, e isto é pelo tratamento que eu proporcionei a ele. Não deixei que seu problema durasse mais do que seis semanas. Não repassei o problema para outra pessoa resolver. Assumi responsabilidade pela satisfação de meu cliente e me certificarei de que um segundo problema não venha a acontecer. Minha solução pode parecer óbvia, mas me surpreendo com o número de vendedores que não quer resolver os problemas de seus clientes."

A habilidade de Carl para construir relacionamentos é natural. Para outros de nós, o aprimoramento de nossas habilidades com as pessoas requer um pouco mais de esforço. Algumas vezes, precisamos sair de nossa zona de conforto e procurar formas de sermos mais centrados no cliente.

O Alta Performance em Vendas nos dá esse tipo de ferramenta. O nosso sucesso maior é determinado pela nossa dedicação ao uso das ferramentas apropriadas em cada situação de venda.

Você poderia estar vendendo soluções complexas para telecomunicação para uma grande companhia em Melbourne, na Austrália, ou para o governo dos Estados Unidos em Washington, D.C. Talvez você esteja vendendo sistemas de intranet/internet para uma companhia multinacional cuja matriz é em Manchester, na Inglaterra ou em Taipé, Taiwan. Talvez você seja um conselheiro de finanças na Cidade do México, ou um consultor de staff em Bruxelas, na Bélgica.

Ou, quem sabe, você seja dono de seu próprio negócio de desenvolvimento de website em uma pequena cidade fora de Paris, na França. Seja onde for que esteja e não importa o que você venda, a compreensão do processo de compra e venda poderá ajudá-lo a melhorar suas habilidades com as pessoas e a criar um impacto no relacionamento com seu cliente. A chave é: não ter medo de experimentar coisas novas.

Dale Carnegie disse: "A diferença entre uma pessoa bem-sucedida e um fracasso frequentemente está no fato de que a pessoa bem-sucedida tirará proveito de seus erros e tentará novamente, de uma forma diferente."

Você pode tornar-se mais bem-sucedido utilizando o Alta Performance em Vendas. Mesmo se cometer erros ao longo do caminho, não fique paralisado por causa deles. Aprenda com eles e siga em frente. Se o fizer, você descobrirá um mundo de vendas completamente novo — que vai excitá-lo, energizá-lo, e pôr em suas mãos o controle de seu próprio destino.

CAPÍTULO 1

Novas oportunidades
Encontrando os clientes potenciais

> "Sozinho, o trabalho duro alcançará resultados notáveis, mas com um método e um sistema, realizará milagres visíveis. Ninguém pode lucrar mais pela realização destas verdades do que a pessoa que vive das vendas."
>
> W. C. HOLMAN

Para a maioria dos vendedores, a prospecção é um desafio recebido com muito pouco entusiasmo. Por quê? Porque geralmente ela é feita atrás de uma mesa, num computador ou em algum outro lugar que não na frente de nossos clientes.

Claro, todos nós sabemos que a prospecção de clientes potenciais é para vendas o que as sementes são para um jardim. Se não plantamos sementes, não teremos flores. E quanto mais sementes plantarmos, mais flores teremos. O mesmo é verdade quando se trata da relação entre novas oportunidades de vendas e clientes satisfeitos. Sem clientes potenciais não teremos relações comerciais. É por isso que a prospecção de clientes é tão crucial para o nosso sucesso.

POR QUE NÃO FAZEMOS PROSPECÇÃO

Se todos concordamos que a prospecção de clientes é importante, por que a tendência é darmos baixa prioridade ao assunto?

O medo é um fator. Quando os vendedores não têm um bom sistema de prospecção e interpretam isso meramente como se fosse uma ligação fria, eles com frequência deparam-se com a rejeição. E isto faz sentido. Quanto mais rejeições recebemos, mais difícil torna-se a prospecção.

Outro ponto é o valor que damos ao tempo que gastamos com a prospecção. Se numa tarde deixamos o escritório para ir à biblioteca e pesquisar dados eletrônicos, pode parecer que estamos negligenciando elementos do nosso trabalho que têm uma prioridade aparentemente mais alta, especialmente se nossos esforços dão em muito poucos resultados imediatos.

Ainda há outra razão que nos faz evitar a prospecção de clientes, que é a sensação de que estamos interferindo no tempo de outra pessoa. Geralmente, quando procuramos por novas oportunidades, devemos fazer primeiro uma pesquisa na internet para juntar informação sobre contatos de negócios potenciais. Sabemos que a maioria das pessoas para as quais ligamos está ocupada. Por isso nos convencemos de que não acham nossa interrupção bem-vinda, quando, na realidade, isso pode não ser verdade.

Para muitos de nós a prospecção de clientes na realidade é um jogo de acerto e erro. Algumas vezes temos sucesso e outras não, e é por isso que pode ser frustrante. Mas na realidade um sistema verdadeiro de prospecção de clientes cria um conjunto de ferramentas que podemos utilizar para criar uma fonte de novas oportunidades, jorrando bem em nossa porta. Isso mesmo — um bom sistema de prospecção nos traz clientes.

MUDANDO NOSSA VISÃO SOBRE A PROSPECÇÃO DE CLIENTES

Para os melhores vendedores de todas as áreas, a procura por novas oportunidades é de fato divertida. É uma caça ao tesouro — uma aventura que leva ao pote de ouro no final do arco-íris. Por que eles o interpretam dessa maneira? Porque assimilaram as habilidades para fazer a prospecção de clientes mais eficiente e produtiva.

Conselhos para contornar a relutância nas ligações de prospecção

Bote ânimo na sua prospecção
A maioria dos profissionais de vendas prefere fazer qualquer coisa a procurar clientes potenciais. Mas o fato continua sendo: quanto mais prospecção fizermos, mais relações comerciais teremos. Eis como manter-se animado com relação à prospecção.

1. Anime-se
Venda a ideia da prospecção a você mesmo. Afirme que você está eufórico para conhecer mais clientes potenciais, já que isso vai levá-lo a vender mais. Não espere sentir-se melhor após somente uma conversa estimulante. Você pode ter

que vender a si mesmo de cinco a dez vezes ao dia, até que seu subconsciente tome conta e faça esse papel por você.

2. Estabeleça uma meta e faça força para atingi-la
O maior problema não resolvido de todos os tempos é como conseguir que façamos o que sabemos que temos que fazer. Então, não se preocupe em começar a fazer mais contatos. Não protele. Simplesmente faça. Ajude a si mesmo estabelecendo uma meta viável. Por exemplo, dependendo da sua situação, você pode estabelecer uma meta de fazer mais cinco contatos por semana. Pense sobre isto: após um ano você terá feito mais de 200 contatos a mais com clientes potenciais, simplesmente por fazer mais algumas ligações por semana. Ou estabeleça uma meta de atender uma comunidade ou evento de negócios cada mês e conhecer cinco pessoas novas em cada evento. No final de um ano você terá conhecido mais ou menos 60 pessoas novas. Quantas relações comerciais a mais isto trará para você?

3. Pare de inventar justificativas
É lógico que muitos de nós, em alguma ocasião, já utilizamos justificativas como a seguinte: "Não posso fazer prospecção de cliente na sexta-feira à tarde, porque todo mundo viaja. Não adianta encontrar novas oportunidades em janeiro e fevereiro, porque todos estão de férias. Não posso fazer ligações em dias de chuva, já que ninguém está no clima para me ouvir." Temos que parar de racionalizar/justificar nossa inatividade.

4. Supere o medo de ficar esgotado
Se alguns vendedores conseguem fazer 100 ligações por dia, é possível fazer mais dez, ou quantas sejam possíveis (de forma realista) no seu negócio.

Ralph Waldo Emerson disse: "Faça o que você teme, e a morte do medo é certa." Em outras palavras, se adquirimos as habilidades necessárias e nos dedicamos a constantemente procurar clientes potenciais, qualquer medo que tenhamos com relação a isso desaparecerá. E assim melhoramos as chances de aumentar as vendas, pois teremos alternativas suficientes para evitar as baixas de vendas pelas quais passa a maioria dos vendedores.

Encare desta forma: se estamos aprendendo a tocar um instrumento musical, provavelmente não será muito divertido no início. Mas à medida que começamos a melhorar, passamos a gostar mais de tocar o instrumento. Em vez de temer as horas que ficamos praticando, começamos a vê-las como algo relaxante e divertido.

Para a maioria de nós, a prospecção provavelmente nunca será algo tão divertido quanto aprender a tocar uma guitarra ou um piano. Mas quando começamos a ver que um aumento na prospecção resulta em mais relações comerciais e em maior crescimento de renda, a veremos sob outra perspectiva.

No ambiente de vendas de hoje em dia, a qualidade de cada oportunidade tende a ser mais importante do que a quantidade de oportunidades. Inclusive, faz sentido que quanto mais clientes potenciais nós temos, mais clientes poderemos ajudar.

Um clássico de todos os tempos, *As 5 grandes regras do bom vendedor* (Ibrasa, 1996), dá validade a esta teoria. O autor Percy Whiting relata que uma organização, quando se deparou com a possibilidade de fechar, desafiou sua força de venda a contatar dez pessoas a mais por dia. Dez por cento dessas ligações resultaram em tantas vendas, que, em vez de fechar a fábrica, passou a produzir 24 horas.

Onde encontrar novas oportunidades

Existem muitas pessoas que podem se beneficiar de nossos produtos e serviços. Porém, nem todos são clientes. Por quê? Muitas vezes é porque não sabemos que elas existem. Outras vezes é porque elas não nos conhecem. A ideia por trás da prospecção é encontrar essas pessoas que podem beneficiar-se do que nós temos a oferecer — não importa onde estejam, ou com quem estejam fazendo negócios.

Apresentaremos a seguir algumas formas de encontrar novas oportunidades e gerar lideranças. Nem todas podem ser aplicadas a seus produtos ou serviços em particular, mas isso não significa que você deva ignorá-las. Lembre-se: os melhores vendedores estão abertos a todos os tipos de ideias, com o objetivo de obter novas oportunidades. Eles tentam utilizar o máximo de ideias possíveis. Então inclua isto na sua lista. Possivelmente você descobrirá um campo completamente novo de possibilidades que nunca levou em consideração.

OS CLIENTES EXISTENTES

Com frequência, as melhores novas oportunidades para aumentar os negócios começam com os clientes satisfeitos. Infelizmente, nossa tendência é a de gastar a maior parte do nosso tempo de prospecção batendo em portas de pessoas que não nos conhecem ou não conhecem nossa empresa. Por quê? É que tipicamente nos convencemos que ligar para clientes já existentes não é parte importante da prospecção.

Quando se trata de clientes comuns, nossa tendência é assumir que eles sabem tudo sobre o que nós temos a oferecer. Afinal, eles possuem nossos folhetos e nós já lhes falamos sobre todos os nossos produtos e serviços. Mas quando assumimos que os clientes comuns lembrarão de tudo sobre nossa companhia, não estamos oferecendo a eles o mesmo tratamento que oferecemos a novos clientes. Isso deixa a porta aberta à competição. Como? Bom, faça a si mesmo a seguinte pergunta: e se o seu competidor chegar e descobrir uma necessidade que nós não conhecemos sobre os nossos clientes, já que assumimos que caso nossos clientes necessitem algo, eles nos ligarão? O que poderá acontecer com nossa boa relação comercial?

Por que não ajudar nossos clientes — e ajudar a nós mesmos também — utilizando uma ferramenta chamada de mapa de oportunidades? É simples, o mapa de oportunidades nos ajuda graficamente a representar a situação real sobre nossa carteira de clientes existentes, assim como com os clientes passados, que perdemos com o tempo. Através do mapa, podemos identificar novas oportunidades analisando nossa carteira de clientes. Complete um mapa de oportunidades, assim como o apresentado na página seguinte, para sua carteira de clientes. Certamente você encontrará novas oportunidades de vendas.

O método do mapa de oportunidades funciona não importa há quanto tempo você esteja nos negócios de vendas. Se você é novo em vendas ou acabou de mudar de trabalho, completar um mapa de oportunidades antes de uma ligação introdutória é uma forma efetiva de familiarizar-se com o cliente no seu território. Para os vendedores mais experientes, o mapa os força a pensar de maneira criativa sobre as contas que já têm há anos. Apesar do mapa de oportunidades não funcionar para todos os negócios, funcionará para a maioria.

Robert Priganc, um consultor de finanças do Mony Group em Pittsburgh, Pensilvânia, utiliza com sucesso o mapa de oportunidades para oferecer produtos financeiros adicionais a seus clientes antigos.

— Sempre é desafiador fazer que meus clientes fiquem cientes de todos os produtos e serviços que temos para oferecer-lhes. De fato, já que eles não estão cientes de todos, acabo descobrindo que muitos estão comprando esses produtos de nossos concorrentes.

"Então, faço uma lista de todos os produtos e serviços que temos para oferecer. Faço muitas fotocópias da lista, e antes de fazer a ligação, escrevo o nome do meu cliente no mapa e o reviso. Vejo o que ele já está comprando, e que ideias e produtos adicionais seriam úteis para ele.

36 • ALTA PERFORMANCE EM VENDAS

	Arc Products	Swelling Consulting	Franklin Services	AMR Chemicals	FSA Aviation	Sandstone Accounting	Alco Supermarkets		
Projeto gráfico			●		●	✓	●		
Composição	✓	●	●	✓		✓			
Impressão de folhetos			●	●	●	●	✓		
Impressão de relatório anual	●	✓	●		✓	●			
Projeto de mala direta			✓		●		●		
Página na Web		✓		●		✓			
Projeto de divulgação	●				●	●			

Produtos/Serviços (eixo vertical) — Empresas (eixo horizontal)

● A empresa atualmente está comprando esse produto/serviço de mim

✓ Uma boa oportunidade de venda para esse produto/serviço

☐ Chance mínima de venda

Figura 1: Mapa de oportunidades

"Em uma situação específica, eu estava administrando o seguro de vida de um cliente e sua conta de aposentadoria. Notei que ele não tinha cobertura para deficiência. Sabendo que ele era o tipo de pessoa que realmente se importava com o bem-estar de sua família, eu lhe fiz perceber isto. Ele concordou que era uma ideia inteligente e apreciou minha preocupação em relação à situação.

"Eu realmente me preocupo em fazer com que meus clientes estejam preparados para o futuro. Utilizando o mapa de oportunidades tenho uma forma sistemática de saber que produtos um cliente pode necessitar. Também tem sido divertido ver como minhas vendas têm aumentado como resultado dessa prática."

O exemplo de Robert demonstra porque aumentar sua penetração nas contas pode ser tão efetivo. Afinal, as contas já existem. Em ambientes onde grandes volumes de capital estão envolvidos, as estruturas de custo geralmente estão bem visíveis e alocadas. Estamos lidando com uma instituição conhecida, e sabemos que o cliente é financeiramente de confiança. Então, não só potencializamos nossas relações comerciais, como vemos também um impacto mais imediato nos resultados básicos para nossa companhia.

Lembre-se, não podemos esperar que nossos clientes comprem aquilo que eles não sabem que nós oferecemos. Então, vamos ajudá-los. E não vamos entregar negócios de mão beijada para nossos concorrentes, pelo fato de assumirmos que nossos clientes sabem tudo sobre nós. Quanto mais produtos e serviços nossos clientes contarem conosco para lhes oferecermos, menos pensarão em comprar de nossos concorrentes.

Existem infinitas formas de aplicação do mapa de oportunidades no decorrer do processo de vendas. Você pode utilizá-lo na pré-abordagem a novos clientes potenciais. Você pode adaptá-lo para recuperar relações perdidas ou negligenciadas. Alguns gerentes de vendas até o revisam e utilizam para visualizar a *performance* de seus vendedores. O fato é que a utilidade do mapa de oportunidades é limitada pela nossa criatividade. Se você encontrar uma forma de tirar vantagem desta poderosa ferramenta, faça-o.

DESENVOLVA CAMPEÕES

Campeões em contas existentes também podem ser recursos valiosos para novas oportunidades de negócios. Tipicamente, um bom campeão é alguém numa conta antiga que é respeitado na companhia e entre seus pares. Ele ou ela é articulado e dinâmico e compreende o que faz com que seu produto ou serviço seja efetivo. Os campeões podem nem sempre ter autoridade para realizar uma decisão, mas podem influenciar numa decisão de compra ou ajudar-nos a conhecer o tomador de decisão.

Andrew Winter, administrador de desenvolvimento de negócios da Ignition Group em Toronto, Ontário, Canadá, faz prospecção de clientes diariamente. Sua principal responsabilidade é desenvolver novos negócios para a Ignition

Ao longo de toda sua carreira, Andrew tem trabalhado com campeões para ajudá-lo a conseguir novas oportunidades de negócios.

— Num dos casos, eu tinha construído uma forte empatia com um cliente numa divisão de uma oficina em St. Louis, Missouri, pelo oferecimento de um serviço de alto nível, desde o pedido inicial até o encerramento.

"Como resultado da confiança que desenvolvemos, e de nossa forte relação comercial, este cliente tornou-se meu amigo e meu campeão. Ele falava muito bem sobre os nossos serviços para suas oficinas em Chicago, Illinois, Dallas, Texas e Atlanta, Geórgia. O mais importante de tudo foi que ele falou com o escritório central da corporação em São Francisco, Califórnia. Graças a sua ajuda, eu fui capaz de expandir as vendas para todas as divisões de sua companhia, incluindo o escritório central. Num intervalo de seis meses, as vendas para esse cliente cresceram de 300 para 8 mil dólares.

"Meu campeão depois se mudou de St. Louis para Chicago. Embora já tivéssemos contatos de negócios com o escritório de Chicago, estávamos lidando com um gerente de marketing diferente. Como resultado da transferência do meu campeão, tivemos a oportunidade de fazer o dobro de negócios com o escritório de Chicago. E além disso, ainda continuo trabalhando com sua divisão original. Se eu não tivesse construído esta relação, teria sido muito mais difícil manter o negócio após a transferência de meu cliente.

"Nunca subestime o poder da empatia e confiança, já que este é o primeiro passo para encontrar um campeão. Nossas metas devem sempre incluir o estabelecimento de uma relação de qualidade com nossos clientes; uma relação construída na base da honestidade e integridade. Depois, não importa o que aconteça, se eles são transferidos ou se sua companhia se funde com outra, estaremos numa posição melhor para dar continuidade à relação comercial. Se nós os respeitamos primeiro como pessoas, e depois como clientes, eles retornarão esse respeito dez vezes mais, ou, neste caso, 28 vezes mais."

PEÇA MAIS REFERÊNCIAS

Enquanto os campeões, por si mesmos, promovem nossas companhias, quando se trata de referências, geralmente, é necessário que tomemos a iniciativa, procurando nossos contatos de negócios adicionais. Apesar das referências serem os fatores que mais abrem portas, a maioria dos vendedores não as utiliza. Por quê? Por diversas razões: 1) temos medo de perguntar; 2) sentimos que não temos uma relação boa o suficiente para pedir; 3) não temos confiança em nós mesmos ou em nossos produtos e 4) simplesmente esquecemos.

Normalmente, é mais efetivo pedir referências após termos desenvolvido empatia com um cliente potencial, ou após termos estabelecido uma relação comercial de confiança com o cliente.

Existem casos, porém, onde faz sentido pedir referências logo no começo dos contatos de vendas. Isto depende muito do tipo de produtos e serviços que vendemos. Tenha isto em mente, só devemos pedir referências logo de início se temos certeza de que nosso cliente potencial está sentindo-se bem com relação à interação. Nunca podemos assumir que um cliente novo nos proverá automaticamente de informações com referências só porque aparecemos numa reunião ou fizemos uma ligação.

Durante sua carreira de vendas de seguros, na Dale Carnegie e Associados, o vice-presidente Ollie Crom tinha uma forma de se lembrar de que tinha de pedir referências. Do lado de baixo da sua pasta, ele grudou quatro letras maiúsculas em relevo: PPUR. Toda vez que ele terminava uma ligação de vendas, ele procurava sentir as quatro letras. Então, se fosse o momento certo, ele lembrava de "Pedir Por Uma Referência". Falaremos das referências com mais detalhes no processo de acompanhamento de vendas.

UTILIZE LISTAS

Em muitas situações, nossa companhia nos proverá de listas de clientes do presente e do passado. Fique atento a isto: não assuma que estas listas estão atualizadas, a menos que você já tenha verificado que elas de fato estão.

Como sabem os profissionais de vendas experientes, não é incomum ter pessoas falecidas listadas como contatos-chave, ou endereços e números de telefone que não existem mais. Se você tem a sorte de ter um assistente, é uma boa ideia que ele faça uma atualização da lista para você. Se você trabalha sozinho, sempre poderá ligar para cada companhia e tentar apresentar-se da seguinte forma: "Preciso de ajuda. Estou atualizando minha lista de contatos e quero ter certeza de que estou fazendo chegar a informação correta à pessoa certa na companhia." A maioria das recepcionistas não se importa em ajudar, ou nos encaminhar à pessoa que pode nos ajudar. Então, você pode fazer a verificação da informação e utilizá-la como parte de sua pré-abordagem, a qual discutimos no próximo capítulo.

Encontrando novas oportunidades

Clientes existentes
- Novos produtos/projetos com clientes atuais (mapa de oportunidades)
- Campeões
- Referências
- Listas

Novos clientes
- Tempo de deslocamento

- Construindo diretórios
- Listas telefônicas
- Organizações comunitárias
- Associações comerciais
- Grupos de negócios/Grupos sociais
- Feiras de negócios
- Ligações alternadas
- Referências industriais em publicações
- Internet
- Redes de referências pessoais

NOVOS CLIENTES

Como mencionamos no início deste capítulo, encontrar novas oportunidades com clientes já existentes é geralmente a melhor maneira de aplicar nosso tempo em prospecção. Mas o fato demonstra que um novo negócio é também parte importante da maioria das estratégias de vendas.

Encontrar oportunidades com clientes totalmente novos, com frequência é um dos maiores desafios para a maioria dos vendedores. Sem um sistema de geração de liderança, tendemos a ver a procura de novos clientes como nada além de uma ligação fria. É claro que, na maioria das vendas, não há como evitar as ligações frias, seja por telefone ou cara a cara. Mais adiante neste livro dedicamos uma seção inteira para o desenvolvimento de habilidades ao telefonar. E no próximo capítulo aprenderemos sobre métodos de pré-abordagem. Juntas, estas habilidades o ajudarão a transformar as ligações frias em ligações "quentes" e, como resultado, fazer com que o tempo de procura por novos negócios seja mais compensador.

A procura de novos clientes é muito mais que pegar o telefone ou bater numa porta. Com um pouco de criatividade e planejamento, podemos utilizar uma variedade de ferramentas para assegurarmos que nosso tempo investido na prospecção seja efetivo e produtivo.

UTILIZE O TEMPO DE DESLOCAMENTO ATÉ O CLIENTE COMO UMA FERRAMENTA PARA A PROSPECÇÃO

Para alguns profissionais de vendas, a procura de novos clientes é tão simples como ir até o fim da rua.

Algumas pessoas gostam de manter gravadores em seus carros ou deixar para si mesmos mensagens de voz, ou fazer anotações verbais de companhias que

NOVAS OPORTUNIDADES • 41

veem enquanto estão indo para compromissos ou voltando deles. Outras gostam de variar os caminhos que fazem, para poder aumentar as possibilidades de descobrir novos negócios em uma área que ainda não tinham visto.

Muitas vezes, a propaganda que vemos e escutamos enquanto nos deslocamos pode nos dar ideias de clientes potenciais. Por exemplo, se você vende propaganda para rádio, escutar as outras estações além da sua própria pode dar-lhe informações de primeira mão sobre que companhias estão comprando tempo no ar em outras estações. De fato, não importa o que você venda, anúncios de rádio podem alertá-lo sobre negócios novos e já existentes na área, que podem necessitar de seu produto ou serviço. A mesma teoria aplica-se à propaganda em outdoor. Um vendedor inclusive relata sobre ter obtido liderança a partir de informação de uma companhia impressa nas laterais de um caminhão e de vans de entrega. Qualquer que seja o caso, simplesmente por manter seus olhos e ouvidos atentos ao ambiente que o rodeia, pode fazer uma enorme diferença em seus esforços de prospecção.

CONSULTE DIRETÓRIOS DE EDIFÍCIOS

Gastar alguns minutos no saguão de um edifício de escritórios, com frequência, pode resultar em oportunidades de vendas sólidas.

Jeff Hanlon, um profissional de vendas em Phoenix, Arizona, utilizou esta abordagem para assegurar um contrato a longo prazo com um novo cliente:

— Após fazer uma ligação comercial com uma grande agência estadual do governo, notei que havia um diretório de outras agências estaduais nesse edifício. Um cliente potencial pouco provável era o Conselho de Diretores Funerários e Embalsamadores. Ninguém da nossa indústria nunca pensou em entrar em contato com eles ou sequer sabia que existiam. Sabendo que as agências governamentais têm necessidades semelhantes e processos de aquisição, eu vi nesta situação uma oportunidade potencial.

"Após fazer algumas perguntas e identificar as necessidades, lhes demos a solução para sua situação. Esta relação levou a referências adicionais dentro do governo estadual. Eu nunca teria sabido que esta agência existia se não tivesse parado por 30 segundos para procurar novas oportunidades no diretório do edifício."

EXAMINE AS LISTAS TELEFÔNICAS

Mesmo se estamos em territórios locais ou viajamos para o outro lado do oceano para realizar um negócio, as listas telefônicas são um grande recurso, especialmente se queremos fazer negócios com companhias menores que podem não se encontrar na internet ou estarem listadas nas publicações industriais.

Também podemos utilizar nosso computador para pesquisar sobre alguns dos diretórios telefônicos on-line na internet. Muitos deles nos permitem procurar pela categoria industrial em uma cidade específica. Nunca sabemos o resultado que podemos obter após somente alguns minutos de leitura de algumas páginas na internet.

TORNE-SE ATIVO NAS ORGANIZAÇÕES COMUNITÁRIAS

Os profissionais de vendas tornam-se bem-sucedidos a partir do estabelecimento de relações fortes. Envolver-se com atividades comunitárias transmite uma mensagem clara de que nos importamos mais do que somente em vender.

Peter Legge, presidente e editor da Canada-Wide Magazines e Communications Ltd., acredita que o envolvimento com a comunidade é essencial para poder ser um vendedor bem-sucedido.

— Acho que é absolutamente necessário, se você está procurando obter qualquer sucesso no ramo de negócios, retribuir com algo à comunidade. Você pode não ter o dinheiro para dar à comunidade, mas pode investir tempo se realmente tentar. Eu acredito na antiga lei de semear e colher: quanto mais você plantar mais vai colher. Francamente, eu me envolvo porque gosto de fazê-lo. E tenho notado que, quanto mais eu o faço, mais recebo de volta, de uma forma positiva.

Bill Bertolet, um patrocinador da Dale Carnegie no sudeste de Nova Jersey, tornou-se o presidente-geral da campanha para a United Way de suas comunidades. Seu envolvimento no passar do ano com 220 voluntários fez com que o esforço do trabalho de caridade fosse mais produtivo.

Após um ano de trabalho recompensado, os resultados quebradores de recordes de Bill lhe valeram um grande negócio de cobertura de mídia e publicidade. Numa ligação de vendas subsequente, o cliente potencial falou sobre as realizações de Bill. Pela discussão de seus interesses em comum com relação à United Way, eles formaram uma ligação imediata que levou a uma relação mais forte. Bill achou que pedir dedicação e compromisso do cliente foi mais fácil devido a seu trabalho de caridade.

ASSOCIAÇÕES COMERCIAIS

Ted Owen, presidente e editor do *San Diego Business Journal*, envolveu-se na sua Câmara de Comércio quando fez a transição da vida militar para a civil. Fazendo isto, estabeleceu relações na comunidade de negócios no nível mais alto. Quando Ted decidiu entrar nos negócios por ele mesmo, esses contatos foram inestimáveis.

Ollie Crom, logo no início de sua carreira de vendedor de seguros, também achou que a Câmara de Comércio é uma associação que vale a pena. Quando se mudou para Alliance, Nebraska, visitou a Câmara imediatamente. Quando perguntou sobre projetos que necessitavam de apoio voluntário, o diretor da Câmara logo o pôs a trabalhar. Qual era o trabalho de Ollie? Contatar pessoalmente 30 pessoas influentes na comunidade que tinham contribuído para um projeto de desenvolvimento industrial. Os contatos provaram ser uma tremenda fonte de clientes e resultaram em mais referências para Ollie.

Procurando orientações na rede

- Sempre se ofereça para ajudar. Finalize todo encontro ou ligação com: "O que posso fazer para ajudá-lo?"
- Compartilhe suas habilidades únicas e aprenda com outros.
- Compartilhe seus próprios contatos e procure na rede em conjunto com outros.
- Seja acessível e seja você mesmo.
- Finalize os compromissos.
- Escreva notas pessoais de agradecimento.

TOME CONTA DOS GRUPOS DE NEGÓCIOS/GRUPOS SOCIAIS

Algumas vezes, encontraremos eventos apropriados no jornal ou ouviremos falar sobre eles na televisão ou no rádio. Porém, se você for Baek Sook Hyun, você criará o seu próprio. De fato, Sook Hyun — uma vendedora top da Daewoo Electronics, na Coreia — é conhecida por patrocinar eventos e associações que reúnem pessoas. As pessoas vão a seus eventos e a conhecem. Quando necessitam dos produtos que ela vende, eles compram dela.

Por exemplo, uma vez ela organizou uma associação que reuniu motoristas de táxi, já que na Coreia os motoristas de táxi trabalham dois dias e depois tiram um de folga. Ela entendeu que o padrão do estilo de vida deles fazia com que tivessem dificuldades de fazerem amigos com facilidade. Então, organizou clubes enfatizando atividades como escalada, futebol, futebol americano e *badminton*. Através desses clubes, eles chegaram a conhecê-la como pessoa, assim também como uma negociadora.

A reputação da companhia cresceu à medida que a reputação de Sook Hyun crescia. Os clientes lhe deram inúmeras referências. De fato, ela organizou tantas associações que no final tinha mais ou menos 80 eventos por ano. A agenda de Sook Hyun é muito ambiciosa, mas demonstra o que podemos fazer quando utilizamos a criatividade. Mesmo se tentamos organizar um ou dois eventos, pode fazer uma diferença. Por exemplo, que tal organizar uma liga de tênis ou um campeonato de golfe? Que tal organizar um evento de caridade para um grupo não lucrativo que seja importante para você? Não importa o que você decida, patrocinar eventos é uma grande forma de transformar uma paixão em novas oportunidades de negócios.

Regras de pesquisa na rede

Para ser bem-sucedido nas vendas, não se trata de quem você conhece. Trata-se de quem quer conhecê-lo.

Quando se trata de atender procedimentos de negócios organizados por outra pessoa, considere encontrar uma forma diferenciada de separar seu produto ou serviço dos de outros. Randall K. Huntimer, planejador de financiamento e vice-presidente de uma firma de planejamento financeiro, encontrou uma maneira criativa de destacar-se da multidão.

— Eu me deparei com este negócio por acidente. Entrei num elevador e reconheci uma pessoa que eu tinha conhecido. No caminho para a reunião, começamos a conversar. Não tivemos tempo de terminar nossa conversa, então apertamos o botão de descida. Continuamos no elevador enquanto as pessoas subiam e desciam dele. Após um par de viagens e conversas, as pessoas notaram que eu ainda estava no elevador.

"Então percebi que esta era uma grande oportunidade de conhecer praticamente todo mundo que estava indo para o evento. As pessoas não puderam ajudar, mas notaram o 'operador do elevador'. Tornou-se um grande iniciador de conversa. Após gastar duas horas no elevador, os contatos que fiz representaram por volta de dez por cento dos meus negócios novos nesse ano. Esse foi o evento mais lucrativo e divertido que eu já fui em toda minha vida."

VÁ ÀS FEIRAS DE NEGÓCIOS

Embora as feiras de negócios sejam uma forma efetiva e viável de encontrar novas oportunidades, elas também representam alguns desafios. As companhias gastam milhares de dólares em folhetos e apresentações, contudo, é, com frequência, difícil destacar-nos dos outros. Não só isso, os vendedores muitas vezes esperam que as pessoas cheguem até eles.

Por essas razões, é importante fazer algo diferente. Considere pôr seu folheto atrás de seu estande para que, assim, os possíveis clientes tenham que passar por vocês para pegar um. Capte seu cliente potencial com captadores de atenção criativos que estejam na frente de seu estande. Ofereça mapas para ajudar as pessoas a chegarem até seu estande. Trate de fazer algo único para chamar sua atenção.

Também, se a sua companhia não se apresenta em toda pré-estreia, considere ir ao evento somente como participante. Isto lhe dá oportunidade de caminhar pelos corredores e ver os diferentes estandes. Além de fazer novos contatos, você pode aprender mais sobre seus concorrentes neste processo.

FAÇA LIGAÇÕES ALTERNADAS

É nosso primeiro compromisso pela manhã. Chegamos no nosso destino, só para descobrir que as pessoas com as quais supostamente nos encontraremos não podem nos atender. Então, o que fazemos? Lá estamos, a 30 minutos de nosso escritório, a duas horas de nossa casa ou a uma hora do aeroporto. O que fazemos agora?

É nessa ocasião que temos uma oportunidade de fazer uma ligação substituta — entrar em contato com alguém na vizinhança que possa achar utilidade em seus produtos ou serviços. Em algumas situações de vendas, fazer ligações substitutas simplesmente significa bater na porta seguinte ou visitar o próximo edifício comercial. Em outros casos, significa usar o telefone para ligar para outros clientes potenciais da área.

Um vendedor de Peoria, Illinois, tem o hábito de fazer negócios com qualquer um dos lados após um encontro que ele tenha acabado de ter.

— Simplesmente eu menciono que estava do lado e que tive a impressão de que eles talvez gostariam de ter vantagens com as mesmas oportunidades que os seus vizinhos têm. Descobri que se tenho cinco encontros por dia, eu faria dez contatos a cada dia. Isso equivaleria a 500 contatos por ano, sem gasto adicional.

ACOMPANHE AS LIDERANÇAS INDUSTRIAIS NAS PUBLICAÇÕES

Isso inclui:

- Jornais
- Artigos de revistas e propaganda

- Jornais de comércio
- Novas autorizações de negócios
- Departamentos de comércio

TIRE VANTAGEM DA INTERNET

Muitos recursos on-line provêem uma quantidade de informação incrível que diz respeito a clientes potenciais do mundo todo. Você pode ter que pagar por alguma informação que tenha que fazer o download, mas o tempo que você acaba economizando faz valer a pena. Ou você pode tentar usar seu instrumento favorito de busca e digitar em palavras-chave, tal como "lideranças em vendas".

Os websites das companhias também podem ser uma grande fonte de informação. Com frequência, as páginas principais podem ter links de negócios, notícias sobre o mercado de ações, quadros de mensagens e acesso aos grupos de usuários — todos podem ser grandes recursos. Muitos sites de internet de diversas companhias também possuem links puxa fornecedores, alianças de estratégia e talvez até concorrentes. Em alguns casos, eles nos permitem fazer uma pesquisa ao vivo sobre indústrias semelhantes.

Dependendo do produto ou serviço que você ofereça, pode ser de certa ajuda separar parte do tempo para realizar buscas de clientes potenciais na internet a cada mês. De fato, também é uma boa ideia estabelecer um tempo máximo para pesquisar na internet. Afinal, a internet tem uma quantidade vasta de informação. Se não formos cuidadosos, facilmente podemos nos distrair. Nessa situação, uma hora de pesquisa constante se transforma em várias horas de tempo improdutivo.

CONSTRUA UMA REDE PESSOAL DE REFERÊNCIAS

Contatos via rede entre conhecidos de negócios e amigos é uma das formas mais efetivas de conhecer pessoas que possam necessitar de seus produtos ou serviços. Uma rede pessoal de referências pode ser composta por parentes, médicos, advogados, contadores, vizinhos, cabeleireiros e o merceeiro do bairro — a escolha é sua. Todos com os quais estamos em constante contato deveriam saber alguma coisa sobre como nós damos valor a nossos clientes.

Por exemplo, quantas vezes você deu referências sobre alguém a seu médico, dentista, mecânico, corretor de seguros ou procurador? Ainda, quantas referências você recebeu deles? Se você não está recebendo referências dessas pessoas pode ser porque elas não conhecem seu trabalho o suficiente.

Tenha isto em mente, uma rede pessoal de referências é diferente de um grupo de campeões. Os campeões são pessoas envolvidas com nossa carteira de clientes que podem ou não ser nossos amigos pessoais. As pessoas que fazem parte de nossa rede pessoal de referências com frequência não utilizam os nossos produtos ou serviços, mas podem conhecer pessoas que o fariam.

Este método de prospecção não requer tempo e dedicação exclusivos. Deixar as pessoas saberem qual é o seu trabalho deveria ser parte normal de sua conversa. Com o passar do tempo, ter um grupo de pessoas que querem apresentar-lhe seus amigos e conhecidos de negócios pode abrir muitas portas que em outros casos poderiam manter-se fechadas.

Em vendas de negócio para negócio, nós não temos que ter necessariamente anos de experiência para usar uma rede pessoal de referências. Digamos, por exemplo, que temos 20 companhias-alvo com as quais gostaríamos de negociar, mas não temos nenhum nome para fazer contato. Por que, então, não anotamos essas companhias, falamos com os nossos amigos ou conhecidos de negócios e verificamos se eles conhecem alguma pessoa nessas organizações que nos interessam?

Em vendas de negócios para consumidores, onde estamos vendendo diretamente para o usuário, nossa rede pessoal de referências pode ser nosso salva-vidas. Talvez estejamos vendendo um pacote de férias, computadores ou telefones sem fio. Qualquer que seja o caso, nossos amigos e conhecidos são os candidatos perfeitos para mostrar-nos o caminho certo para fazer negócios.

Redes pessoais de referências também são indispensáveis no caso de empresários, principalmente no caso desses que constam de listas de consulta. A maioria dos pequenos empresários e de pessoas autônomas encontra dificuldade em promover seus produtos e fazer dinheiro ao mesmo tempo. É muito mais produtivo para eles ter uma rede de pessoas que lhes tracem o caminho do negócio.

ADMINISTRANDO NOSSOS CONTATOS

Um dos mais valiosos ativos que temos é nossa lista de contatos. Construir e manter relações através do processo de desenvolvimento de vendas requer que mantenhamos um padrão correto de eventos, ações, comentários e expectativa de clientes potenciais, nossos clientes e nós. Manter esses padrões em um sistema que é correto e acessível é fundamental para a relação comercial a longo prazo. Por quê?

Quando um cliente liga, nossa habilidade em acessar de imediato informações sobre conversações passadas demonstra competência e revela que nós damos grande prioridade às preocupações de nossos clientes. E mais, a precisão da informação deixa nossos clientes confiantes de que somos bastante organizados para administrar seus negócios e prover-lhes soluções.

As abordagens tradicionais para contatar administradoras primeiramente foram baseadas no papel impresso. Elas consistem em organizadores pessoais, fichários e até anotações. Como muitos vendedores poderão testemunhar, encontrar informações em sistemas baseados no papel é difícil e leva muito tempo.

Por outro lado, os administradores de informações pessoais, como os palm tops, podem manter relatórios do mesmo tipo de informação sendo que, neste caso, em meio eletrônico. Eles nos ajudam a organizar informações como compromissos, metas e endereços. Porém, eles nos dão pouca integração dessas informações. Em outras palavras, enquanto esses métodos podem guardar algumas das coisas que necessitamos, a informação geralmente não está relacionada a nossos contatos. Por essa razão, tanto os administradores de informações pessoais quanto os sistemas baseados no papel não possuem a flexibilidade e as características de um administrador de contatos verdadeiro.

Os administradores de contatos eletrônicos, que são pacotes de software, são desenhados especificamente para profissionais que trabalham com relacionamento e que necessitam administrar dia a dia as informações de contatos num grupo pequeno ou individualmente. Eles provêem acesso fácil e rápido a informações sobre clientes e clientes potenciais, provendo uma solução excelente para as pessoas que trabalham com contatos de fora e têm a necessidade de acompanhar todas as suas comunicações.

Um administrador de contatos assegura um fluxo constante de informação correta pela administração de todas as tarefas e informações relacionadas ao desenvolvimento e à manutenção das relações comerciais. Também prevê o acompanhamento completo e compreensível de todas as informações sobre clientes e clientes potenciais, incluindo encontros, ligações, correspondência e anotações.

Os administradores de contatos automatizam e tornam rotineiras as atividades de comunicação e de fazer relatórios, assim como as atividades requeridas para encontrar novos clientes potenciais e assegurar a satisfação de clientes comuns. Eles minimizam o tempo gasto em tarefas de administração de rotina, aumentando a efetividade do profissional de vendas com relação à construção de relações comerciais. Os profissionais de vendas tornam-se mais efetivos na administração de relações e interação com os consumidores, clientes e parceiros de negócios através da utilização dessas ferramentas.

EVITE OS FRACASSOS: DEDIQUE-SE À PROSPECÇÃO

Não importa a forma que escolhemos para realizar a procura de novas oportunidades, é essencial que façamos algo que nunca fizemos antes. Também é importante utilizar mais de um método. Se dependemos demais de apenas um sistema de prospecção, arriscamos a não ter uma fonte contínua de oportunidades. Por exemplo, se utilizamos apenas listas de clientes e feiras de negócios, estamos ignorando as possibilidades que existem em outros lugares. Então, quando as listas acabarem e não estejam ocorrendo feiras de negócios, não estaremos fazendo prospecção de clientes. Os resultados? Nossa atividade desacelera, já que não estamos gerando potenciais oportunidades para continuar criando clientes satisfeitos.

CAPÍTULO 2

Pré-abordagem
Fazendo nosso dever de casa

> Agora, vejamos. Estivemos juntos durante dez minutos. Posso afirmar que você não sabe nada sobre mim, minha empresa, nossos produtos, nossos concorrentes, nosso mercado ou nossos desafios. O que era que você estava tentando me vender mesmo?
> PONTO DE VISTA DE UM COMPRADOR

Se todos concordamos que estamos vivendo na era da informação, então por que muitos vendedores preferem manter-se desinformados quando lidam com clientes potenciais? E por que tendemos a passar diretamente da descoberta de novas oportunidades à negociação de vendas sem dedicar tempo para conhecer as vontades e necessidades básicas do nosso cliente potencial?

Todos temos diferentes tipos de respostas para essas perguntas, baseadas em nossas experiências individuais. Mas, na realidade, não existe resposta boa o suficiente que justifique ignorar a pré-abordagem. Quanto mais cedo desenvolvermos uma estratégia consistente para a pré-abordagem e começarmos a dar valor ao que ela proporciona para a relação comercial, melhor serviremos nossos clientes.

Porque ignoramos a pré-abordagem

- Ansiedade por entrar em acordo
- Treinamento inadequado
- Não saber onde obter informações sobre as vontades e necessidades de nosso cliente potencial
- Complacência
- Não a ver como parte importante do planejamento de vendas
- Não ter tempo suficiente

O QUE É A PRÉ-ABORDAGEM?

A pré-abordagem é a primeira ação lógica e necessária após a identificação de nossas novas oportunidades. Nesse momento, precisamos: 1) determinar quais oportunidades representam verdadeiros clientes potenciais, 2) reunir informações que nos permitam negociar os interesses do cliente potencial, uma vez iniciado o contato, e 3) desenvolver um plano para o nosso primeiro contato. A pré-abordagem bem-sucedida melhora as chances de encontrarmos um cliente potencial qualificado e de alcançar sucesso em agendar um encontro com essa pessoa.

A pré-abordagem é muito mais do que uma pesquisa — ela demonstra consideração com os nossos clientes potenciais. É preparar uma mensagem clara e concisa para os telefonemas e cartas. É saber o nome da pessoa com a qual faremos contato, não só sua profissão. Trata-se de entender a indústria do cliente potencial. E mais, a pré-abordagem nos proporciona conhecimentos valiosos, que podemos utilizar mais adiante no processo de vendas. Por exemplo, podemos utilizar a informação adquirida na pré-abordagem na criação de uma agenda de encontros, na construção de credibilidade, no desenvolvimento de soluções e até para lidar com as objeções.

Em alguns casos, iniciar uma relação comercial sem ter feito a pré-abordagem é o mesmo que ir a um encontro às escuras: não saberemos o que esperar quando chegarmos ao local. Por outro lado, se já tivermos feito a pré-abordagem, teremos minimizado os imprevistos e assegurado que o tempo gasto com o cliente potencial será bem aproveitado por ambos.

A PRÉ-ABORDAGEM NOS PREPARA PARA A CONVERSA INICIAL

Muitos vendedores tendem a achar que a pré-abordagem faz parte da ligação de vendas. Mas lembre-se que este é um dos três passos que nos leva à primeira entrevista. Nesse momento, teremos identificado somente uma oportunidade. Temos pouca, talvez nenhuma, informação sobre as vontades e necessidades de nosso cliente potencial. E sequer sabemos se e quando a pessoa voltará a nos contatar.

É interessante ver a pré-abordagem como uma forma de melhorar as chances de sucesso de nosso primeiro contato. Como? Se fizermos nosso dever de casa, aumentamos as oportunidades de falar diretamente com quem decide, o que normalmente aumenta nossas chances de obter um encontro. Além disso, a pré-abordagem bem-sucedida nos ajuda a preparar nossa conversa inicial de uma forma que chame a atenção do cliente potencial e nos destaque da competição.

Veja desta forma: estamos telefonando para um de nossos clientes potenciais ideais. Após muitas tentativas, finalmente o contatamos por telefone, em vez de ser por secretária eletrônica. Mas nos primeiros 15 segundos de nossa conversa falhamos em captar sua atenção. Não somos claros com relação ao propósito de nossa ligação. Mesmo se o somos, não temos certeza de que perguntas fazer, porque não temos informações suficientes sobre sua empresa. O que acontece? Nós recorremos à tática de somente falar sobre nossos produtos e nossa companhia, assim como fazem quase todos os vendedores.

Uma pré-abordagem efetiva feita antes da primeira conversa com uma pessoa nos dá o direito de iniciar a conversação, o que difere de ligar por ligar.

A PRÉ-ABORDAGEM EVITA ERROS

Uma estratégia de pré-abordagem sólida nos ajuda a evitar situações embaraçosas. Apesar da história a seguir não ser um exemplo de negócios, podemos utilizar uma simples analogia sobre dar presentes para ilustrar como a pré-abordagem nos ajuda a ter sucesso.

Digamos que você foi escolhido por seu colega de trabalho para comprar um presente para o seu chefe. Você está no aperto para atingir a cota de final de ano e está se esforçando para ganhar o máximo de parcerias de última hora possíveis. Para ganhar tempo, você entra na internet, acha uma empresa de presentes on-line e consegue uma caixa de chocolates exóticos para entregar na festa do escritório.

A caixa chega elegantemente embrulhada e você está ansioso para entregá-la. Mas pouco antes da festa, num bate-papo com um colega, você fica sabendo que o seu chefe é altamente alérgico a chocolate. Portanto, embora você tenha tido sucesso em cumprir sua tarefa de comprar o presente, o resultado final não foi bom.

O mesmo acontece com a pré-abordagem. A pré-abordagem não trata de dar presentes e caixas de chocolate, mas de conhecer um pouco as necessidades e vontades do seu cliente potencial antes de tomar-lhe seu valioso tempo.

Certamente, fazendo o dever de casa, evitamos os erros que muitos vendedores cometem. Muitas vezes ouvimos falar de vendedores que assumem o sexo do seu cliente potencial baseando-se somente no primeiro nome. Ou dos que começam a ligar para as pessoas de uma lista de contatos desatualizada, somente para descobrir que uma ou mais delas já faleceu. É verdade que a maioria das pessoas desculpa esse tipo de falhas, mas mesmo assim não há como disfarçar o fato de que não nos preparamos.

Mike McClain, um vendedor de Ohio, lembra de um cliente, gerente de recursos humanos, conhecido como "JW". Por sua própria escolha, JW não utilizava ponto entre as iniciais. Se ele recebesse uma carta dirigida a "J.W." ele não a lia. E se alguém telefonasse e perguntasse por ele utilizando outro nome que não fosse JW, ele não atendia a ligação. Ele não estava sendo grosseiro. Só queria trabalhar com pessoas que se importassem com ele o suficiente para querer saber qual era o seu nome preferido.

Aqui está outro erro que a pré-abordagem nos ajuda a evitar: você alguma vez já teve um encontro com alguém que, após mais ou menos 20 minutos, revela que não é ele quem decide? Quando isto acontece, temos que encontrar uma maneira adequada e delicada de dizer a essa pessoa que não é com ela que desejamos conversar. Em outras palavras, fazemos que a pessoa do outro lado da mesa pague pelo nosso despreparo.

A PRÉ-ABORDAGEM NOS AJUDA A QUALIFICAR OS CLIENTES POTENCIAIS

Nem todos os clientes potenciais são iguais. Esta é uma das outras razões pelas quais necessitamos da pré-abordagem. Nesta etapa do processo de vendas podemos determinar quais as oportunidades que têm a maior probabilidade de obter sucesso. Assim, não gastaremos horas de nosso valioso tempo tentando captar o interesse de supostos clientes potenciais que na realidade não o são. Em compensação, também poupamos o tempo de nossos clientes potenciais. Se eles não forem qualificados, não lhes tomaremos seu valioso tempo tentando fazer com que se interessem por produtos e serviços de que não precisam.

O que exatamente é um cliente potencial qualificado? É alguém que tem uma necessidade claramente definida e a capacidade de tê-la suprida. Em outras palavras, ele ou ela seria um bom cliente para nossa companhia. É importante entender esta definição, já que nem todos que necessitam de nossos produtos são clientes potenciais qualificados.

Por exemplo, uma companhia pode querer fazer negócios conosco. Mas se ela tem um histórico de crédito ruim ou lhe falta renda para dar apoio ao investimento, pode ser que não queiramos fazer negócios com ela.

Para a maioria de nós, qualificar os clientes potenciais pode ser um desafio. Enquanto não existem características que qualifiquem um cliente potencial, apresentamos aqui algumas orientações para ajudar a compreender o tipo de pessoa com quem podemos nos deparar.

Necessidade conhecida, querendo conversar. Esta pessoa geralmente liga e pede para marcar um encontro. Ela pode já ter uma necessidade ou solução específica em mente. Os clientes potenciais com necessidades conhecidas que estão dispostos a conversar podem estar entrando em contato com inúmeros fornecedores, e podem ser compradores que se importam basicamente com o preço.

Necessidade conhecida, não querendo conversar. Neste cenário, geralmente já sabemos das necessidades do nosso cliente potencial, por informações de terceiros. Porém, ele não está disposto a conversar conosco porque já teve uma experiência anterior negativa com nossa companhia ou uma experiência positiva com nosso competidor. Em alguns casos, ele pode não reconhecer a necessidade, pois ela requer algum tipo de mudança. Neste caso, é ainda mais importante se destacar dos demais. Devemos ter informações suficientes, obtidas durante a pré-abordagem, para negociar em termos de suas necessidades e desejos e, possivelmente, encorajar uma conversa significativa.

Necessidade desconhecida, não se sabe se está querendo, ou não, conversar. Esses clientes potenciais talvez sejam os mais desafiantes para os vendedores. Muitas vezes, é o nosso próprio critério e experiência que nos ajudam a reconhecer uma necessidade, mas é difícil fazer com que o cliente potencial explore essa necessidade. A boa notícia é: se alcançarmos sucesso em construir uma relação com essa pessoa, ela geralmente se torna um cliente fiel que também nos dá referências. Vale lembrar que a informação obtida na pré-abordagem é essencial para desenvolver uma conversa inicial que capte a atenção da pessoa.

Sem necessidade, querendo conversar. Os clientes potenciais com estas características geralmente são calorosos e amigáveis. Eles sempre estão dispostos a nos ver, e com frequência participam de uma conversa amigável. O perigo: nós desfrutamos tanto da atmosfera calorosa que acabamos gastando nosso tempo com pessoas que nunca necessitarão de nossos produtos e serviços. Isso não significa que não devamos ser cordiais, mas devemos ter o cuidado de não perder tempo com clientes potenciais que não se tornarão compradores.

Mais adiante no processo de vendas há um elemento chamado análise de oportunidade. É importante não confundi-lo com a qualificação do cliente potencial.

A diferença: quando qualificamos um cliente potencial durante a pré-abordagem, estamos meramente tratando de determinar se ele tem o potencial para fazer negócios conosco. Por outro lado, na análise de oportunidade, estaremos priorizando os clientes potenciais em termos de quando deveríamos procurar fazer negócios com eles. Ambas as atividades são elementos importantes de um processo de vendas bem-sucedido.

A PRÉ-ABORDAGEM DEMONSTRA COMPETÊNCIA

Se tivéssemos a oportunidade de conversar com compradores profissionais, que interagem com vendedores diariamente, aprenderíamos a como não abordar os clientes potenciais. É provável que já tenhamos ouvido muitas histórias sobre vendedores que se esforçam pouco para conhecer mais sobre seus compradores ou seus negócios, antes de iniciar uma conversa. Esta falta de esforço do vendedor geralmente é percebida como incompetência de sua parte.

Por outro lado, se nos importamos o suficiente para fazer nosso dever de casa, é mais provável que nossos clientes potenciais tenham uma impressão favorável. Isto abre as portas para futuras conversas.

Rob Maxwell, um consultor de treinamento de Denver, Colorado, relembra uma situação na qual a pré-abordagem ajudou a demonstrar sua competência e lhe abriu uma porta importante.

— Eu queria conhecer o novo presidente de uma companhia de serviços públicos. Fiquei sabendo que ele estava vindo a Denver — disse Rob. — Comecei a ler publicações sobre funcionários do serviço público e vi sua foto. Quando li sobre ele, descobri que tinha escrito um livro e comecei a lê-lo. Logo depois, tive por acaso que ir a outro encontro no mesmo edifício onde a empresa desse homem se localizava. Eu estava entrando no corredor quando o novo presidente passou por mim e sorriu. Eu o reconheci pela foto que tinha no livro. Fui até ele e me apresentei.

"Ele ficou contente por ter sido reconhecido. Mencionei que tinha começado a ler seu livro. Isto lhe chamou a atenção e ele se impressionou por eu saber até mesmo que ele tinha escrito um livro. Começamos a conversar casualmente. Finalmente, eu disse: 'Sei que você é novo aqui. Gostaria muito de conhecê-lo melhor, já que gostei de ler seu livro. Você gostaria de ir almoçar?'"

Rob e seu cliente potencial foram almoçar e iniciaram uma nova relação comercial — uma que não teria se firmado tão facilmente sem a pré-abordagem.

Quando John Hei, presidente da Yu-Ling Enterprises em Taiwan, teve que apresentar um novo produto a uma grande companhia internacional, ele tinha somente 72 horas para se preparar. Qual foi sua estratégia de pré-abordagem? Ele coletou informações com as pessoas de sua própria organização, mandando e-mails para outros vendedores da empresa. Em poucas horas começou a receber respostas do mundo todo. Como resultado, ele foi ao encontro preparado para falar dos interesses do cliente potencial. Isto o diferenciou de seus concorrentes desde o início. No final ele conseguiu fechar o negócio.

A PRÉ-ABORDAGEM NOS AJUDA A MANTER NOSSA CORAGEM

Para a maioria dos profissionais de vendas, a primeira conversa requer muita coragem. E se o cliente potencial não demonstra vontade de cooperar conosco, as conversas subsequentes requerem ainda mais. Mas se estamos armados com a informação obtida na pré-abordagem, estamos preparados para falar tendo em mente os interesses da outra pessoa. Isto pode aumentar muito nossa confiança, assim como as chances do cliente potencial falar conosco.

Uma representante de vendas no setor de equipamentos médicos relata como a pré-abordagem a ajudou a manter a confiança para procurar uma relação comercial com um dos seus clientes potenciais mais inacessíveis.

— Havia um médico que eu estava tentando encontrar há um bom tempo, e sabia que ele era um bom cliente potencial para o nosso produto. Mas nunca tive a oportunidade de conversar muito com ele. Eu teria sorte se ele me desse cinco minutos num dia qualquer. Mas enquanto fazia a pré-abordagem, fiquei sabendo de um simpósio de que ele tinha participado na semana anterior. Eu trouxe este tema à tona durante minha visita seguinte a ele. Comecei a ouvi-lo atenciosamente, deixei que ele falasse. O resultado: obtive mais ou menos 45 minutos do seu tempo. Ele até me procurou uma vez para que pudéssemos continuar nossa conversa. Ele gostava de falar e eu de ouvir. Desde então, quando volto ao hospital, ele sempre me dedica mais tempo do que antes."

Para médicos e vendedores, tempo é dinheiro. Pelo fato dessa vendedora ter obtido mais tempo com seu cliente potencial, ela finalmente pôde falar-lhe sobre os benefícios que os produtos de sua empresa trariam para suas necessidades específicas. Mesmo que seus produtos tivessem um preço mais alto do que os de outras empresas competidoras, ela acabou conhecendo a especialização do doutor bem o suficiente para poder demonstrar-lhe os benefícios de comprar com sua empresa. Evidentemente, parte desses benefícios vêm da confiança que se desenvolveu entre o vendedor e o cliente. E tudo começou com a pré-abordagem.

O método que você seleciona para realizar a pré-abordagem, e o tempo que leva para realizá-la, variam dependendo do produto ou serviço e do cliente potencial. É óbvio que alguém que esteja vendendo desenvolvimento de novos portos numa parte subdesenvolvida da América do Sul gastará mais tempo com a pré-abordagem do que alguém que esteja vendendo um novo barco a motor num salão de vendas a varejo.

Fontes de informação para pré-abordagem

- Relatórios anuais
- Escritórios de associação
- Melhores agências de negócios
- Associações comerciais
- Diretórios municipais
- Publicações de empresas
- Websites de empresas
- Agencias de crédito
- Departamentos de comércio e indústria
- Bancos de dados (tal como Dun & Bradstreet)
- Diretórios de negócios na internet
- Revistas
- Jornais
- Material de imprensa
- Outros representantes de vendas/Outros clientes
- Pessoas que trabalham no setor
- Associações de varejistas
- Jornais de comércio

QUATRO COISAS A SEREM APRENDIDAS A RESPEITO DO CLIENTE POTENCIAL DURANTE A PRÉ-ABORDAGEM

Suponhamos que decidimos comprar novas árvores e arbustos para o quintal. Por impulso, vamos a uma loja de plantas numa tarde de sábado e escolhemos algumas que nos agradam. Alguns dias depois elas chegam em nossa casa, mas agora, o que fazer? Onde as plantaremos? No sol ou na sombra? Na frente ou atrás da casa? As dúvidas não param por aí. Imagine como seria mais eficiente o projeto de paisagismo se tivéssemos um plano desde o início.

A pré-abordagem, assim como muitos outros aspectos do processo de vendas, é mais eficiente e produtiva quando temos um plano de ação. Evidentemente, a informação que queremos durante a pré-abordagem varia de acordo com o cliente potencial, o produto ou serviço e o ciclo de venda. Aqui estão algumas sugestões. Não se esqueça de adaptar esta lista a sua situação específica de venda.

> **1. Obtenha um registro completo e exato do nome do cliente potencial, seu telefone e profissão.** Verifique esta informação e assegure-se de que você escreverá e pronunciará corretamente o nome de seu cliente

potencial. Também é recomendável avaliar o valor que a pessoa dá a seu título. Por exemplo, nem todos os Ph.Ds. gostam de ser chamados de "doutores", mas alguns deles gostam.

2. **_Tenha uma ideia geral de como o seu produto ou serviço seria útil para o cliente potencial._** Para desenvolver uma conversa inicial bem-sucedida, é importante que você tenha uma ideia geral sobre a aplicação de seu produto ou serviço no ambiente do cliente potencial. Lembre-se, você não proverá necessariamente soluções baseando-se nessas informações. Ao passar pelo processo de vendas, você aprenderá a identificar os critérios de compra e o Motivo Dominante de Compra — e é isso que você utilizará para desenvolver uma solução única.

3. **_Avalie a concorrência._** O cliente potencial negocia com um concorrente? Em alguns negócios você pode facilmente encontrar esta informação. Por exemplo, alguém que venda espaço para propaganda na televisão pode facilmente saber se o cliente potencial anuncia no canal de um concorrente. Em outros setores pode ser mais difícil obter este tipo de informação, mas faça o que for possível para ver onde a concorrência se encontra. Isto não só o ajudará durante a abordagem de cliente potencial, mas também durante o desenvolvimento de soluções.

4. **_Descubra se o cliente potencial se encontra numa posição que lhe permita comprar._** Alguém sabiamente disse: "Muitas vezes uma venda é perdida porque um vendedor desinformado subestimou ou superestimou as intenções e o poder de compra do cliente potencial." Lembre-se, o crescimento das organizações baseadas em equipes significa que os líderes dessas equipes podem não ser os que decidem. Contudo, essas pessoas podem ajudá-lo a fechar negócio. Basta ter certeza de que ele o porá em contato com a pessoa certa.

Um dos maiores desafios da pré-abordagem é administrar a informação que adquirimos. Se não temos a informação obtida na pré-abordagem prontamente disponível e acessível, estaremos em desvantagem quando estivermos competindo com outros vendedores que a tenham. É absolutamente essencial ter em nossas mãos um sistema de gerenciamento de contatos previsível, viável e acessível.

Falhar ao se preparar é se preparar para falhar.
BENJAMIN FRANKLIN

PREPARANDO-SE PARA O PRIMEIRO CONTATO

Agora já temos uma base de informações sólida registrada em nosso sistema de gerenciamento de contatos. O que falta fazer? Nesta etapa é recomendável organizar as informações obtidas durante a pré-abordagem, de tal forma que nos ajude a preparar nossa primeira carta ou telefonema para o cliente potencial.

Esta é a etapa final da pré-abordagem, e é bastante simples quando organizada em função de seis perguntas básicas:

Com quem irei falar?
Isto inclui nome, posição, companhia e qualquer outra informação relevante sobre o cliente potencial. Com frequência, dados sobre sua indústria, mercado e concorrentes também são úteis. Faça uso também de qualquer informação que você tenha sobre quem toma a decisão de compra. Ele pode ou não tomar a decisão de comprar ou é alguém que pode lhe dar a informação de quem é essa pessoa?

Quais são os objetivos de minha ligação?
Isto se refere à informação que você tem sobre as necessidades gerais do cliente potencial. A resposta a esta pergunta deve ser realista (algo que possa ser atingido), positiva (que contribua para dar andamento à relação) e específica (dizer apenas que você quer avançar não é suficiente).

Para que questões/necessidades eu reconheço estar vendendo oportunidades?
Identifique com que desafios esta pessoa se depara. Saiba aonde sua companhia vai e onde esteve. Conheça seus mercados. Quanto mais entendemos seus problemas e necessidades antes de termos feito contato, mais e melhores chances temos de levar a relação para além da conversa inicial.

Que contatos e espaços em comum podem ser úteis?
Pense sobre contatos e referências mútuas que você pode utilizar para quebrar o gelo. Mesmo que não tenha sido apresentado, você pode estar envolvido em comunidades semelhantes ou organizações profissionais que provêem espaços em comum.

Que tipo de compromisso eu quero obter hoje?
Saiba o que você quer atingir. Isto, claro, pode ser afetado pelo que acontece durante a ligação. Mas nunca faz mal planejar para um possível próximo passo. Por

exemplo: você quer marcar um encontro? Você quer permissão para mandar mais informações? Você está convidando seu cliente potencial a um evento comercial? Você precisa ser muito claro e conciso no que se refere a suas demandas. Se não for claro, como você pode esperar que ele entenda o que você quer?

O que direi primeiro?
Diga imediatamente ao cliente potencial por que ele deveria encontrar-se com você. Não custa lembrar que você deve se referir à informação relativa a suas necessidades gerais. No próximo capítulo falaremos com detalhes como construir seu discurso de abertura.

Concluindo: a causa principal de uma abordagem ruim é uma pré-abordagem ruim. Isto não vale para todas as formas de venda, mas, em alguns casos, a não ser que tenhamos alguma noção da situação do cliente potencial com relação ao que estamos vendendo, não podemos nos diferenciar das dezenas de demais vendedores que ligam toda semana.

Pense o que significa para o nosso sucesso ser diferente dos outros. A pré-abordagem é uma das formas pelas quais demonstramos aos clientes potenciais que valorizamos seu tempo e que levamos a sério seu negócio. No fim das contas, o respeito abre as portas para a conversa e nos ajuda a aprender mais sobre como podemos ajudar nossos clientes. Daí em diante estamos no caminho certo para construir o fundamento para uma relação comercial duradoura que beneficie ambas as partes.

CAPÍTULO 3

Comunicação inicial
Ganhando a atenção do cliente potencial

> Para ter sucesso no mundo das vendas devemos superar as objeções existentes na mente de quase todos os compradores: preocupação, falta de interesse, ceticismo, protelação e resistência a mudanças. De fato, começamos a resolver estas objeções no início do processo de vendas, aprendendo a vê-las do ponto de vista do cliente.

Assumindo que já identificamos uma nova oportunidade e que dedicamos tempo suficiente para a pré-abordagem, a próxima ação lógica no processo de vendas é iniciar o contato com nossos clientes potenciais, e abrir as portas para futuras conversas. Nossa meta é a de causar uma boa impressão, na esperança de obter a primeira entrevista.

MUDANDO NOSSO FOCO: DE QUANTIDADE PARA QUALIDADE

Para a maioria, obter bons resultados na conversa inicial é uma das partes mais difíceis da venda. Tentamos inúmeros telefonemas, enviamos vários panfletos com informação sobre nossos novos produtos e serviços. Até adicionamos nossos clientes potenciais à lista de correio para enviar publicações sobre nossa empresa. Porém, não importa o que façamos, não conseguimos aumentar nossos índices de resposta. Por quê? É simples: não fizemos nada de diferente, que atraia a atenção.

Pense em um telefonema recente para um cliente potencial. Como você se apresentou? O que você disse após esta introdução? Qual foi a reação da pessoa?

Para muitos de nós, independentemente do que vendemos, a resposta para essas perguntas é geralmente a mesma: eu disse meu nome e o de minha companhia. Falei brevemente sobre meus produtos e serviços e perguntei-lhe se podia marcar um encontro para visitá-lo. O cliente potencial disse que não estava interessado.

É fácil desistir neste momento. Sejamos francos: a não ser que estejamos vendendo um produto ou serviço extremamente popular é, com frequência, muito difícil fazer com que um cliente potencial se interesse pelo que temos a dizer. Isto é particularmente verdadeiro se começamos nossas conversas sobre vendas ou escrevemos cartas de uma forma que seja igual à de todos os outros vendedores.

Isto acontece porque tendemos a enfatizar demais a quantidade de contatos que fazemos e não a qualidade dos mesmos. Concentramos nossos esforços em fazer uma quantidade enorme de ligações e preparar apresentações bonitinhas, e depois esperamos que o peso dos números se traduza em compradores. Afinal, vendas é um jogo de números, não é? É isto que sempre nos disseram. Quanto mais pessoas contatarmos, mais vendas faremos. Bem, talvez sim, talvez não.

De algum modo, as vendas sempre serão um jogo de números, mas, como compreenderemos assim que estudarmos o processo de compra e venda, existem muitas coisas erradas com uma estratégia que enfoque somente o volume. Esse é um modelo antigo de venda. No ambiente de vendas competitivo de hoje em dia, se não dedicamos tempo e esforços em fazer contatos bem pensados, podemos perder a oportunidade de obter a primeira entrevista.

MUDANDO NOSSO FOCO: DE NÓS PARA ELES

Outra razão pela qual é difícil obter um encontro é a tendência a enfatizar nossos produtos e serviços muito cedo no processo de comunicação. Antes de sequer termos feito perguntas, já estamos oferecendo soluções que podem ou não servir para as necessidades do cliente potencial. Lembre-se, a pré-abordagem nos provê informação suficiente para realizar o contato inicial, mas não nos fornece detalhes suficientes para que possamos oferecer soluções.

Mesmo assim, muitos de nós caímos na armadilha de "vender" durante nossa conversa inicial. É por isso que é difícil destacar-se dos outros. Os clientes potenciais estão tão acostumados com esta abordagem que todos os vendedores parecem iguais para eles. Então, o que acontece? Eles rejeitam nossa proposta de encontro.

Na maioria dos casos, isto representa uma falsa rejeição ou objeção. Dizemos "falsa", porque na realidade ainda não oferecemos a solução específica para o cliente, o que teríamos feito se realmente compreendêssemos a situação do cliente potencial.

Vejamos o cenário do ponto de vista do cliente potencial. Se ele é o tomador de decisão principal, podemos ter certeza de que ele sempre está sendo contatado por pessoas que estão prontas para lhe oferecer soluções, já no primeiro telefonema ou carta. Então, todo dia ele vai trabalhar ciente de que pode ser bombardeado por vendedores, querendo a única coisa crítica que já lhe é escassa — o seu tempo.

Entendendo esta perspectiva, faz sentido fazermos algo diferente.

Se você conseguiu, pergunte-se por que e trate de repetir a ação. Se você falhou, pergunte-se por que e tente aprender com essa experiência.

A DECLARAÇÃO DE CREDIBILIDADE: O SEGREDO PARA SE DESTACAR

Se você observar a seção de cinemas no jornal, verá muitos anúncios. Enquanto eles promovem diferentes filmes, há algo em comum à maioria deles: citações de críticos. "Dois polegares para cima!", diz uma citação. "Com certeza disputará o Oscar!", diz outra. "Bela atuação!", diz ainda outra.

Todos os filmes — até mesmo os ruins — têm citações de pessoas que dizem o quão bom ele é. Por quê? O que essas citações dão a esses filmes? A resposta: credibilidade. Lemos as citações e pensamos: "Outras pessoas já o viram e adoraram. Talvez eu também goste."

Que impacto teriam sobre nós citações dos produtores e diretores do filme? Muito pouco, já que esperamos que digam que ele é bom. Afinal, é de interesse deles vender o filme.

Da mesma maneira, os clientes esperam que promovamos os benefícios de nossos produtos e serviços. Por essa razão, o poder do reconhecimento de terceiros faz toda a diferença quando se trata de estabelecer credibilidade para a nossa empresa e para nós mesmos.

É nesta etapa que a declaração de credibilidade entra. Ela desloca a ênfase do vendedor para o cliente potencial, ao falar em termos de seus interesses. Também incorpora a experiência de empresas similares que têm utilizado, de forma bem-sucedida, os nossos produtos e serviços. Por que isto funciona?

Em primeiro lugar, a conversa inicial não mais está focada em nossa opinião. Lembra-se das citações dos filmes? O que você acha que é mais eficiente? Dizer ao cliente potencial o que nós pensamos sobre nossas habilidades de prover soluções ou o que outros têm vivenciado sobre isso?

A declaração de credibilidade também é útil por ser diferente do que outros vendedores fazem. Veja desta forma: quantos vendedores ligam e imediatamente falam sobre seus produtos e serviços? O mais razoável é que todos façam isso. E quantas cartas de vendas, que se dizem personalizadas, você recebe com referências específicas a seus desejos e necessidades? É provável que não muitas.

Pensar sobre estas experiências do nosso próprio ponto de vista nos ajuda a compreender porque falar em termos dos interesses da outra pessoa, e utilizar as experiências dos nossos clientes comuns, aumenta as chances de que nossa conversa inicial seja bem-sucedida.

CRIANDO AS DECLARAÇÕES DE CREDIBILIDADE

Quando utilizamos uma declaração de credibilidade sugerimos ao cliente potencial que ele se beneficiará se utilizar nossos produtos ou serviços. Então construímos credibilidade ao informarmos que outros como ele também se beneficiaram.

Aonde obtemos a informação para desenvolver uma declaração de credibilidade? Da experiência de nossos clientes satisfeitos — e nossa informação de pré-abordagem. É extremamente difícil, se não impossível, desenvolver uma declaração de credibilidade se não fizemos nosso dever de casa.

A boa notícia é que, uma vez que aprendemos a utilizar a declaração de credibilidade em nossa conversa inicial, também podemos utilizá-la em outras partes do processo de vendas. As declarações de credibilidade podem ajudar-nos a trabalhar com os sistemas de atendimento eletrônicos, e também podem ajudar-nos a captar a atenção do cliente potencial durante a primeira entrevista.

Quanto mais você utilizar as declarações de credibilidade, mais simples elas se tornam. Existe uma estrutura para a declaração, mas você eventualmente a adaptará ao estilo e linguagem mais adequados para o seu ambiente de vendas.

Uma boa declaração de credibilidade numa conversa inicial consiste em quatro elementos.

O que temos feito para outras companhias. Comece com os benefícios que nossa companhia proporcionou a outras organizações relacionadas ao setor do nosso cliente potencial. Devemos evitar citar o nome de companhias específicas nesta etapa, a não ser que estejamos certos que a outra pessoa responderá de forma favorável.

Como o fizemos. Dê uma visão geral de como nós, nossa companhia, nosso produto ou serviço está oferecendo estes benefícios.

Como seria possível beneficiar o cliente potencial. Sugira que benefícios semelhantes são possíveis para a companhia de seu cliente potencial, mas que necessitamos de mais informação para afirmar isso. (Lembre-se, não podemos dizer que uma solução semelhante servirá, já que não temos informação suficiente para afirmar isso.)

Compromisso de seguir adiante. Conclua passando para o próximo passo lógico (isto é, solicitando um encontro ou pedindo permissão para fazer algumas perguntas). É simples: diga ao cliente potencial o que você quer.

Aqui está um exemplo de declaração de credibilidade efetiva que pode ser utilizado para começar uma conversa por telefone:

— Existem algumas companhias em Sydney que aumentaram em 50% sua densidade de estocagem. De fato, ano passado uma companhia semelhante à sua aumentou sua estocagem de produtos no mesmo espaço e aumentou a produtividade de movimentos de *pallet* por hora.

"Eles foram capazes de reduzir a largura de suas passarelas e o aumento do número de baias, o que aumentou o número de *pallets* que são capazes de estocar. "Você pode conseguir aumentos semelhantes na densidade de estocagem. "Será que eu posso agendar um encontro com você para determinar se é possível lhes prover os mesmos resultados?"

Como você pode ver, uma conversa inicial com uma declaração de credibilidade é uma abordagem completamente diferente da utilizada pela maioria dos vendedores — quando é feita corretamente. Aqui está uma declaração de credibilidade que não é tão eficaz:

— A Roman and Company tem fabricado ferramentas elétricas há 30 anos. Nossa pistola de pregos para teto tem os menores índices de falha neste ramo. Poderia ser a ferramenta perfeita para um empreiteiro remodelador como você. Será que eu posso lhe falar mais sobre esta notável ferramenta?

Por que será que esta declaração de credibilidade não funciona? Primeiro, fala imediatamente sobre a companhia do vendedor. Segundo, não faz referências a companhias semelhantes que têm alcançado sucesso com a Roman and Company. E terceiro, a pergunta final dá a oportunidade da outra pessoa dizer não.

Para compreender melhor o poder da última pergunta, consideraremos uma situação de vendas do seu próprio ponto de vista.

Digamos que um consultor financeiro lhe telefona. Ele fez a pré-abordagem necessária e sabe que você está tentando poupar dinheiro para pagar a faculdade de seu filho. Se essa pessoa termina sua declaração de credibilidade dizendo: "Poderia lhe mostrar como investir seu dinheiro com os produtos de minha companhia?", ele estará fazendo com que seja mais fácil você responder: "Não, não estou interessado."

> **Electric Company, Inc.**
> *Servindo você há 30 anos*
>
> 12 de Janeiro de 2001
>
> Prezada Sra. Margery Sams
> Chefe de Operação
>
> Os hotéis Orio e Hamilton reduziram seus custos com energia em até 13% no período de um ano, bem como promoveram melhoria do ambiente de trabalho de seus empregados.
> Através de modelagem computadorizada, foram capazes de criar um programa de utilização de água quente que reduziu em 30% os custos com aquecimento de água em seu hotel no centro da ciade.
> Provavelmente, poderemos conseguir resultados similares no Uptown Suítes.
> Entrarei em contato com vocês no dia 20 de janeiro.
>
> Atenciosamente,
>
> *Gunther Heinz*
>
> Ghunter Heinz
> Electric Company

Figura 2: Declaração de credibilidade

Mas se o consultor diz: "Poderia fazer algumas perguntas que me permitam entender melhor suas preocupações de poupar dinheiro para a educação de seu filho?" Com esta abordagem é muito mais difícil dizer não.

A pergunta final em ambos os exemplos representa o mesmo pedido: ele quer um encontro com você. Qual é a diferença? O primeiro exemplo fala do ponto de vista dele, o segundo, do seu.

Nesta etapa do processo do Alta Performance em Vendas discutiremos diferentes métodos para iniciar uma conversa, incluindo conselhos sobre como utilizar, de forma melhor, esses métodos. Mas, tenha sempre em mente que não importa que abordagem você utilize, o mais provável é que a declaração de credibilidade o destaque de praticamente todos os outros vendedores no mercado.

Métodos de conversa inicial

- Telefone e secretária eletrônica
- Cartas
- Panfletos
- Amostras
- Postais
- Mídia

Conversa inicial: a abordagem de dois passos

PASSO 1: CORRESPONDÊNCIA ESCRITA — FAMILIARIZE O CLIENTE POTENCIAL

Ainda que a correspondência escrita seja geralmente necessária em algum momento do processo de vendas, muitos vendedores não gostam de enviar informação a clientes potenciais sem ter feito um telefonema antes. Por quê? Porque eles dizem que fazendo isso você dá tempo para que a pessoa possa pensar em uma boa desculpa para rejeitar um pedido de encontro.

Claro que isso acontece. E quando acontece, geralmente é porque o vendedor começou a "vender" muito cedo ou não teve sucesso em captar a atenção do cliente potencial. É por isso que é tão importante escrever nossa primeira correspondência levando em consideração os interesses da outra pessoa.

Ponha-se no lugar do cliente potencial. Faça de conta que você é um administrador de recursos humanos numa operação industrial. Você recebe uma grande quantidade de informações pelo correio de uma firma de recrutamento de profissionais que dá ênfase a seus métodos de recrutamento de alta tecnologia. O material está acompanhado por uma carta padronizada que começa com a seguinte frase: "A quem interessar possa." Qual é a sua primeira impressão? Você guardará a informação ou a jogará no lixo?

Por outro lado, como seria se a carta falasse em termos de seus interesses? E se estivesse endereçada em seu nome e depois falasse especificamente de como outras organizações similares à sua têm se beneficiado dos serviços dessa firma de abastecimento? E se a carta dissesse que também é possível que sua empresa se beneficie desses serviços?

Talvez a carta de apresentação tenha que ser algo semelhante ao que segue: "Notei no jornal que você tem publicado anúncios de emprego para engenheiros. Uma companhia como a sua aumentou seu grupo de engenheiros altamente qualificados em mais de 25% durante os últimos dois meses, para poder enfrentar as exigências de alguns projetos novos.

"Nossa empresa tem sido capaz de ajudar clientes como Sturm & Associates e Greenbo Services, direcionando e acelerando seus recrutamentos neste setor.

"Acredito que podemos ajudá-lo a obter benefícios semelhantes em seus esforços de recrutamento. Trabalhamos com muitos engenheiros que estão à procura de trabalho e que possuem a qualificação que vocês mencionaram em seus anúncios. Por sinal, isto não lhes custará nada.

"Ligarei na quinta-feira para ver como isto pode lhes ser útil."

Agora, se você fosse aquele administrador de recursos humanos, não estaria mais interessado?

Lembre-se, apesar da comunicação escrita visar criar interesse e construir credibilidade, o objetivo primário é obter uma entrevista com o cliente potencial — não vender o produto ou serviço em si.

Um gerente de contas que vende sistemas de correspondência nos conta a história de como ele estabeleceu credibilidade via comunicação escrita e a abordagem de dois passos.

— Naquele momento meus clientes eram, na sua maioria, organizações sem fins lucrativos. Eu trabalhava com muitas das principais organizações, mas não conseguia a maior de todas. Estava muito frustrado com isso, já que eu acreditava que nós podíamos ajudá-los.

"Então, decidi utilizar a abordagem de dois passos e escrevi uma carta ao tomador de decisão: 'Estou escrevendo esta carta porque não consigo entrar em contato com você nem por telefone, nem pessoalmente. O que quero lhe dizer é que tenho uma ideia que acho que você realmente gostará.' Depois prossegui estabelecendo credibilidade, explicando como outros têm se beneficiado deste sistema, como seria mais fácil trabalhar, e quanto ele poderia vir a poupar diariamente. Antes que eu pudesse ligar novamente para ele, ele já tinha me ligado.

"Ele disse: 'Obrigado por ter escrito aquela carta. Eu sou novo aqui. Sei que você tem me ligado muitas vezes, mas é que muitas pessoas o fazem e eu não sabia quem você era. Já ouvi falar sobre seus sistemas. De fato, uma de nossas organizações no leste diz que é excelente. Por que você não vem aqui mostrá-los?'

"Isto resultou em uma das maiores vendas que eu já fiz."

Bob Hanes, quando vendia os programas da Dale Carnegie Training na Índia, também utilizou com frequência a abordagem de dois passos para poder construir credibilidade antes de ligar para um cliente potencial. Em um dos casos, fazendo a pré-abordagem, ele descobriu que a sede da United Auto Workers (UAW), que fica em Detroit, fizera uma quantidade considerável de negócios com a Dale Carnegie Training.

— Tendo visto o que estava acontecendo em Detroit, decidi que era o momento de procurar os funcionários da UAW nas cinco fábricas da General Motors dentro da minha área. Dei três telefonemas para um dos dois maiores escritórios da UAW, na tentativa de obter um encontro com o presidente. Ele se recusou a falar por telefone comigo e não quis marcar um encontro. Ele não me conhecia, não conhecia a Dale Carnegie Training ou o que podíamos fazer pelos seus funcionários. Nesse momento, rapidamente mudei minha estratégia e passei a utilizar a abordagem de dois passos, só que a levei um pouco mais adiante.

"Ao longo de sete dias lhe enviei três tipos diferentes de notas curtas, falando-lhe sobre os benefícios que estávamos oferecendo a uma organização semelhante. Escrevi essas notas em papel totalmente branco e as enviei em envelopes também totalmente brancos.

"Segundo me lembro, a primeira nota dizia: 'Pode haver uma forma de ajudar a reduzir o estresse diário dos integrantes de seu sindicato... Isso é importante? Os funcionários da UAW/GM de Detroit estão fazendo isso.'

"A segunda dizia: 'Pode haver uma forma de ajudar seus funcionários a enfrentarem a administração de forma mais confiante... sem entrar em greve. Será que isto é útil? Os da UAW/GM de Detroit estão fazendo isso.'

"A terceira dizia: 'Conheço uma forma comprovada de ajudar seus funcionários a se relacionarem melhor com suas esposas e filhos. Será que isto é útil? Os funcionários da UAW/GM de Detroit estão fazendo isso.'

"Após mais ou menos três dias, liguei para a secretária do presidente e disse: Nos últimos sete dias, enviei três notas a seu presidente, que falavam sobre algumas maneiras de ajudar seus funcionários. Gostaria de mostrar-lhe como isto está sendo feito pelos funcionários da UAW/GM de Detroit.' A secretária, que tinha aberto os três envelopes e dado para o presidente as três notas, disse: 'Estávamos nos perguntando se você ia nos dizer do que se tratava. Ele está curioso para saber o que estão fazendo em Detroit.'

"O resto foi fácil. Após o encontro com o presidente e após ter obtido seu apoio, consegui implementar 13 projetos na UAW nos seguintes 20 meses."

O próprio Sr. Dale Carnegie falava frequentemente sobre uma carta que recebera de um empregado potencial. Esta mulher estava tentando mostrar que era apta para ocupar o emprego que o Sr. Carnegie tinha anunciado no jornal.

— Eu queria uma secretária particular e anunciei no jornal, para contato via caixa postal — disse o Sr. Carnegie. — Creio que obtive umas 300 respostas. Todas começavam mais ou menos assim: 'Isto é em resposta a seu anúncio no *Sundays Times* sob a Caixa 299. Desejo me candidatar ao posto que você ofereceu...'

"Mas houve uma carta que se destacou. Dizia o seguinte: 'Querido senhor: você provavelmente receberá 200 ou até 300 cartas em resposta a seu anúncio. Você é um homem ocupado e não tem tempo para ler todas elas. Então, se você pegar o seu telefone agora e ligar para 823-9512, eu estaria mais do que disposta a ir até seu escritório, abrir as cartas e jogar fora as que forem inúteis e colocar as outras em sua mesa. Tenho 15 anos de experiência...'

"Depois ela passou a falar sobre as pessoas importantes com as quais tinha trabalhado. No momento em que recebi essa carta, senti vontade de dançar sobre a mesa. Imediatamente peguei o telefone e disse a ela para vir ao meu escritório, mas foi tarde demais, alguém já a tinha contratado."

Por que aquela carta foi tão impactante? Porque a pessoa falou o que era importante para o Sr. Carnegie.

Resumo da abordagem de dois passos

Passo 1: Envie correspondência que construa credibilidade e interesse.
Passo 2: Dê seguimento com um telefonema.

PASSO 2: SEGUIMENTO COM UM TELEFONEMA

Imagine que você está no meio da preparação da previsão de vendas para o próximo trimestre. Seu gerente precisa dela para o final do dia. No entanto, devido a todas as outras coisas que teve que fazer, você só pôde começar a fazer o trabalho nesta manhã. Ainda assim, está conseguindo aprontar tudo. Você se sente motivado e pensa que terá tempo de terminá-lo.

De repente, o telefone toca. Qual é a sua reação? Você considera a interrupção bem-vinda? Ou suspira e lamenta não ter lembrado de encaminhar todas as suas ligações para a secretária eletrônica?

Evidentemente, quando é a nossa vez de dar os telefonemas, queremos que os outros reajam de forma diferente. Queremos que agradeçam nossa ligação, apesar de estarmos interrompendo seu trabalho. Infelizmente, nossas ligações podem não ser bem-vindas. E, quando pensamos em como nos sentimos em relação às interrupções, é possível entender o porquê.

Gostando ou não, o telefone é uma ótima ferramenta para poupar tempo para nós vendedores. Porém, por causa de secretárias eletrônicas e sistemas de identificação de chamadas, fazer negócios por telefone é atualmente mais desafiador do que nunca. É cada vez mais difícil chegar à pessoa com a qual queremos falar, já que esta tem mais facilidade em nos evitar.

Quando de fato conseguimos, é muito mais difícil captar a atenção do cliente potencial. Por telefone, nossa voz e palavras são aquilo com que o cliente tem contato durante a interação. Não temos a vantagem das expressões faciais ou da linguagem corporal. Por isso, devemos ser claros e concisos, comunicando-nos de tal forma que nos destaquemos dos concorrentes.

Felizmente, podemos superar esses obstáculos se planejarmos nossos telefonemas da mesma forma que planejaríamos um encontro cara a cara. Trata-se, mais uma vez, de utilizar a informação obtida na pré-abordagem e de desenvolver uma estratégia que faça com que utilizemos melhor nosso tempo — e o tempo de nosso cliente potencial. Precisamos ter um propósito para nossa ligação. Temos que ter um plano para o caso de nos deparamos com uma secretária eletrônica. E assim por adiante. Pense nisso: quem você acha que tem maiores chances de falar com um cliente? O vendedor que planeja a conversa inicial ou o que não o faz?

Princípios da venda por telefone

Por telefone, sua voz é tudo que você pode compartilhar com seu cliente. Faça bom uso do telefone e aumentará seu tempo de venda. Lembre-se:
- Seja direto. O período de atenção do ouvinte no telefone é curto.
- Sorria — isto refletirá no seu tom de voz.
- Seja atencioso, porém vigoroso.
- Ponha a qualidade à frente da quantidade.
- Cada "não" o deixa mais perto de um sim.
- Seja conciso, claro e persuasivo. Faça com que sua voz seja um brilhante exemplo de entusiasmo, profissionalismo e credibilidade.

Efetividade ao telefone: os fundamentos

ATITUDE

Al, um vendedor de seguros, costumava fazer seu telefonema inicial sentado em cima de sua mesa. Ele dizia que isso lhe dava uma sensação de confiança, como se ele estivesse "no topo do mundo". Outro vendedor chegava a ter duas mesas no seu escritório: uma que utilizava quando precisava fazer seu trabalho escrito e outra na qual fazia ligações para desenvolver novos negócios.

Essas ideias podem não ser as melhores para você, mas você entende o que queremos dizer com elas. Faça sempre o que for necessário para manter sua atitude positiva.

— Eu tenho uma frase que repito sempre antes de realizar qualquer ligação — disse Larry Hann, um gerente de vendas de Chantilly, Virgínia. — Eu digo: "Sou uma pessoa importante, você é uma pessoa importante, e estou ligando por uma razão importante." Quando eu digo estas palavras e internalizo seu significado, acabo influenciando minha atitude, ganho coragem e concentração e isto ajuda a direcionar-me da maneira correta a uma pessoa de alto nível.

TOM DE VOZ

Confiança e amabilidade são as chaves para deixar uma boa impressão pelo telefone. Isto parece óbvio. Porém, todos temos nossos momentos em que falamos com pessoas que parecem sem energia e entusiasmo. Como isso influencia nosso ponto de vista sobre essa pessoa ou essa empresa? Lembre-se, o sucesso no mundo das vendas não depende de quem conhecemos, e sim de quem quer nos conhecer. Temos que fazer com que as pessoas queiram nos conhecer de imediato, por meio de um tom de voz amável e confiante.

Também é uma boa ideia estabelecer o tom da conversa com um pedido educado. Por exemplo: "Será que você tem dois minutos para conversar comigo?' Uma pergunta como esta, combinada com um tom de voz agradável, demonstra que você é atencioso e profissional. Deste modo, o cliente potencial torna-se mais receptivo a nossa conversa.

CLAREZA E BREVIDADE

Se planejarmos nossa declaração de credibilidade e uma estratégia para o telefonema, estamos no caminho certo para expor com clareza nossas intenções durante o telefonema inicial. Muitos profissionais de vendas bem-sucedidos preparam um manuscrito e depois o praticam num gravador — ou se não na sua própria secretária eletrônica — até que soe o mais natural e espontâneo possível.

UTILIZANDO O NOME DA PESSOA

Dale Carnegie disse que o nome de uma pessoa é o som mais importante e doce numa linguagem. Não só as pessoas gostam de ouvi-lo, mas dizer o nome de uma pessoa nos ajuda a lembrá-lo.

ENTUSIASMO

O entusiasmo é importante em todo o processo de vendas. Deveria ser consequência natural de realmente acreditar que a outra pessoa se beneficiará com o que temos a oferecer-lhe. Como você pode esperar que os outros se empolguem com o que temos a oferecer se nós mesmos não nos empolgamos?

HUMOR APROPRIADO

Humor apropriado não significa "contar a piada superengraçada que li na internet esta manhã". Significa que se estamos acostumados a utilizar o humor adequado, podemos utilizá-lo para descontrair a conversa.

Michael Crom, vice-presidente executivo da Dale Carnegie e Associados, diz ter utilizado o humor nas ligações de vendas das sextas-feiras à tarde, quando estava vendendo o nosso programa de treinamento.

— Nas tardes de sexta-feira em San Diego, gostava de ligar para os gerentes de vendas. Eu dizia: "Oi, aqui quem fala é Michael Crom. Estive realizando uma pesquisa com os gerentes de vendas durante esta tarde. Metade pensa que seus vendedores estão na praia, e a outra metade acha que eles estão no curso de golfe." Sempre conseguia uma risada. Depois eu lhes falava que o propósito de minha ligação era marcar um encontro para poder compartilhar algumas ideias que lhes ajudariam a não se importar aonde seus vendedores se encontravam nas sextas-feiras à tarde. Isto porque os vendedores já teriam atingido seus objetivos. Esta era a ligação que conseguia encontros!

OS FUNDAMENTOS EM AÇÃO

Andrea Holden, vendedora da Divisão de Publicação da American Hospital Association, utilizou alguns fundamentos das habilidades necessárias para conversas por telefone, quando deparou com um cliente potencial muito ocupado.

Tudo começou quando — por ser a melhor vendedora em sua organização — Andrea foi incumbida pelo seu chefe de lançar uma nova revista no mercado altamente competitivo de cuidados com a saúde/hospitais, através da venda de propaganda que se apoia na existência da revista.

— Meu chefe me deu uma conta para despesas, um carro da companhia, uma lista com dois mil nomes e um território que cobria 22 estados e duas províncias canadenses — lembra Andrea. — Eu só recebia por comissão, portanto tive que me apoiar nas habilidades por telefone para conseguir cobrir meu território e fazê-lo de forma eficiente.

Ao fazer seu trabalho de pré-abordagem, Andrea descobriu que uma grande companhia conhecida como Hill-Rom era um excelente cliente potencial.

— Liguei para eles e consegui o nome da pessoa responsável por colocar os anúncios. Depois liguei para ele uma vez por semana durante dois meses e sempre me deparava com sua secretária eletrônica. Não importando o que fizesse, ele nunca retornava a ligação.

Numa viagem para Indianápolis, Indiana e Cincinnati, Ohio, Andrea teve uma ideia de como fazer com que suas ligações dessem resultado. Ela sabia que iria passar por Batesville, Indiana, uma pequena cidade rural onde fica a sede da Hill-Rom.

— Saí da via expressa, achei um telefone público e, como sempre, quem me atendeu foi a secretária do cliente potencial. Eu disse: "Oi, quem está falando é Andrea Holden, da revista *Health Facilities Management* e preciso de qualquer maneira falar com o Sr. Collar."

Desta vez, pelo fato do seu tom de voz ter expressado urgência e importância, a secretária a encaminhou. Quando o cliente atendeu o telefone, Andrea começou a falar em termos dos interesses dele.

— Tenho uma ideia para você. Estou na via expressa, a uma saída de onde sua empresa se situa, e gostaria de passar aí para lhe dizer como você pode aumentar suas vendas e valorizar sua imagem corporativa, anunciando numa nova revista que tem como público-alvo pessoas que necessitam de seus produtos. Será que posso passar por aí em dez minutos?

O cliente potencial começou a rir. Não pelo fato de Andrea ter utilizado intencionalmente o humor, mas porque, como ele disse, "Ninguém nunca tinha ligado da via expressa para poder marcar um encontro". Impressionado pelo seu entusiasmo e curioso para saber como sua organização poderia se beneficiar ao trabalhar com Andrea, o cliente potencial concordou em vê-la. Quando ela chegou, ele a levou para conhecer suas instalações e explicou a ela tudo sobre a organização.

O que começou como uma simples parada na via expressa resultou no maior negócio para a nova revista. Com o passar dos anos, Andrea e esse cliente mantiveram uma forte relação comercial e evoluíram para uma amizade. Ela utilizou diversas partes do processo de vendas para desenvolver essa relação; porém, tudo começou com um telefonema do outro lado da rua.

Melhore sua eficiência no telefone

- Marque um encontro para agendar encontros.
- Determine quantos encontros você precisa por semana.
- Agrupe as ligações.
- Utilize uma forma de rastreamento.
- Prepare um módulo de pré-aproximação

Barreiras telefônicas

ATENDENTES

O trabalho dos atendentes é o de proteger a pessoa para a qual trabalham. Eles têm autoridade, ainda que subentendida, para abrir ou fechar a porta da organização. Eles não só nos colocam dentro da organização, como também podem nos manter dentro dela. E podem tornar-se ótimos aliados para nos ajudar a conhecer a personalidade do tomador de decisão — e até de toda a empresa.

A chave é fazer dos atendentes nossos aliados. Não deveríamos nos irritar quando eles querem saber sobre nossos negócios. Esse é o trabalho deles. Com isso em mente, devemos estar preparados para convencer os porteiros de que podemos oferecer um serviço valioso.

Ao trabalhar com atendentes, existem duas coisas importantes que devemos saber, não importa qual a situação de venda:

> *Diga a verdade.* Nossos negócios não são estritamente pessoais e raramente são confidenciais, e geralmente não são tão importantes senão para nós.

> *Seja persistente.* A persistência traz resultados para aqueles que a praticam.

A conclusão é: como profissionais de vendas, devemos tratar de ser cordiais quando conhecemos qualquer pessoa que tenha acesso a nossos clientes potenciais e clientes.

Jyoti Verge, um profissional de vendas de Londres, Inglaterra, tem o hábito de respeitar os atendentes e tentar conhecê-los como pessoas. Esta abordagem o ajuda a construir boas relações comerciais em muitas empresas. Houve uma ocasião em que uma atendente chamada Rebecca não só ajudou Jyoti a entrar na companhia, como também foi uma parceira valiosa no processo de avançar com sucesso na relação comercial.

— Quando fui a meu primeiro encontro para tentar firmar um negócio potencialmente grande, a pessoa que eu teria que encontrar não pôde comparecer, mas eu tinha esperado por ele no corredor de seu escritório durante um bom tempo antes de saber disto. Durante esse tempo, comecei a conversar com sua assistente pessoal, Rebecca. Uma vez que começamos a conversar, descobrimos ter muitas coisas em comum e desenvolvemos muita empatia.

"Com a evolução de nossa relação durante as semanas seguintes, aprendi muito sobre a organização do ponto de vista de Rebecca. Descobri que ela administrava todos os assistentes pessoais da empresa, e ela se ofereceu para conseguir informações com eles, no intuito de ajudar minha pré-abordagem.

"Após obter estas informações — junto com as que consegui na Internet, nos relatórios anuais da companhia e assim por diante —, conversei com Rebecca sobre algumas ideias que eu tinha. Ela gostou e imediatamente me encaixou na agenda do tomador de decisão, para um encontro de 20 minutos. Antes do encontro, liguei para Rebecca e lhe dei uma visão geral de meu roteiro e as coisas que eu planejava discutir com seu chefe. Pedi sua opinião, já que eu realmente tinha aprendido a valorizar sua visão.

"Rebecca não somente me ajudou a conseguir o encontro com seu chefe; ela conseguiu me apresentar a outras pessoas envolvidas no processo de decisão. No final, não só obtive um acordo para um projeto, como desenvolvi uma relação de longo prazo com essa companhia e uma grande amizade com Rebecca. De fato, nós provavelmente teríamos nos tornado amigos com ou sem a relação comercial, pois eu realmente estava interessado em Rebecca como pessoa. Você nunca pode saber aonde isto levará."

QUANDO O ATENDENTE RESPONDE: O QUE DIZER

O sucesso ao lidar com atendentes é obtido como em qualquer outra ação no processo de vendas: através de um plano. Utilizando a informação que juntamos durante a pré-abordagem, deveríamos saber exatamente o que diremos ou faremos para aumentar as chances de conseguir falar com o cliente potencial.

Lembre-se, os atendentes estão lá para descartar as pessoas que não trarão valor algum para a companhia. Por essa razão, existem três coisas básicas que o atendente quer saber: quem somos, que companhia representamos e, algumas vezes, por que estamos ligando. Por que não antecipamos estas perguntas, respondendo-as de uma vez? Resumindo: podemos facilitar o trabalho dos porteiros.

Antes de tudo, identifique-se e identifique sua empresa. Seu tom de voz deve ser amigável, porém objetivo. Você deve dizer seu nome clara e lentamente, demonstrando segurança. Como se vê, basta fazer isso para eliminar duas das três perguntas.

Agora, para a terceira pergunta: do que se trata? Felizmente, existem algumas ferramentas disponíveis para responder a esta pergunta. Você pode:

> ***Utilizar uma referência.*** Como discutiremos mais adiante neste capítulo, utilizar o nome de alguém que o cliente potencial conheça e respeite aumenta muito as chances de você conseguir falar diretamente com ele. No entanto, se você utilizar um nome, precisa ter certeza que o cliente potencial conhece e respeita essa pessoa.

> ***Utilize uma referência redirecionada.*** É assim que funciona: basta pedir para falar com o escritório do presidente. Na maioria dos casos, você será redirecionado para outra pessoa. Isto lhe dá a oportunidade de dizer: "Será que você poderia transferir a ligação para essa pessoa?" E uma vez transferido, diga algo como "Oi, quem está falando é Alan Adell da Phelps Distributing. Fui indicado à Carol Divers através do escritório do Sr. Coreel [presidente]". Depois continue com sua introdução.

> ***Faça referência a correspondências anteriores.*** É aqui que o método dos dois passos torna-se útil. "Por favor, diga ao Sr. Chin que estou ligando a respeito do e-mail que ele recebeu ontem." Ao fazer referência a correspondências anteriores, evite utilizar palavras como "panfleto", "literatura", "informação" ou "carta". Em vez disso, tente utilizar "correspondência", "documento", "fax" ou "e-mail".

Será que você deveria lhes perguntar se eles leram sua correspondência? Nosso conselho é que não o faça. Eis porque: e se a conversa se desenrolar como esta?

— Oi, aqui quem fala é Paul Williams da SCR Technologies. Estou ligando com respeito a um e-mail que lhes enviei ontem. Conseguiram lê-lo?
— Não — responde ele.
— Tenho mais ou menos 200 e-mails para serem lidos. Me dê pelo menos uma semana.

Embora não seja impossível recuperar-se desta resposta, é difícil.

Se você prepara uma introdução como a que discutimos, dá um grande passo rumo a assegurar o sucesso de sua conversa com os atendentes. Lembre-se, seu roteiro não tem que ser idêntico aos exemplos apresentados neste capítulo, mas deve ser bem pensado e bem preparado. Se você facilitar o trabalho para os atendentes, comunicando-se bem com eles, eles tendem a facilitar o seu trabalho.

SECRETÁRIA ELETRÔNICA: O ATENDENTE ELETRÔNICO

Embora as secretárias e recepcionistas ainda repassem as ligações, muitas vezes elas acabam nos transferindo para a secretária eletrônica. Atualmente, é mais fácil do que nunca direcionar nossas ligações, já que a secretária eletrônica é uma ferramenta comum no ambiente de trabalho.

Porém, em vez de vê-la como um obstáculo, veja-a como uma oportunidade de falar diretamente com o cliente potencial — algo que não conseguimos quando o atendente é uma pessoa.

Surpreendentemente, quando perguntamos aos participantes do nosso curso de treinamento, a maioria diz que em vez de deixar mensagens na secretária eletrônica, prefere desligar o telefone. É difícil entender o porquê. Quais são as chances de alguém retornar a ligação se não deixarmos mensagem alguma? Zero, concorda? Por outro lado, se deixamos uma mensagem, automaticamente aumentamos as chances de recebermos um telefonema respondendo a ela e, o que é melhor ainda, talvez até conseguindo o tão procurado encontro. Se ligarmos 15 vezes e nunca deixarmos uma mensagem, para o cliente potencial é como se nunca tivéssemos ligado.

Por que tendemos a não deixar mensagens? Geralmente, é porque sentimos que estamos sendo inconvenientes. Não há nada de errado em sentir isso, mas não está certo deixar que o medo nos imobilize. Todo vendedor bem-sucedido já se sentiu assim alguma vez em sua carreira. Mas a diferença entre os vendedores bem-sucedidos e os comuns é que os melhores não se deixam vencer por esses tipos de obstáculos. Não podemos fazer das vendas o nosso meio de vida se não formos persistentes. Lembre-se, o inventor Thomas Edison teve 11 mil fracassos documentados antes de fazer a primeira lâmpada funcionar. Onde estaríamos se ele tivesse desistido após dez mil?

Felizmente, não precisamos fazer tantas tentativas para obter sucesso com a secretária eletrônica. Lembre-se: deixar mensagens é como qualquer outra atividade de venda que não gostamos muito de fazer. Nossa atitude é o que faz a diferença. Se virmos a secretária eletrônica como uma oportunidade de falar com o cliente potencial, em vez de vê-la como um obstáculo entre nós, já teremos meio caminho andado.

Aqui estão alguns conselhos para fazer com que a secretária eletrônica funcione a seu favor:

Sempre deixe uma mensagem. Como já mencionamos, isto é o oposto do que todo mundo quer fazer, mas é a única forma de deixar o outro sabendo que estamos tentando contatá-lo.

Deixe somente informação pertinente e faça-o de forma resumida. Você não quer falar demais sobre seu produto e serviço. Porém, você quer passar para o cliente potencial a informação importante que ele necessita para a) compreender o propósito da ligação e b) retornar a ligação. Em alguns cenários de venda, principalmente de negócio para consumidor, todo o processo de vendas se dá pela secretária eletrônica. Nestes casos, vender pela secretária eletrônica de fato é prático.

Sempre deixe seu número de telefone antes de começar a falar e depois de ter deixado o recado. Você deve dizer seu nome e telefone clara e lentamente. Isto encorajará a outra pessoa a anotá-lo e ligar de volta. Além disso, o cliente potencial pode não pegar o número de primeira, então você o deixa também no final da ligação, para evitar que ele tenha que ouvir a mensagem toda desde o início.

Tenha controle sobre o resultado final. Na sua mensagem, você pode avisar a seu cliente potencial que ligará no dia seguinte em determinado horário. Você pode deixar uma mensagem semelhante toda vez que ligar, até que consiga contatá-lo. O fato é que isso o mantém no controle. Claro, quando você diz que ligará de volta, deve manter sua palavra. Um bom sistema de gerenciamento de contatos é útil para este tipo de procedimento.

Pressione uma tecla e peça pelo cliente potencial. Se a pessoa atender o telefone, a primeira pergunta que você deveria fazer, após se apresentar, é: "Será que este é o momento adequado para conversarmos por dois minutos?" Participantes do nosso programa de treinamento, que utilizam esta abordagem com frequência, nos dizem que para cada pessoa que se irrita ao ser interrompida, dez demonstram interesse em conversar com eles. Isso é que é obter bons resultados!

Estas ideias podem ajudar a transformar uma secretária eletrônica em uma conversa mais significativa. A chave é, qualquer que seja a situação de venda, deixar uma mensagem que capte o interesse do cliente potencial. Para fazer isso, você precisa dizer ou fazer algo que capte sua atenção.

Tendo chegado lá: captando a atenção do cliente potencial

Nunca temos uma segunda oportunidade para deixar uma boa primeira impressão. O mesmo serve para captar a atenção. Se não fizermos com que o cliente potencial se interesse nos primeiros 30 segundos, provavelmente não teremos uma segunda oportunidade.

Então, como é que captamos sua atenção? Como é que fazemos para que o cliente potencial nos veja de forma diferente dos outros vendedores que ligam? Existem duas formas:

Utilize uma declaração de credibilidade. Como foi discutido no início deste capítulo, as declarações de credibilidade são sua arma secreta contra a competição. Utilize as declarações de credibilidade toda vez que tiver uma oportunidade de fazê-lo, e logo elas se tornarão um hábito enraizado. Com base na informação obtida na pré-abordagem, desenvolva declarações de credibilidade que se encaixem em situações diferentes. Depois, você as terá prontas e disponíveis para adaptá-las às conversas individuais. Lembre-se que pouquíssimos vendedores dedicam tempo para utilizar esta ferramenta. Se você a utiliza, ficará à frente da maioria dos vendedores que não o fazem.

Utilize algo que capte a atenção. Outro método de captar a atenção é simplesmente utilizando captadores de atenção — frases ou ações que façam com que os clientes potenciais prestem atenção ao que estamos lhes dizendo.

Os captadores de atenção são geralmente utilizados no início do processo de vendas. Podemos utilizá-los para marcar encontros, durante as entrevistas por telefone ou em qualquer momento da apresentação, quando sentimos que estamos perdendo ou que já perdemos a atenção do outro. Eles nos permitem planejar e executar uma nova abordagem, diferente da utilizada pelos outros vendedores.

ELABORANDO OS CAPTADORES DE ATENÇÃO

Os captadores de atenção envolvem uma gama de diferentes recursos, da utilização de palavras à realização de uma ação, mas devem sempre ser relevantes, específicos e significativos para o cliente potencial. É por isso que os captadores de atenção são como o nosso guarda-roupa no processo de vendas. Assim como nunca usaríamos todas as nossas roupas ao mesmo tempo, também não utilizamos todos os captadores de atenção de uma só vez. Alguns funcionam melhor com determinado tipo de cliente potencial, assim como certas roupas são mais apropriadas para determinadas ocasiões.

Aqui estão alguns dos mais comuns captadores de atenção.

ELOGIO

O Sr. Carnegie sempre disse: "Todo mundo gosta de um elogio." Bem, todos nós, não é verdade? Infelizmente, os elogios também podem virar-se contra nós, já que com frequência são utilizados excessivamente pelos profissionais de vendas. Então, por que continuamos os utilizando? Porque os elogios ainda são uma forma viável de captar a atenção de alguém — quando utilizados corretamente. E tudo começa com a pré-abordagem.

Veja por este ângulo: a maioria dos compradores potenciais está cansada de ouvir os vendedores fazerem comentários sobre sua família, novas instalações ou escritório bonito. Além disso, estes elogios vazios são os mais utilizados pelos vendedores. Não significa que não deveríamos elogiar essas coisas, se estivéssemos sendo sinceros. Mas lembre-se que esses elogios não nos diferenciam dos demais.

Por outro lado, utilizando a informação obtida na pré-abordagem, podemos elogiar os nossos clientes potenciais por algo que seja significativo e relevante.

Por exemplo: "Maria, gostaria de lhe dizer que eu realmente respeito o que você tem feito pela comunidade. Li no jornal na semana passada que seu departamento juntou dez mil dólares para o abrigo regional para animais." Ou: "Luiz, estou impressionado com os resultados comerciais que você foi capaz de atingir desde que tomou conta do departamento. Nossa amiga em comum, Maria, disse que seu faturamento mínimo melhorou em 25%."

Se mantivermos nossos olhos e ouvidos abertos e fizermos a pré-abordagem, elogios significativos podem tornar-se automáticos.

FAÇA UMA PERGUNTA TENDO EM VISTA UMA NECESSIDADE

Esta é uma forma honesta e útil de começar uma conversa, tanto por telefone como escrita. Mas não podemos somente fazer uma pergunta. Devemos fazer perguntas que são relevantes para as necessidades gerais da pessoa. Por exemplo, poderíamos perguntar algo como: "Se houvesse uma forma de você aumentar a produtividade de seus associados sem maiores custos, você não gostaria de saber a respeito?" Mais uma vez, podemos utilizar a informação obtida na pré-abordagem para desenvolver perguntas relevantes.

REFERÊNCIAS

Se você se lembra de nossa discussão sobre como lidar com os atendentes, deve se lembrar que utilizar referências provavelmente é a melhor maneira de captar a atenção de alguém. Pesquisas demonstram que as referências fortalecem nossa comunicação direta com os clientes potenciais mais do que qualquer outro método. Se começarmos nossa conversa com "Oi, Mary Fakhoury sugeriu que eu ligasse para você. Meu nome é...", é muito mais eficiente do que começar com o nosso próprio nome. Porém, temos que ter certeza que o cliente potencial e a referência têm uma boa relação antes de utilizar este método.

INFORMES

Este captador de atenção requer que sejamos de um escritório que coleta notícias e que sempre estejamos informados e viajando. Devemos sempre estar lendo artigos, revistas, livros e jornais de comércio. Devemos procurar por notícias e informações de mercado úteis para o nosso cliente potencial, incluindo as notícias que ouvimos outros clientes falarem (desde que não sejam fofoca).

Quando abordamos as pessoas com captadores de atenção oportunos, logo somos considerados como algo mais do que somente vendedores. Mas a informação deve ser relevante. Se fizemos um bom trabalho durante a pré-abordagem, devemos estar suficientemente informados sobre o negócio de nosso cliente potencial, para saber qual notícia pode ser de seu interesse.

DECLARAÇÃO SURPREENDENTE

Se fizermos ou dissermos algo fora do comum, aumentamos as chances de que o nosso cliente potencial queira nos conhecer.

Em *As 5 grandes regras do bom vendedor,* o autor Percy Whiting nos conta uma história sobre um vendedor nova-iorquino que teve sucesso em obter encontros com pessoas muito importantes no mundo dos negócios. Ele explicou aquele tão bem-sucedido retrospecto pelo fato do vendedor sempre "surpreender" seus clientes potenciais ao pedir por um encontro num horário pouco comum.

Em vez de sugerir um encontro às 11h, por exemplo, ele especificava que o encontro era às 10h50. Claro que os executivos mais ocupados poderiam ter outro encontro às 11h, mas provavelmente não teriam nada marcado para 10h50. Além disso, no pedido do vendedor estava implícito que ele valorizava o tempo de seu cliente potencial e que sua entrevista seria o mais concisa possível.

Também podemos fazer uma declaração surpreendente sem dizer palavra alguma. Algumas vezes, ações singulares atraem atenção.

Veja o caso do profissional de vendas Frank McGrath, de San Diego, por exemplo. Quando vendia tempo de rádio, teve um cliente potencial com o qual era muito difícil marcar um encontro. Então lhe enviou um cheque de 100 dólares, nominal à instituição de caridade preferida do cliente. Isto rendeu ao vendedor muita atenção e um grande negócio.

Do mesmo modo, Bill Hermann estava tendo dificuldades em obter um encontro com o diretor de gerenciamento de uma grande companhia de computadores em San Diego, Califórnia. Mas Bill não desistiu. Em vez disso, ele tentou uma abordagem criativa. Comprou uma torta de maçã fresca na padaria e colocou dentro uma carta, dizendo: "Quem corta a sua fatia da torta? Tenho algumas ideias que gostaria de apresentar-lhe sobre como aumentar sua fatia da torta." Depois, entregou a torta e disse à secretária do gerente que isso era um presente perecível. Duas horas depois Bill conseguiu facilmente marcar um encontro.

Quando Kevin Fannon vendia sistemas de rede para computadores para uma empresa sediada em Nova York, ele também utilizou uma torta como parte de sua abordagem de dois passos. No caso de Kevin, ele precisava restabelecer uma relação comercial que tinha sido prejudicada pelo seu antecessor.

— Quando entrei para a companhia, me disseram que este negócio em particular seria meu maior cliente. Lamentavelmente, devido a uma série de eventos, a relação tinha sido prejudicada. Então, em vez de ser um dos maiores negócios da companhia, o cliente simplesmente tinha parado de se relacionar conosco — disse Kevin.

"Não importando o que eu fizesse ou dissesse, não conseguia que ninguém falasse comigo. Até mesmo quando algumas portas começavam a se abrir em algum nível da organização, os donos da companhia ainda se recusavam a restabelecer a relação. Conversei com meu instrutor de vendas para ver se tinha alguma ideia e ele comentou sobre como uma torta havia sido utilizada em outras situações. Por ser novo em vendas, eu estava aberto a qualquer tipo de sugestão para atrair a atenção do cliente.

"É lógico que a torta sozinha não teria nenhum efeito. Escrevi uma carta que enviei junto com a torta, na qual eu pedia desculpas pela companhia ter negligenciado a relação comercial que existia entre eles, eu também assumi a responsabilidade e disse que a torta representava minha cara 'torta' por toda aquela situação.

"Poucas horas depois de ter recebido o pacote — disse Kevin — a assistente do diretor me chamou para coordenar uma reunião que ajudaria a restabelecer as relações com o cliente. Ouvi dizer que o presidente encaminhou nosso material de marketing a seu pessoal, mas não abriu mão de manter o controle."

A carta de Kevin com suas desculpas fez com que se abrissem as portas de pessoas em posições-chave, e as duas empresas acabaram voltando a fazer negócios juntas. Apesar de Kevin atualmente ser o gerente de contas de uma outra empresa distribuidora de redes de informática, ele acredita que o relacionamento pessoal que estabeleceu com os seus clientes permitirá que ele continue a desenvolver uma relação de mútuo interesse comercial.

Mike Lowe também precisava encontrar uma saída criativa para abordar um cliente difícil. Mike sabia que tinha uma ideia boa a apresentar ao cliente, se conseguisse falar com ele. Mas por três meses isto foi impossível.

Depois de ter tentado uma aproximação nos moldes tradicionais, Mike decidiu mandar ao homem um sapato, embrulhado em uma caixa de sapatos. Quando telefonou alguns dias depois, explicou que queria simplesmente "colocar o pé na porta". O homem riu, e disse nunca ter visto nada igual. Mike conseguiu marcar uma reunião e teve a oportunidade de fazer sua proposta. Venceu a concorrência, e desde então a empresa é um cliente constante.

Lembre-se, não importa o método que escolhemos para chamar a atenção de modo favorável, o objetivo é conseguir a importantíssima primeira entrevista com o cliente. Usando ferramentas como frases que dão credibilidade e fatos que chamam a atenção, além de nos focar no cliente, aumentamos as possibilidades de nos destacarmos. Em troca, teremos melhores chances de ajudarmos o cliente a criar uma relação comercial de longa duração, dirigida ao cliente.

CAPÍTULO 4

A entrevista
Estabelecendo confiança

> Partindo-se de uma base na qual todos os fatores são equivalentes, a maioria das pessoas realiza suas compras tomando por base o melhor preço. O trabalho do vendedor é ajudar o consumidor a ver que as coisas não são iguais. Podemos conseguir isto fazendo as perguntas certas na hora certa, e apresentando as soluções corretas, da maneira correta.

Já identificamos a oportunidade. Fizemos uma prospecção. E a nossa comunicação inicial chamou a atenção do cliente. Neste ponto, estamos exatamente onde queríamos estar: em contato direto com nosso consumidor em potencial. Lembre-se, os primeiros três elementos no processo de vendas se destinam a aumentar as chances do cliente se dispor a reservar um pouco de seu tempo para nós. Mas agora que conseguimos agendar uma reunião, precisamos aumentar as chances de que esse tempo que estaremos juntos seja agradável e produtivo para todos.

Ao contrário do que se faz normalmente, não devemos tentar vender uma solução específica no primeiro encontro. Por quê? Porque a maioria das pessoas o faz.

Infelizmente, para alguns é um desafio mudar esse costume. Na maioria dos casos, ficamos tão entusiasmados quando conseguimos alguns minutos de atenção, que queremos fazer tudo de uma só vez. Ficamos apressados. Sentimos a obrigação de transmitir a maior quantidade possível de informação a respeito de nossos produtos e serviços, na esperança que o cliente goste do que escutou e queira passar mais tempo conosco. E ainda que acreditemos estar preparados para fazer perguntas, no intuito de aprender mais sobre a situação do cliente, essas perguntas acabam nos dando apenas informações superficiais. O resultado é que não chegamos à profundidade onde podemos extrair informações valiosas, que podem nos colocar em vantagem com relação aos demais concorrentes.

Por estas razões, além de outras, não é uma boa ideia falar detalhadamente de nossos produtos e serviços numa primeira reunião. Isto não quer dizer que seja impossível conseguirmos um compromisso de compra falando de nossas empresas e de nós mesmos. Em certas vendas, pode-se fazer isto. Mas em situações de vendas mais sofisticadas, com as quais deparamos hoje em dia, os campeões de resultados adotam uma abordagem diferente: criam um relacionamento de confiança e reúnem informações de forma a fazer o interesse girar em torno do cliente.

Criando uma relação de confiança

Quando foi a última vez que você fez uma aquisição importante por intermédio de uma pessoa de quem você não gostou? Isto é algo que não ocorre com frequência. O mesmo se aplica a nossos clientes em potencial. O fato de gostarem de você não garante a venda. Mas se o cliente não gostar de você, há poucas chances de desenvolverem uma forte relação comercial. Por isso é tão importante criar uma relação com o seu cliente, rápida e constantemente, ao longo de todo o processo de venda.

O que é uma relação de confiança? É simplesmente uma combinação de habilidades de comunicação interpessoal: saber escutar com atenção, passar credibilidade e profissionalismo. É um processo que cria confiança e estabelece o relacionamento entre o cliente em potencial e o representante de vendas. Quando temos um bom relacionamento, o clima é mais amigável e tranquilo. Há confiança. O cliente fica mais propenso a responder suas perguntas e compartilha as informações livremente. Isto é muito importante, já que reunimos informações para podermos apresentar a melhor solução. O retorno de um bom relacionamento é que de modo geral as pessoas estarão mais abertas às ideias, sugestões e soluções que apresentarmos.

Construir uma relação de confiança é algo que deve começar na primeira interação com o cliente em potencial, e continuar ao longo de todo o relacionamento. Não importa se o relacionamento dure 30 minutos ou 30 anos, porque a sua habilidade para construir uma relação de confiança faz muita diferença, praticamente em qualquer ambiente de vendas. Em ciclos de venda longos, com itens de alto custo, a relação de confiança é a chave de um relacionamento comercial duradouro. Em vendas rápidas ou transações, a ligação que construímos com nossos clientes afeta não somente a venda imediata, mas com frequência conduz a indicações de futuros negócios.

Baseados no que aprendemos com os participantes de nossos treinamentos, acreditamos que, em 90% dos casos, o destino da reunião é decidido nos primeiros dois minutos. Por quê? Neste ponto, o cliente potencial ainda está preocupado com outras coisas. Uma reunião da qual participou, uma ligação telefônica que acabou de fazer, um relatório que precisa entregar a seu superior no fim do dia, avaliações de funcionários por terminar, e a lista continua.

Tendo entendido isto, começar a construir imediatamente uma relação de confiança deve ser sua prioridade. Antes de entrar em uma reunião, faça a si mesmo estas perguntas: como criar um clima de confiança e deixar a pessoa à vontade? O que poderá fazer com que o meu cliente em potencial diga: "Esta pessoa me escuta e é capaz, e eu gosto dela" ou "Eu acredito que ela pode me ajudar a resolver os meus problemas"? Tome um tempo para refletir sobre estas perguntas, isto fará diferença no seu posicionamento da próxima vez que for a uma reunião.

Devemos reconhecer: poucas companhias têm produtos que se vendem sozinhos, a ponto de os clientes derrubarem a porta para pegarem o seu exemplar. Em todos os outros casos, precisamos ter uma relação de confiança.

Normas para entrevistas

- Tenha confiança no projeto. Pense como se tivesse um recado importante a transmitir ao seu cliente, e aja de acordo.
- Sempre preste atenção à sua apresentação pessoal.
- Prepare "ganchos" para chamar a atenção. Não confie na inspiração.
- Evite utilizar as palavras "Eu estava passando por aqui" em uma reunião pessoal.
- Ao reunir-se com mais de uma pessoa, fale dirigindo-se a todos.
- Use piadas criativas.
- Quando quiser ser engraçado, lembre-se de que o está fazendo por sua conta e risco.
- Não exagere ao falar sobre os hobbies dos clientes.

Fundamentos de uma entrevista: basear-se nos princípios das relações humanas

O que acontece quando criamos uma relação de confiança com o cliente não é mágica — é apenas a extensão de nossa filosofia de sinceramente tentarmos ver as coisas a partir do ponto de vista da outra pessoa. Na verdade, esta filosofia é o eixo central do método de vendas "Alta Performance em Vendas".

Você notará que neste texto utilizamos com frequência analogias relacionadas às nossas próprias experiências, ou pedimos que você se coloque no lugar do cliente. Fazemos isso por uma razão. Se aprendermos a ver as situações do ponto de vista da outra pessoa, nos tornamos muito mais eficientes como vendedores.

Brian Kopf, representante de vendas de Chicago, Illinois, conta da primeira vez que teve que se colocar no lugar da pessoa, contra suas próprias convicções.

— Eu estava numa reunião com um fabricante de moldes para a indústria de vasilhames de vidro. Eles pensavam saber o que queriam, e lá fui eu para a reunião. Mas em vez de me informar sobre o orçamento de que dispunham e ficar fazendo perguntas gerais como sempre faço, me coloquei no lugar deles. Fiz um esforço para me informar melhor a respeito deles. Comecei perguntando quais eram as maiores dificuldades que estavam atravessando naquele momento. Quando eles me faziam alguma pergunta, eu ia mais fundo e fazia outra. Acabamos visitando a linha de produção deles, para vermos os tipos de máquinas que estavam utilizando. Isto porque não aceitei o fato deles "saberem" o que precisavam, e tentei realmente ver as coisas do ponto de vista deles. Eu saí da reunião com um entendimento muito melhor do cliente e seu negócio. E pude implementar uma solução completamente diferente para eles, muito mais adequada à sua situação.

— Em minhas atividades diárias, não sou apenas um vendedor. Eu também me vejo como um consultor — disse Brian. — Se eu não for capaz de ver as coisas pelo ponto de vista do cliente, não poderei oferecer a melhor solução para ele.

Chris McCloskey, ao dirigir o seu próprio escritório de desenho gráfico durante quatro anos, aprendeu a "ver as coisas do ponto de vista do cliente" e aumentou o volume de negócios em 234% em apenas um ano.

— Quando comecei a trabalhar como freelancer, levava o lay-out para que meus clientes olhassem e aprovassem. Embora gostassem do meu trabalho, geralmente tinham muitas perguntas sobre porque as coisas estavam dispostas daquela maneira. As perguntas que faziam me permitiam ver que meu desenho era diferente do que eles estavam esperando. O resultado disto é que eu passava incontáveis horas tentando redesenhar as peças, para que correspondessem ao que eles queriam.

"Quando percebi a importância de entender o ponto de vista do cliente, pude tirar maior proveito de fazer perguntas e escutar, antes de propor um desenho. Usei várias ferramentas do Alta Performance em Vendas. Mas a chave é realmente ver as coisas do ponto de vista deles."

Ver as coisas pelo ponto de vista da outra pessoa é uma ferramenta valiosa em qualquer lugar do mundo. Gualtiero Berti, gerente de marketing da Siemens Itália, não conseguia marcar uma reunião com a gerência de um cliente em potencial. Toda vez que pedia uma reunião, eles declinavam, porque estavam negociando com um de seus concorrentes. O que ele fez? Decidiu colocar-se no lugar do consumidor final, em vez de adotar a perspectiva da gerência.

— Ao não conseguir uma reunião com a diretoria, pensei em quem dentro da empresa tiraria maior vantagem com o uso dos meus produtos. Decidi que deveria ser o encarregado da manutenção. É ele quem tem que se levantar no meio da noite quando as máquinas quebram. Então resolvi ir falar com o encarregado da manutenção, e ele demonstrou interesse em testar os nossos produtos. Resultado: reduzimos os problemas de manutenção quase imediatamente. O encarregado de manutenção percebeu que não precisaria se levantar no meio da noite para consertar as máquinas.

"Ele começou comprando poucas unidades de cada vez, o que ele podia fazer sem precisar pedir autorização à chefia. Depois de vários anos, já havia tantas peças Siemens em toda a fábrica, que a diretoria começou a perceber o valor. Estavam satisfeitos de ver como as coisas estavam funcionando — tudo porque fizemos aquele esforço de entender o ponto de vista do encarregado da manutenção. Hoje em dia, aumentamos enormemente o volume de negócios que fazemos com este cliente."

Para Ian Kennedy, diretor-gerente da Wolfson Maintenance, na Inglaterra, ver as coisas pelo ponto de vista da outra pessoa causou um imenso impacto em sua maneira de encarar as relações com os clientes.

— Estávamos tendo problemas sérios com os sistemas de informática que fornecíamos à Marinha Real. Os problemas chegaram a um ponto que recebi uma ligação do gerente de projetos do ministro de Defesa, que, para dizer de um modo leve, foi muito direto no que disse. Nossa empresa frequentemente estava tendo dificuldades, e nossas ações anteriores haviam sido tentativas de amenizar as coisas fornecendo consertos temporários. Entretanto, eu estava fazendo um treinamento em vendas na época, e adotei uma postura diferente.

"Assimilei a enxurrada de reclamações e sugeri que, para resolver o problema pela raiz, eu visitasse pessoalmente cada setor que estivesse apresentando problemas (havia uma dezena deles), e que estava disposto a sair para o mar com eles a fim de entender exatamente o que estava acontecendo. O responsável pelo projeto no Ministério da Defesa concordou, e para minha surpresa, concordou também em me pagar para fazer isso.

"Quando fui ver os navios, descobri que os problemas consistiam de uma mistura de problemas de software, falta de treinamento e suporte para o pessoal dos navios, e o fato de que as necessidades deles muitas vezes eram diferentes daquilo que nos havia sido pedido que fornecêssemos.

"O resultado foi que a Marinha nos pagou para darmos mais treinamento e suporte, e para continuarmos a desenvolver os sistemas de forma a satisfazer as reais necessidades dos usuários.

"Agora, a Marinha é o nosso maior cliente e fechamos um negócio de cinco milhões com eles. Foi procurando ver as coisas pelo ponto de vista do cliente que transformamos o que seria o fim de nossos negócios em uma oportunidade de venda."

Ver as coisas pelo ponto de vista da outra pessoa é apenas um dos 30 princípios das relações humanas sobre os quais o Sr. Carnegie escreveu em seu livro *Como fazer amigos e influenciar pessoas*. Muitos desses princípios estão bem próximos do processo de vendas. Por quê? Porque ajudam a criar um clima de confiança.

TORNE-SE GENUINAMENTE INTERESSADO NOS OUTROS

Frequentemente vemos as pessoas apenas como cargos de uma empresa — compradores em potencial para os nossos produtos e serviços. Referimo-nos às pessoas como o "vice-presidente de marketing ou o "gerente de engenharia sênior". Muitas vezes cometemos o engano de nos interessarmos pelas necessidades da pessoa que tem o cargo, em vez de ver a pessoa que de fato está no cargo. Quando nos lembramos que há um ser humano por trás do cargo, geralmente ocorre um impacto importante na quantidade de confiança que podemos criar.

Isso nos ajuda a esquecer do que esta venda em potencial vai representar para nossa organização e para nós, a parar de pensar na comissão. O interesse da outra pessoa em nossas ofertas morrerá no exato momento em que o nosso interesse pelas comissões começar. Fica estampado em nossa cara. Em vez disso, demonstre um interesse autêntico de poder conhecer as pessoas com quem está se encontrando.

Beat Muller de Safenwill, na Suíça, vende carros Seat, Chrysler, Jeep e Renault. Ele nos conta sobre uma única venda na qual o seu interesse autêntico pela filha do cliente gerou uma confiança que acabou criando um compromisso.

— Eu estava me despedindo de um cliente numa mostra de automóveis quando vi uma menininha. Ela estava bem na minha frente, olhando para a minha gravata. Por estar acostumado com crianças, imediatamente me abaixei até a sua altura e estendi a mão. "Olá, eu sou o Beat", eu disse, "Qual é o seu nome?"

— Eveline — ela respondeu. — Você tem uma bonita gravata. — E segurou minha gravata com as duas mãos e ficou olhando-a com atenção. Os pais da menina ficaram observando.

— Depois de uma pequena conversa com Eveline, me levantei e cumprimentei os seus pais. Mas Eveline estava muito à vontade falando, e continuou a me bombardear com perguntas. Os pais só olhavam e escutavam. Então comecei a incluir os pais na conversa.

"A família foi visitar nossa revendedora depois da mostra. Durante as negociações com seu pai, em nosso segundo encontro, Eveline ficou brincando em nosso parquinho. Na despedida, dei a ela um carrinho de brinquedo. Quando o cliente foi embora, disse que entraria em contato comigo novamente, depois de ter dado uma volta para ver os produtos dos meus concorrentes.

"Quatro semanas mais tarde, ele me ligou dizendo que precisava falar comigo com urgência. Nos encontramos no mesmo dia. Eveline veio também, é claro. Antes mesmo de nos cumprimentarmos, ela me informou que preferia ficar com o Seat Toledo vermelho.

"Uma coisa em particular chamou minha atenção nesta venda: se eu não tivesse dado bola a Eveline e o seu monte de perguntas e ficasse dando atenção somente aos pais, é bem provável que a compra não se realizasse. A confiança que houve entre nós aconteceu porque eu levei a menininha de 6 anos a sério e me interessei de verdade por suas perguntas. Com certeza há outros fatores envolvidos também, mas a cumplicidade que desenvolvemos teve um importante papel na criação da relação com o cliente."

Usar nossa informação de pré-abordagem na entrevista também é uma forma de demonstrar interesse genuíno por nossos possíveis clientes e suas empresas.

O Dr. Earl Taylor, patrocinador da Dale Carnegie Training de Grensboro, na Carolina do Norte, teve a oportunidade de encontrar-se com o diretor-presidente de uma empresa líder nos serviços para internet na cidade de Nova York.

— A empresa estava interessada em um de nossos produtos. Organizaram tudo para que eu fosse a Nova York encontrar-me com o diretor-presidente, para falar de um programa a ser implementado junto aos principais membros de sua equipe no mundo inteiro disse Earl.

"Comecei a pesquisar o máximo possível a respeito da empresa. Olhei o histórico do mercado. Eu procurava informações sobre os concorrentes, sobre volume de vendas, participação no mercado, história da empresa, e tudo mais. Gene Viesta, membro da nossa equipe de vendas em Nova York, encontrou na internet duas palestras que o diretor-presidente tinha dado. E me passou uma cópia.

Em um dos discursos, o diretor-presidente fez uma referência ao número de ligações que recebia de seus investidores banqueiros, conselheiros de investimentos e outros, querendo cuidar da sua área de negócios financeiros. Ele afirmou que não falava com nenhuma dessas pessoas porque tinha o melhor conselheiro financeiro do mundo: sua esposa.

"Você acha que arrumei uma forma de incluir isto em minha apresentação? Com certeza. Eu queria mostrar a ele que estava realmente interessado nele e em sua empresa. A maneira de fazer isto foi demonstrando que eu havia feito o meu dever de casa, preparando-me para a reunião. É um benefício tangível de uma boa pré-abordagem, com a vantagem de criar cumplicidade com as pessoas."

A primeira impressão de Earl naquela importante reunião foi boa. Ele conquistou a confiança do provável cliente, conseguiu obter um compromisso, e estabeleceu a continuidade do relacionamento comercial entre as duas empresas.

Pare / Olhe / Escute

Ao encontrar-se com um provável cliente pela primeira vez:

Pare de pensar em você mesmo, em outros assuntos e em sua apresentação. Concentre-se exclusivamente na outra pessoa.

Olhe para a outra pessoa. Observe com atenção a aparência física, o comportamento e os cacoetes. Crie uma imagem mental do indivíduo.

Escute o nome da outra pessoa. Ouça com atenção a pronúncia correta do nome. Se necessário, peça que soletre. Não continue a conversa enquanto não souber o nome da pessoa e puder pronunciá-lo corretamente.

COMECE DE FORMA AMIGÁVEL

A forma como nos apresentamos e as cumprimentamos acaba ditando o tom da reunião. É mais que um aperto de mão. É uma forma de nos projetarmos para as pessoas, de dizermos "Estou feliz de estar aqui, você é importante para mim". Com frequência, estamos tão concentrados em nossa agenda pessoal, que nos esquecemos do nome da pessoa e de suas necessidades. Isto significa que estamos escutando apenas para poder responder, em vez de escutarmos para entender. Isto pode ser o que faz a diferença entre ganhar confiança ou perdê-la.

Mesmo que o objetivo da reunião seja o de discutir uma situação difícil com o cliente, não podemos deixar que nossas emoções negativas controlem nossa atitude. Não precisamos estar felizes pela reunião. Mas devemos estar contentes pelo cliente nos dar a oportunidade de continuar o negócio e resolver as questões.

SORRIA

Praticar o princípio das relações humanas de sorrir não significa que fiquemos sentados à mesa de trabalho com uma expressão infantil ou cara de bobo. É apenas uma sugestão de que estamos satisfeitos por ter a oportunidade de ajudar a pessoa, e esta atitude se reflete em nosso rosto.

Como o mundo dos negócios está cada vez mais globalizado, o sorriso também é uma ferramenta prática que ajuda a sobrepujar as barreiras do idioma entre pessoas de países diferentes.

Raimundo Acosta S., presidente da Acosta Deportes, uma empresa de materiais esportivos no México, se recorda de uma vez no início de sua carreira em que apenas um sorriso o fez conquistar um relacionamento com o cliente.

— Foi quando as Olimpíadas estavam sendo disputadas na Cidade do México. Eu trabalhava em uma loja de materiais esportivos no centro da cidade e havia muitos turistas procurando lembranças. Um casal alemão aproximou-se de mim. Eles não falavam espanhol e eu não falava alemão, mas sorri para eles. Acho que pelo meu sorriso eles viram que eu poderia ajudar.

"Pudemos nos comunicar apontando para as coisas na loja e usando linguagem corporal. Eles estavam procurando uma camiseta com a bandeira mexicana impressa. Eu os ajudei a encontrar a camiseta e vi que ficaram muito agradecidos. Inclusive voltaram à loja mais tarde e me trouxeram uma lembrança da Alemanha, como uma forma de dizer 'Obrigado'. Esta experiência me marcou muito, vou me lembrar para sempre da diferença que pode fazer um sorriso."

Para alguns de nós, o ato de sorrir parece óbvio; é difícil entender porque o Sr. Carnegie iria desenvolver todo um princípio de relações humanas em torno dos benefícios do sorriso. A razão? O sorriso não é uma coisa natural para todo mundo. Em vendas, não importa como nos sentimos, temos que sorrir. Como o Sr. Carnegie disse: "Experimente ter o costume de sorrir. Você não tem nada a perder."

FAÇA COM QUE A PESSOA SE SINTA IMPORTANTE, E FAÇA-O COM SINCERIDADE

O Sr. Carnegie também nos passou as seguintes sábias palavras: "Uma das formas mais certas de fazer amigos e de influenciar a opinião de alguém é considerando sua opinião, deixando que ele [ou ela] tenha a sensação de que é importante." Em outras palavras, se quisermos convencer as pessoas que o que temos a oferecer é importante, temos que fazê-los sentir-se mais importantes também.

Se desenvolvermos nossas habilidades em relações humanas e realmente aprendermos a ver as coisas do ponto de vista do outro, naturalmente faremos com que se sintam importantes. Mas temos que fazê-lo com sinceridade.

Durante um treinamento de vendas em Chicago, Illinois, um participante contou a seguinte história:

— Quando entrei para a empresa, herdei uma conta já existente de um cliente para quem eu ligava pelo menos a cada duas semanas. A pessoa em questão era um gerente de fábrica, muito orgulhoso de seus conhecimentos sobre produção.

"É claro que eu também estava muito orgulhoso de minha carreira de vendedor e estava ansioso para impressionar o gerente da fábrica com os meus conhecimentos. Infelizmente, nossas primeiras conversas não foram muito bem. Eu frequentemente contradizia as coisas que ele falava. Por dois anos, cada vez que eu ia à fabrica, acontecia a mesma coisa. O gerente da fábrica e eu ficávamos discutindo a respeito da produção. Nunca conseguimos nos entender, e nem preciso dizer que não realizei nenhuma venda apesar da minha empresa ter um bom histórico de vendas com esse cliente. No fim, o gerente da fábrica ligou para o meu chefe e disse: 'Não quero mais ver este sujeito na minha fábrica.'

"Eu fiquei aborrecido, e simplesmente passei a me dedicar a outras oportunidades. Mas depois que aprendi sobre os princípios das relações humanas, decidi tentar mais uma vez. Haviam se passado três anos sem termos contato, então tomei coragem e voltei lá para vê-lo.

"O gerente ficou surpreso ao me ver. Quando começamos a conversar, sorri e fiz todo o esforço possível para manter um tom positivo. Notei que o gerente da fábrica continuava acreditando piamente em suas opiniões próprias a respeito da produção. Mas em vez de discutir com ele, comecei a fazer perguntas sobre o seu ponto de vista. À medida que escutava, passei a vê-lo como uma pessoa com muita experiência, que estava adorando ser escutado. Ficou claro que o meu interesse sincero por suas opiniões o fizeram sentir-se importante.

"Não falei sobre negócios naquele dia. Agradeci ao gerente da fábrica por seu tempo e lhe disse que o encontro havia sido muito proveitoso para mim. Na semana seguinte, o gerente da fábrica me chamou e fez o seu primeiro pedido — um pedido maior que todos os que ele havia feito com o vendedor anterior de minha empresa."

FALE CONFORME OS INTERESSES DA OUTRA PESSOA

Pense na última vez que você conversou com alguém que considerava um "chato". O que fazia a pessoa ser desagradável? Provavelmente, era o fato de ele ou ela falarem demais a respeito de suas próprias experiências. É claro que as pessoas que falam de suas experiências nem sempre têm a intenção de monopolizar a conversa. Mas isto não muda o fato de não serem companhias muito agradáveis.

Criar empatia: palavras do outro lado da mesa

Eis o que alguns clientes da indústria das embalagens de papelão têm a dizer sobre criar empatia. E podemos apostar que falam para qualquer tipo de cliente, de qualquer ramo.

Retorno rápido das chamadas telefônicas. Podemos perdoar várias coisas, se você for facilmente localizável e se retornar nossas ligações.

Conhecimento técnico. Conheça bem os seus produtos e serviços e também a nossa empresa e nossas requisições. Faça o seu dever de casa antes de procurar-nos.

Um bom atendimento ao cliente. Queremos que seja fácil fazer o pedido, que seja fácil verificar o andamento do pedido e que possamos antecipar ou atrasar as entregas.

Atualização de informações, quando necessárias. Quando ligamos para verificar alguma coisa ou para perguntar sobre um novo artigo, tenha informações frescas.

Entenda o que é urgente para nós. Quando você ajuda alguém a sair de um sufoco, será lembrado por muito, muito tempo.

Entregue conforme prometido. Se você não entregar conforme o prometido, será lembrado por muito, muito tempo. Quando perceber que não vai poder entregar a tempo, ligue e avise.

Não nos enfie aumentos de preços goela abaixo. Trabalhe conosco quando os preços estiverem subindo, e se houver um aumento, avise-nos.

Extraído de "Clientes fazem lista de desejos para os prestadores de serviços", artigo publicado na *Paperboard Packaging Magazine* de abril de 1999, por David Ehlert

Em situações de vendas, falar de acordo com os interesses da outra pessoa é a base para se coletar informações. Quando fazemos perguntas e mantemos a conversa centrada nos interesses do provável cliente, existe uma boa probabilidade de ele ou ela se interessar naturalmente por nós. (Aplicaremos este conceito de relações humanas no parágrafo sobre coleta de informações deste capítulo.)

Jim e Chris Mc Cann fundaram o 1-800 Flowers.com em 1986. Desde então, o negócio cresceu e mudou muito. O 1-800 Flowers.com investiu bastante em automação e tornou-se uma empresa de presentes completa. Apesar de estarem orgulhosos com seu progresso, quase nunca falam disso quando conversam com seus clientes.

— Frequentemente somos convidados a falar para grupos de homens de negócios — disse Jim —, e eles geralmente perguntam sobre os nossos sistemas de computação. A verdade é que adoramos falar de nossos sistemas. Gastamos com eles milhões e milhões de dólares. Mas ao falarmos com nossos consumidores diretos, a história é outra. O cliente que encomenda um presente não se importa realmente com os sistemas de computação. No final das contas, o que vale é a relação pessoal. Depois de sair da loja ou de desligar o telefone, o cliente tem que sentir que o presente foi entregue exatamente do jeito que disseram que seria. O cliente quer saber é se fizemos bem o nosso trabalho.

O Dr. Brett Ireland, quiroprático de Palmerston North na Nova Zelândia, aplicou este princípio das relações humanas quando quis ampliar o seu consultório. Para alcançar este objetivo, ele precisava comprar o prédio grande que ficava ao lado de seu consultório, na época. O preço da propriedade era muito mais alto do que esperava, e ele não possuía a quantia que o vendedor estava pedindo. Brett percebeu que se o vendedor tomasse a decisão baseado somente no que ele tinha a oferecer, seria rejeitado e não conseguiria ampliar seu consultório.

— Antes de entender a importância de ver as coisas pelo ponto de vista da outra pessoa, e de falar baseado em seus interesses, minha ação normal teria sido a de fazer uma oferta segundo os requisitos da imobiliária e torcer para ter sorte. Em vez disso, decidi aplicar o princípio das relações humanas de maneira bem real e prática. Eu me sentei e escrevi todas as opções possíveis nas quais pude pensar, que beneficiassem o dono do local, sem que isso me custasse dinheiro. Depois entrei em contato com o proprietário diretamente e marquei um encontro com ele.

"No começo ele não queria falar da venda sem a presença do agente imobiliário, mas pedi que ele me concedesse apenas alguns minutos de seu tempo. Expliquei-lhe que o valor de minha oferta podia ser comparativamente baixo, mas que talvez houvesse outros benefícios para ele que poderiam ser incluídos na proposta. Então comecei a ler a minha lista. Muitas das coisas em que pensei não apresentavam nenhuma vantagem, mas algumas coisas ofereciam benefícios bem tangíveis para as duas partes. A reunião durou cerca de 30 minutos. Durante este tempo eu estava consciente de que não deveria fazer referência às minhas vontades ou necessidades, e sim perguntar sempre como eu poderia ajudá-lo."

O antigo proprietário, David S. Neal, ficou impressionado:

— Como Brett disse, no início eu não queria falar da questão imobiliária com ele, mas como ele me garantiu que não desejava falar do preço, isto me incitou a lhe dar um pouco de meu tempo. Fiquei impressionado com a sua honestidade, e percebi que ele estava buscando formas de melhorar a sua proposta e torná-la mais atraente, sem que isto lhe custasse mais caro em termos financeiros. Duas de suas sugestões na verdade resolveram problemas bem complicados, com os quais eu já havia perdido horas de sono, pensando a respeito. O mais importante foi a postergação do fechamento da venda, o que nos deu tempo para encontrar um outro prédio sem precisarmos nos mudar para um local temporário.

Hoje, ambas as partes estão satisfeitas.

— Fiquei impressionado com a estratégia de Brett e com o pensamento alternativo contido em sua proposta — disse Neal. — Isto criou uma condição de ganhar ou ganhar, que trouxe benefícios duradouros para a minha organização.

E Brett diz mais:

— O resultado foi uma oferta que continha várias cláusulas adicionais que não me custaram mais caro, e que de fato me ajudavam e ofereciam diversos benefícios tangíveis ao proprietário. Isto também criou um bom relacionamento entre nós e a venda se deu de forma muito amigável. Foi uma transação em que ambas as partes ganharam. Isto também serviu para me mostrar que às vezes estamos tão envolvidos com o que queremos, que ficamos cegos para as necessidades dos outros e, portanto, reduzimos nossa capacidade de nos comunicarmos efetivamente. Agora vejo como me ajuda sentar-me e sinceramente tentar enxergar a questão pelo ponto de vista da pessoa do outro lado da mesa. Desta maneira, ambos podemos ir embora felizes.

DEIXE O OUTRO FALAR A VONTADE

Dizem que, por um bom motivo, nos foram dadas duas orelhas e uma boca: devemos escutar pelo menos duas vezes mais do que falamos.

Lloyd Zastrow, gerente de área de vendas da Incoe Corporation, uma fábrica em Troy, Michigan, se recorda de uma entre muitas reuniões na qual deixar o cliente falar criou uma confiança imediata. Neste caso, descobrir que ele tinha alguns pontos em comum com o cliente também ajudou.

— Quando procurei o vice-presidente da Mold Makers, Inc., em Forth Worth, no Texas, nos sentamos em seu escritório e imediatamente descobri que tínhamos coisas em comum (ambos vínhamos da região Centro-Oeste dos EUA). Quando começamos a conversar, vi que ambos gostávamos do campo e de caçar. Com grande interesse, escutei-o contar como sua esposa e filha também gostavam de caçar. O que pensei que fosse ser uma reunião curta acabou durando mais de uma hora. Tenho certeza que pelo fato de ter escutado este provável cliente e de ter encontrado pontos em comum com ele, conquistei sua confiança e seu respeito desde o nosso primeiro encontro.

Mary McCarthy, representante de vendas da GSI Lumonics, uma empresa baseada em Boston, conta que deixar seus clientes falarem bastante faz uma grande diferença em sua capacidade de encontrar as melhores soluções. Em um caso, ela até ajudou o cliente a ganhar uma boa parte dos negócios que anteriormente pertenciam ao seu concorrente.

— O cliente era uma grande empresa farmacêutica multibilionária, e o desafio era convencê-los a considerar os nossos produtos, sabendo que estavam satisfeitos com nosso concorrente.

"Quando liguei para os compradores, me sentei e deixei-os falarem bastante. Escutei atentamente e puxei conversa para que falassem de si mesmos, e depois pude falar baseada nos termos dos interesses que demonstraram. Baseada nesta conversa, pude escolher o componente específico de nossa linha de produtos que seria interessante para eles.

"Então, propus uma reunião para que vissem uma demonstração desta linha de produtos, baseada nas necessidades que eles me haviam comunicado. Fizemos a reunião, e nela apresentei a solução para o problema específico que tinham, em vez de fazer uma demonstração do tipo 'isto-é-o-que-nós-temos'."

O resultado?

— Agora estamos fazendo negócios com essa empresa. É uma das melhores contas no meu território e o relacionamento com esse cliente representa um novo calibre de cliente para a minha empresa e seus produtos. O resultado é que posso me apresentar a outros clientes similares e oferecer-lhes soluções também.

GENTILEZAS E AMENIDADES

Quando encontramos alguém, quer seja pela primeira ou pela quinquagésima vez, é natural e esperado que digamos "Bom-dia", "Como vai?", "Bom vê-lo novamente", e assim por diante.

Essas amenidades representam uma forma de cortesia comum que não diz respeito à venda diretamente, mas isto estabelece um ponto de partida, de onde se pode iniciar uma conversa. As gentilezas mostram a boa educação e a graça da pessoa.

Na maioria dos casos, não devemos passar mais de dois ou três minutos falando de amenidades durante uma entrevista. Entretanto, sempre é bom seguir a postura e o ritmo do cliente. Devemos sempre certificar-nos que estamos dando tempo suficiente para que a pessoa fique à vontade.

As gentilezas não são vistas da mesma forma em todos os lugares do mundo. Por exemplo, em alguns países não se usa o primeiro nome da pessoa até que ela nos dê essa liberdade. Em outros países, tratar as pessoas por "o senhor" ou "a senhora" pode parecer formal demais. Em certos casos, não fica bem começar a falar de negócios sem antes ter gasto um bom tempo com amenidades. Em outros casos, um excesso de amenidades pode ser visto como dispersão que escapa do objetivo comercial do encontro.

Se você for responsável por contas internacionais, deverá pesquisar com antecedência para saber como ser gentil de forma apropriada no país do seu provável cliente.

Mais uma palavra a respeito de amenidades: não seja sempre óbvio. Por exemplo, é bem provável que a maioria dos outros vendedores que passaram antes de você tenha falado do tempo ou comentado alguma notícia recente da comunidade. Por esta razão, as amenidades sempre têm um efeito melhor se forem originais, e se possível interessantes. O melhor momento para fazermos nossa pesquisa prévia é antes do primeiro encontro. Infelizmente, dependendo do ambiente da empresa, nem sempre há tempo para se fazer uma pesquisa prévia. E algumas vezes não encontramos boas informações. Nesses casos, como fazer para nos destacarmos no quesito amenidades?

Mais uma vez, temos que ser criativos.

Jay Broska, executivo de contas de uma empresa de materiais de embalagem, às vezes começa sua venda falando das camisetas exclusivas que sua empresa criou para os funcionários. Ele veste a sua quando leva os clientes para visitar a fábrica:

— O logotipo da camiseta é tão chamativo e diferente, que o cliente sempre olha para ela. Aproveito o gancho e puxo uma conversa, o que geralmente nos leva a dar boas risadas. É uma maneira de quebrar o gelo e dar início à venda.

— Cheryl Blalock, gerente de área de uma firma de softwares dirigidos à advocacia, encontrou uma maneira original de começar as suas reuniões durante a época das férias: No fim do ano, todos estão ocupados preparando as férias e as festas de fim de ano no escritório. Eu sabia que todos com quem eu fosse falar estariam provavelmente correndo contra o tempo e sob muita pressão. No começo das reuniões, eu fazia ao cliente uma pergunta simples do tipo "Como está o seu dia?". Na maioria das vezes, ele me respondia contando um pouco de suas frustrações. Então eu dizia que tinha um lindo poema de Natal para mostrar-lhe depois da reunião. Quase sempre ele pedia para vê-lo na hora. O poema era engraçado, e nós ríamos juntos. Isso mudava completamente o ambiente da sala, e o cliente ficava muito mais à vontade para conversar comigo.

DANDO INÍCIO À VENDA

Para estabelecer a relação de confiança com o cliente faz parte, logicamente, direcionarmos a conversa para suas necessidades. Dependendo da situação, usaremos uma ou mais destas três técnicas para passarmos das amenidades à negociação da venda: 1) fatos que captam a atenção; 2) declarações que dão credibilidade e 3) dizer porque estamos conversando.

> As primeiras dez palavras são mais importantes que as dez mil seguintes.
> *Elmer Wheeler, em Frases que vendem*

INICIADOR DE VENDA 1: CAPTANDO A ATENÇÃO

Como vimos no capítulo anterior, os fatos que chamam a atenção podem ser usados a qualquer momento durante o processo de venda, mas geralmente são mais usados no começo da conversa. Lembre-se, as coisas que chamam a atenção costumam encaixar-se em uma das seguintes categorias: elogio, pergunta, referência, informação e surpresa.

INICIADOR DE VENDA 2: DECLARAÇÕES QUE DÃO CREDIBILIDADE

Durante a entrevista, as declarações que dão credibilidade podem ser facilmente adaptadas para dar início à negociação da venda. Os três primeiros passos do desenvolvimento de nossa declaração serão os mesmos. A diferença básica na entrevista é a pergunta que usaremos no último passo. Obviamente, como já estamos falando com o provável cliente, não vamos ter que estabelecer os parâmetros para poder dar continuidade ao contato. Portanto, a questão final de nossa declaração de credibilidade é simplesmente pedir permissão para dar continuidade à entrevista ou às perguntas. Por exemplo: "Posso lhe fazer algumas perguntas para saber quais são as suas necessidades específicas?" ou "Você se incomoda se eu continuar a fazer algumas perguntas?". Ambos os exemplos, entre outros, são maneiras educadas e apropriadas de começarmos a falar da venda.

Já vimos que há uma variedade de momentos nos quais podemos usar as declarações que dão credibilidade. Algumas opções estão resumidas no gráfico abaixo.

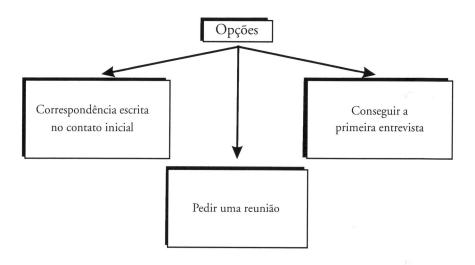

Figura 3: Opções de declarações de credibilidade

INICIADOR DE VENDA 3: JUSTIFICATIVA DO ENCONTRO

Uma outra alternativa que podemos empregar para fazer a transição entre as amenidades e a venda é dizer o porquê de nossa conversa. Simplesmente porque você fala do interesse da outra pessoa e a faz lembrar porque estão se encontrando. Afinal, provavelmente já faz alguns dias, senão algumas semanas, desde que agendaram o encontro. Há chances de que outras coisas possam ter ocupado a mente do provável cliente nesse meio-tempo? Com certeza. É por isso que devemos demonstrar respeito por seu tempo, e clara e concisamente expor o propósito de nossa conversa.

O que isto faz por nós? De um modo geral, a justificativa do encontro nos ajuda a pensar no ponto de vista do cliente e nos força a nos concentrarmos na conversa específica que queremos ter com esse cliente — antes de termos a conversa. Ao chegarmos na reunião, estaremos mais bem preparados sabendo que ambos temos o mesmo objetivo em mente.

Podemos justificar o encontro pessoalmente ou por telefone. De qualquer maneira, devemos nos lembrar de três componentes vitais:

Um benefício específico para o cliente, diretamente relacionado à reunião — Não dizer apenas "porque estamos conversando", mas também porque a outra pessoa vai se beneficiar desta reunião. Em alguns casos, isto tem a ver com a declaração de credibilidade que fizemos em nosso primeiro contato. Se tivermos mencionado que queremos falar com o cliente a respeito de algo que fizemos por outra empresa, ele vai estar esperando que falemos sobre isso.

Uma visão geral ou uma agenda para a reunião em si — Isto pode ser feito verbalmente, ou pode ser uma agenda por escrito que apresentamos ao cliente. Lembre-se de perguntar ao cliente se há algum item que ele gostaria de incluir na agenda.

Pedir permissão para dar início com o primeiro item da agenda — Isto simplesmente demonstra cortesia e respeito pelo tempo da outra pessoa. É o mesmo tipo de pergunta que devemos usar para passar das amenidades para a entrevista.

Apesar de parecer simplista, a justificativa do encontro pode ser uma poderosa ferramenta para o profissional de vendas. Ele demonstra ao cliente que estamos preparados para falar de seus interesses, não dos nossos.

Eis um exemplo:

— Nosso objetivo hoje é ajudá-los a identificar maneiras de economizar nos custos de impressão e ao mesmo tempo de melhorar a qualidade de suas brochuras. Depois desta conversa, tenho certeza que vocês terão descoberto oportunidades específicas para economizar dinheiro, mesmo que não comprem os nossos produtos de imediato. Sugiro que hoje cubramos a seguinte agenda:

- Examinar os seus atuais sistemas de impressão.
- Determinar o que vocês gostariam de melhorar em suas impressões.
- Analisar possíveis soluções para as dificuldades que encontram.
- Ver se o que oferecemos atende o que estão querendo realizar.

"Isto faz sentido para vocês? Há alguma outra coisa que queiram acrescentar?
"Posso fazer algumas perguntas para entender melhor sua situação atual?"
Aqui vai mais um:
— Hoje vamos avaliar as necessidades das pessoas de sua empresa que usarão o novo sistema telefônico, a fim de nos certificarmos de que o sistema realmente atende suas necessidades. Sugiro que a nossa reunião cubra os seguintes pontos:

- Primeiramente, eu gostaria de saber quais as dificuldades que estão encontrando com a mudança do sistema telefônico.
- Depois, convidaremos dois de seus funcionários a participarem de nossa reunião para sabermos quais são suas necessidades.
- Então, vamos ver como isso se encaixa no que a administração está querendo.
- Finalmente, conheceremos o critério usado na decisão de compra para que possamos fazer uma proposta objetiva. O que acham?

"Posso começar fazendo algumas perguntas?"
O método de justificativa do encontro funciona bem em praticamente qualquer ambiente. Sandy Monk, gerente de programação no Exército americano, usou várias ferramentas do Alta Performance em Vendas em situações de vendas não tradicionais. Em uma ocasião, ela se recorda de como o método de justificativa do encontro a ajudou a começar uma conversa difícil, mantendo o tom positivo.

— Uma reorganização recente acrescentou uma nova linha de serviços à minha área. Eu estava entusiasmada porque herdaria três profissionais muito competentes para realizar os serviços, mas um pouco chateada porque teria que ficar com uma secretária que havia anos não trabalhava bem. Minha experiência e intuição me diziam que ela não estava à altura das exigências do cargo, mas as regras do departamento de pessoal diziam que eu não podia simplesmente demiti-la.

"Simultaneamente, uma outra secretária da empresa, muito capaz e agradável, expressou o desejo de ser transferida de um setor no qual se sentia limitada. A solução ideal para mim seria trocar as secretárias. Então, não somente me deparei com uma situação delicada em relação a pessoal, como também tinha que vender a minha solução a todos os envolvidos.

"A fim de criar uma relação de confiança com o outro gerente de programação, preparei uma carta de justificativa do encontro descrevendo os benefícios da troca de secretárias. Enviei-a por e-mail. Sabia que aquele gerente se sentiria mais à vontade para responder em seu próprio tempo a uma proposta escrita do que a um telefonema. Num encontro casual que ocorreu em seguida, esse gerente manifestou interesse por minha proposta e me autorizou a dar continuidade ao meu plano, marcando uma reunião com ele e sua secretária executiva.

"Em nossa reunião cara a cara, me senti tentada a ir direto ao assunto, apresentando minha proposta de trocarmos as secretárias. Entretanto, aproveitei a reunião para reunir maiores informações e para incitar o interesse deles. Fui fazendo perguntas e deixando-os falarem. Descobri que seu interesse principal era manter um equilíbrio dentro de sua equipe administrativa, enquanto o critério de compras que tinham era o de terem uma secretária que trabalhasse bem sob supervisão cerrada e com boa apresentação. (O critério de vendas e o interesse principal serão cobertos mais adiante neste mesmo capítulo.)

"Finalmente, apresentei minha proposta, baseando-me no que eles haviam dito, e colocando-a de forma a satisfazer suas necessidades. No fim da reunião, eu ainda não tinha um compromisso de parte deles. Ainda que eu quisesse sair de lá já com o compromisso firmado, sugeri que primeiro entrevistassem a secretária que eu queria transferir, antes de tomarem a decisão.

"A entrevista correu bem, e eles pediram que ela passasse para o outro setor. A secretária que eu queria passou para o meu setor. Todos ficaram contentes com a decisão.

"Pensando bem, se eu tivesse conduzido aquela reunião de qualquer outra maneira, eu poderia não ter tido sequer a oportunidade de apresentar minha solução. Mesmo sabendo que o uso de vários princípios de vendas nesta situação me ajudaram, foi este método específico, a justificativa do encontro, o que abriu as portas para o entendimento."

Sharon Biernat, gerente de vendas do International Promotional Ideas de Chicago, Illinois, elevou sua rotina de justificativa do encontro a um outro nível, combinando-a com um captador de atenção.

— No meu trabalho, temos um prêmio chamado a Pirâmide Dourada. Este prêmio mede o resultado do uso dos artigos promocionais, tais como aumento de vendas ou melhoria do atendimento no local de trabalho. Eu entrei no concurso e ganhei dois prêmios.

"Um dia, tive uma ideia. Na pauta, coloquei não somente os assuntos que iríamos cobrir, mas também o prêmio da Pirâmide Dourada. Durante um intervalo da conversa, o cliente me perguntou: 'Escuta, o que é esse prêmio da Pirâmide Dourada?' Então eu tive a chance de explicar a ele. Ele ficou impressionado ao saber que o prêmio media os resultados da eficácia da empresa na recomendação de produtos promocionais. Ele ficou tão impressionado que eu saí de lá com o compromisso de apresentar um dos nossos produtos promocionais para concorrer ao prêmio — e uma ordem de compra. Isto não é comum em uma empresa grande como essa, porque o ciclo de vendas geralmente é mais longo. Hoje em dia, eu incluo o prêmio da Pirâmide Dourada na pauta de todas as reuniões com possíveis novos clientes."

Coleta de informações

A relação que construímos desde o momento que conhecemos uma pessoa é essencial para estabelecermos uma boa base para a confiança. A parte da reunião destinada a coletar informações é onde podemos conquistar definitivamente a confiança do cliente. Isto é importante, porque a confiança faz com que os nossos clientes e potenciais clientes tenham vontade de compartilhar conosco as valiosas informações de que precisamos, para podermos desenvolver a solução exclusiva que virá satisfazer suas necessidades e seus desejos.

Se soubermos fazer as perguntas certas e se escutarmos as respostas, vamos aprender coisas que os nossos concorrentes não sabem. Os clientes potenciais nos dirão exatamente quais são os produtos e serviços que podemos vender, como devemos apresentá-los, e até como apelarmos para o Motivo Dominante da Compra, que leva ao compromisso de compra.

Infelizmente, muitos de nós encaramos a coleta de informações de uma forma que nunca nos leva a conquistarmos um alto nível de confiança. Preparamo-nos para conseguir cifras orçamentárias, especificações de produtos ou serviços, e datas marcadas. Depois, nos perguntamos por que temos que competir com os preços. Apesar do preço muitas vezes ser um problema real, também pode ser uma indicação de que a confiança não existe. Não procuramos entender em profundidade, durante o processo de questionamento, o que é realmente importante para o cliente.

Para refletirmos:

Cada vez que escrevemos "Não está interessado" em um relatório de vendas, deveríamos parar e pensar: o cliente realmente não está interessado, ou será que nós não conseguimos despertar o seu interesse?

Para entender o papel da confiança em nosso relacionamento com os clientes, pense no seu melhor amigo. Se ele ou ela lhe fizer perguntas pessoais, normalmente você se dispõe a responder aberta e honestamente. Por outro lado, se um estranho lhe fizer as mesmas perguntas, você provavelmente não vai querer expor os seus sentimentos.

Considere essa hipótese: digamos que você vai ao médico, chega no consultório e se senta. Após alguns minutos, o médico aparece, sorri e lhe dá um firme aperto de mão. Depois de algumas trocas de gentilezas, e de falar sobre as suas experiências bem-sucedidas com outros pacientes, ele lhe dá uma receita e se despede. Como você vai poder acreditar que o remédio receitado é exatamente o que você precisa? Você teria confiança em seu diagnóstico?

Felizmente, você não deve passar por esse tipo de situação num consultório médico. Mas é assim que alguns vendedores encaram suas entrevistas. Em vez de questionarem efetivamente o possível cliente antes de apresentarem uma solução, muitas vezes somos tentados a "dar a receita" imediatamente. Queremos oferecer soluções antes mesmo de sabermos exatamente o que os clientes precisam e querem.

O que acontece se fizermos uma coisa diferente do que a maioria dos vendedores faz? O que acontece com a nossa carreira de vendas se os clientes confiarem mais em nós do que em qualquer outro vendedor? Para a maioria de nós, isto tornaria o nosso trabalho muito gratificante. Será que o preço seria um empecilho com tanta frequência? Provavelmente não.

Se desenvolvermos uma estratégia para reunirmos informações, poderemos oferecer soluções aos clientes sabendo que estamos dando a resposta certa à pessoa certa, na hora certa, pelo motivo certo. Não estaremos mais vendendo na esperança de que nossa solução seja a melhor. Saberemos que ela é.

Encontrando as respostas: o que você precisa saber?

O que ficamos sabendo na parte da entrevista destinada a recolher informações não somente nos ajuda a desenvolver soluções exclusivas, mas também nos prepara para as negociações e nos ajuda a minimizar — ou até mesmo a evitarmos totalmente — as objeções. Simplesmente, isto nos dá uma visão do mundo do cliente, como ele o vê. Os profissionais de vendas que se destacam no mercado são os que sabem vender dentro do mundo do cliente.

Antes de decidirmos quais perguntas faremos, devemos definir exatamente o que queremos saber dos clientes. Esta informação invariavelmente cai em quatro categorias-chave:

1. O INTERESSE PRIMÁRIO (O QUE ELES QUEREM)

Estas informações nos dizem exatamente o que o produto deve fornecer — por exemplo, relatórios exatos e dentro do prazo, transporte confiável ou baixa taxa de rejeição. Em troca, podemos identificar qual o produto ou serviço que iremos apresentar como solução.

Mantenha isto em mente: o interesse primário não é o produto em si, é sempre um produto do produto. Um erro comum que muitos vendedores cometem é o de assumir que os clientes desejam um produto ou serviço, enquanto, na realidade, o que os clientes querem é o que os nossos produtos ou serviços podem fazer por eles.

Por exemplo, na realidade nós não desejamos ter um laptop. Queremos a flexibilidade que um laptop oferece. Se formos comprar um software de administração de contato, nosso interesse primário não é definido pelo software propriamente dito, mas por sua capacidade de manter uma base de dados de clientes, de forma que possamos aumentar as vendas por intermédio de um sistema confiável de acompanhamento.

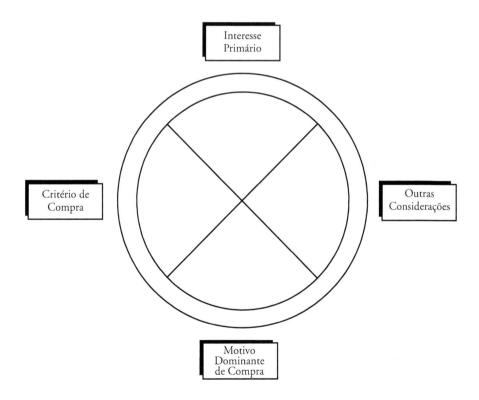

Figura 4: Áreas de interesse

2. O CRITÉRIO DE COMPRA (REQUISITOS DA VENDA)

Estes são os aspectos específicos do produto ou serviço que devem ser incluídos em nossa solução. São requisitos como tamanho, cor, velocidade, garantia ou disponibilidade. Se não pudermos corresponder aos critérios de compra, a venda não poderá se concretizar.

Novamente, se considerarmos o exemplo do laptop, nossos critérios de compra podem ser preço, peso e velocidade do modem. Em relação ao programa (software), nosso critério poderá incluir a disponibilidade de suporte técnico, avisos que nos fazem lembrar de compromissos ou atualizações de produto.

Os critérios de compra que recebemos de nossos clientes passam a ser os fatos que iremos compartilhar a respeito de nossos produtos ou serviços na apresentação das soluções.

3. OUTRAS CONSIDERAÇÕES (O QUE OS CLIENTES GOSTARIAM DE TER)

A maioria dos vendedores apresenta suas soluções baseando-se apenas nos critérios de compras. Apesar dos critérios de compras serem importantes, são apenas parte do quadro. Numa economia global de forte concorrência, o fato de encontrarmos maneiras criativas para atendermos a outras considerações sutis, muitas vezes pode fazer a diferença na hora de selar um compromisso.

Por exemplo, outras considerações podem incluir um serviço especial, a disponibilidade de peças avulsas, ou atendimento técnico após o período de garantia. Estes são fatores-chave no desenvolvimento de uma solução exclusiva, porque temos a oportunidade de mostrar como certos aspectos de nossos produtos ou serviços os diferenciam da concorrência.

Ainda no caso do laptop, outras considerações podem incluir o fato de termos a possibilidade de fazermos um contrato de serviços. Quanto ao software de gerenciamento de contatos, uma outra alternativa pode ser a possibilidade de fazermos atualizações on-line.

4. O MOTIVO DOMINANTE DA COMPRA (POR QUE ELES A DESEJAM)

O Motivo Dominante da Compra é a razão emocional que estimula o cliente a comprar. Se entendermos o retorno emocional de uma compra bem-sucedida, poderemos identificar os benefícios que terão maior impacto no processo de decisão.

Parece fácil, não é? Mas não é bem assim. A maioria de nós pensa saber por que o cliente quer comprar. Mas, na realidade, o "por que" que descobrimos pode não ter nada a ver com a emoção.

Considere o exemplo do laptop. Por que uma pessoa deseja ter um? A resposta lógica seria: "Para ter comodidade ao sair para trabalhar fora de casa." Será que este é o Motivo Dominante da Compra? De forma alguma. Na verdade, este é o interesse primário. Lembre-se, o interesse primário (o que o cliente quer) não é o produto; é o que o produto vai fazer pelo cliente.

O Motivo Dominante da Compra, por outro lado, é a razão emocional que faz com que o cliente queira tomar uma boa decisão. Por exemplo, talvez a pessoa queira adiantar o trabalho enquanto viaja para assim passar mais tempo em casa com a família. Lembre-se, a comodidade de levar o trabalho para a rua não é um fator emocional, é um fator lógico. Mas sentir-se bem por ter mais tempo para passar com a família — isto sim é uma ligação emocional.

Apesar da maioria das pessoas determinar suas compras por razões lógicas, em geral há uma razão emocional que motiva a aquisição. Se aprendermos a usar esta emoção em nossas soluções, seremos diferentes dos demais vendedores. E nossos clientes irão perceber.

Aprofundando: o Motivo Dominante da Compra — a razão emocional pela qual as pessoas compram

Quase tudo o que já compramos, mesmo as compras por impulso, adquirimos devido a uma razão emocional, compulsiva. Nosso interesse primário nos impele em direção à decisão de compra. Mas a decisão final de comprar é basicamente ditada por nossas emoções.

Por esta razão, o Motivo Dominante da Compra é tão importante para o processo de venda quanto o motor é importante para um carro. Da mesma maneira que o motor ajuda a colocar o carro em movimento, descobrir o motivo emocional primário melhora as chances de uma relação comercial avançar.

O mais incrível é que a maioria das pessoas que estão vendendo hoje em dia, mesmo as que vendem com sucesso, não entende este princípio. Portanto, não sabem como usá-lo para ajudar seus clientes.

Sem dúvida, é possível fechar uma venda sem precisar revelar o Motivo Dominante da Compra. Nessas situações, entretanto, o cliente geralmente já reconheceu o seu próprio motivo emocional para realizar a compra. Não importa o produto ou a situação, de um modo geral podemos classificar os motivos de compra em cinco categorias. Para ilustrar essas categorias, consideremos um caso comum à maioria das pessoas: a compra de uma casa. Por que tomamos a decisão de empenhar uma enorme quantia de dinheiro para comprar uma casa? Para a maioria das pessoas, é a maior dívida que terão na vida inteira. Mesmo que você ainda não tenha pensado nisso, um dia ainda vai pensar. Ou pelo menos conhece alguém que o fez.

Neste caso, vamos supor que moramos em um apartamento e decidimos que chegou a hora de comprar uma casa. Por que sair do apartamento? Afinal, nele temos o serviço de manutenção incluído, uma linda piscina, e o gasto mensal é de apenas um terço do que custaria uma casa. Por que abrir mão de tudo isso e ir para um lugar onde a manutenção ficaria inteiramente em nossas mãos e onde teríamos uma dívida enorme, isso sem falar de outros encargos financeiros como o seguro e impostos, e todas as "coisas" novas que fazem de nossa casa um lar? Quando pensamos na coisa com base na realidade, não seria uma coisa lógica de se fazer.

Mas não compramos por lógica. Tomamos uma decisão emocional que justificamos usando a lógica. Podemos ter pensado: "Vamos abater os juros com descontos nos impostos. Isso já é uma compensação. Vamos aumentar o nosso patrimônio líquido. A longo prazo, se continuarmos no apartamento, não estaríamos usando nosso dinheiro da melhor maneira." Tudo isso são razões lógicas que sustentam nossa decisão.

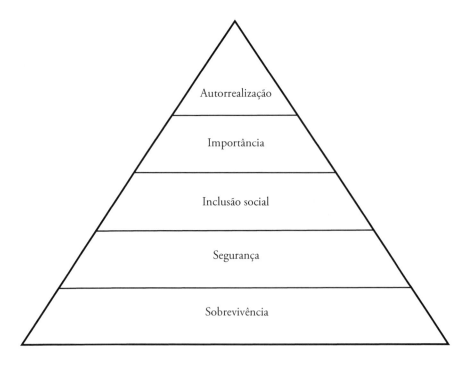

Figura 5: Motivos Dominantes de Compra

Mas a verdade nua e crua é que geralmente se compra uma casa por um motivo emocional.

Talvez precisemos comprá-la porque não temos mais onde dormir. Uma questão de sobrevivência. Ou talvez queiramos sentir a segurança de sermos o dono de nossa própria casa. Existe também a possibilidade de comprarmos uma casa por um sentimento de inclusão social, de forma que nossa família se sinta como parte de uma comunidade. A compra de uma casa também pode nos proporcionar uma sensação de importância, porque nossa família e conhecidos poderão olhar para nós com admiração e dizer "Nossa, que casa! Você conseguiu!". Ou ainda, pode ser que estejamos apenas procurando nos realizar, pois ao comprarmos a casa dos nossos sonhos, nos sentimos bem por termos feito a escolha certa.

Qualquer dos motivos acima que tenha sido o que nos estimulou, este foi o nosso Motivo Dominante da Compra — a razão emocional que nos fez tomar a decisão de trocar o apartamento por uma casa.

Nós temos um Motivo Dominante de Compra até mesmo quando tomamos decisões rápidas como onde ir almoçar. Estamos com fome e temos o dinheiro para comprar comida, portanto somos um cliente em potencial. Mas nosso Motivo Dominante de Compra da sobrevivência pode nos levar à mesa das saladas e não à mesa das sobremesas.

Mary Sue Stallings vende produtos financeiros para o Lexington State Bank em Lexigton, Carolina do Norte. Ela é uma de muitas vendedoras que valoriza o que o Motivo Dominante de Compra significa em suas relações de negócios.

— Fui a um jantar de comemoração pela aposentadoria de um cliente antigo de nosso banco. Ele e seu sócio eram empresários bem-sucedidos que tinham criado o próprio negócio começando de baixo. Depois de um período de crescimento e prosperidade, continuaram a se expandir e ainda aumentaram o êxito de sua empresa multimilionária. Por fim uma companhia de outro estado que queria comprar a empresa deles fez uma proposta. Nosso cliente concordou em permanecer como consultor durante a transição. Pouco tempo depois, decidiu aposentar-se.

Marquei um encontro com o cliente para falarmos de seus planos e objetivos, a fim de fazermos o plano de investimentos para ele. À medida que eu ia lhe fazendo as perguntas, fiquei sabendo dos seus planos em relação à família. Percebi que aquele homem sentia muito amor por ela e queria fazer de tudo para que ficasse bem. Ficou claro que a razão emocional pela qual ele poderia tomar a decisão de fazer qualquer tipo de negócio com nosso banco, teria que ser algo que lhe desse a tranquilidade de que sua família ficaria bem protegida no futuro."Uma vez identificado o Motivo Dominante da Compra, fiz perguntas baseadas nesse motivo, a fim de identificar exatamente quais soluções eu poderia oferecer àquele cliente. Depois de termos conversado um pouco mais, sugeri que pensasse na possibilidade de abrir uma outra empresa. Pouco tempo depois, ele me ligou e queria que o Lexington State Bank o ajudasse a financiar seu novo negócio. Não somente nós lhe emprestamos dinheiro, como ele também investiu conosco parte considerável de seu capital."

Se Mary Sue não tivesse identificado o Motivo Dominante de Compra do cliente, a solução de abrir um novo negócio talvez nunca tivesse acontecido. Por quê? Porque a conversa provavelmente teria ficado girando em torno dos produtos do banco, e não nas circunstâncias únicas do cliente. Ao entender as emoções por trás da decisão do cliente, ela pôde lhe oferecer uma solução que foi além de simplesmente investir o dinheiro. Mary Sue identificou o seu motivo e o ajudou a alcançar um objetivo importante.

O PROCESSO DE QUESTIONAMENTO: O SEGREDO DO DESENVOLVIMENTO DE SOLUÇÕES

Quando chega a hora de fazer perguntas, todos temos boas intenções. Mas será que conseguiremos passar da superfície e fazer perguntas que realmente ajudem a determinar o interesse primário e o Motivo Dominante da Compra?

Para muitos de nós, a resposta é não. Isto não significa que vamos às reuniões despreparados para coletar informações. Significa apenas que não nos preparamos da maneira correta.

Pense nisso: quantas conversas de vendedores começam com perguntas do tipo "Qual é o seu orçamento?", "Que tipo de equipamento você quer?", "Quais são os seus projetos?", E por aí vai. Sem dúvida, estas são questões que terão que ser levantadas em algum momento da conversa. Mas se começamos por aí, ou se paramos aí, o que estamos fazendo de diferente dos outros vendedores? O que estamos aprendendo com o possível cliente, diferentemente do que a concorrência já conhece?

Lembre-se, mesmo que as pessoas estejam comprando os mesmos produtos e serviços básicos, geralmente vão estar comprando por motivos lógicos e emocionais diferentes. Se aprendermos a fazer as perguntas certas e escutarmos para aprender, o cliente sempre nos dirá exatamente o que quer comprar e por que ele quer comprar. Com esta informação, podemos desenvolver a apresentação de nossa solução de maneira a demonstrar nosso interesse, nossa visão e nossa capacidade de falar a língua do outro.

Grag Jacobson, da empresa American Power Conversion, Washington, D.C., viu logo a ligação entre as perguntas eficazes e o desenvolvimento de soluções.

— Em um caso específico, meu cliente era o Departamento de Correios dos Estados Unidos. Eu trabalho com proteção de redes elétricas, o que significa que vendemos sistemas de geradores com baterias e filtros de linha para centros de dados e suas redes de equipamentos. Estávamos concorrendo com duas empresas que aparentemente tinham soluções tão boas quanto as nossas. Por sorte eu já estava sabendo disso e me preparei.

"Descobri que quando todos os demais fatores são iguais, as pessoas preferem comprar com pessoas de quem gostam ou com pessoas que dão valor ao que é importante para elas. Portanto eu precisava encontrar uma maneira de fazê-los perceber que eu de fato me preocupava com as prioridades deles, e que poderia atendê-las uma a uma.

"Fiz perguntas e mais perguntas sobre as dificuldades específicas que encontravam, quais eram os seus objetivos, e o que estava impedindo que os alcançassem, e assim consegui chegar ao fundo da questão. Acabei sabendo que além de precisarem de proteção para a rede elétrica no centro de dados, eles desejavam que esta proteção passasse a fazer parte de toda a rede de operações. Isto significava que, na verdade, queriam usar alguns de seus próprios softwares em interface com os nossos equipamentos.

"Isto era algo que podíamos perfeitamente fazer. Eu podia prever como iria funcionar. O que eu logo percebi foi que a concorrência nem desconfiava que o cliente pudesse ter essa preocupação. Felizmente, por ter feito muitas perguntas, consegui que eles se abrissem e me passassem informações que não haviam dado aos meus concorrentes. Com quem você acha que eles iam querer comprar, a essa altura? Todos os demais fatores sendo iguais, eles compraram de quem havia entrado em seu mundo e dado solução às suas necessidades específicas. Posso dizer que esta foi a minha maior venda do ano, e que me trouxe vários outros negócios também."

Elizabeth Leleu, dona de parte da empresa Sonatex Laminating Canada, Inc., descreve como o fato de ter feito as perguntas certas a ajudou a enviar as amostras certas a um cliente.

— Eu estava ao telefone com o departamento de vestuário da CCM, nosso cliente número um. A pessoa com quem falei estava procurando um tecido para confeccionar camisas de futebol. Se eu tivesse anotado apenas esta solicitação por alto, teria desperdiçado o tempo do cliente e o meu.

"Em vez disso, comecei a fazer perguntas mais específicas, para saber como iriam utilizar o tecido e que durabilidade precisavam que tivesse. O tecido que a CCM estava procurando era para fazer ombreiras e cotoveleiras. Sabendo que queriam proteções acolchoadas, fui procurar um tecido que oferecesse proteção e maior durabilidade. Antes de enviar as amostras ao cliente, escolhi as mais adequadas, em vez de fazê-lo perder tempo olhando tecidos que não seriam apropriados."

Será que esses vendedores têm vantagem sobre a concorrência? Sem dúvida. Os melhores vendedores sabem reunir informações de forma eficiente e usá-las para desenvolver soluções únicas que realmente satisfaçam desejos e necessidades dos clientes.

UM BOM COMEÇO

Antes de perguntar, é importante fazer uma declaração do propósito de nossa conversa, ou já termos uma declaração de credibilidade.

Uma vez estabelecida a credibilidade, imediatamente devemos manter a conversa concentrada nas necessidades do cliente. Lembre-se, cada um tem suas questões e seus motivos para comprar. Então, quando se trata de reunir informações, vale a pena levar um tempo preparando as perguntas iniciais que dizem respeito a cada pessoa em particular.

A informação de pré-abordagem é muito importante nesse caso. Vamos supor que queremos vender publicidade pelo rádio, e que nosso possível cliente — dono de uma academia de ginástica nova — não faz publicidade. Ficamos sabendo que uma outra academia perto dali tem três vezes mais clientes novos por mês, porque seus preços são 15% mais baixos. Sabemos também, entretanto, que a academia do nosso cliente na verdade oferece uma relação custo/benefício melhor devido ao que vem incluído na mensalidade. Por esta razão, acreditamos que a publicidade pelo rádio será uma boa maneira de divulgação dos benefícios do produto, pois irá alcançar o seu público-alvo.

Armados de nosso conhecimento de pré-abordagem, poderíamos fazer uma de nossas perguntas de abertura da seguinte maneira: "Você poderia, por favor, me contar como os seus representantes de venda estão reagindo ao fato de outra academia de ginástica, na mesma rua, estar oferecendo a matrícula por um valor 15% abaixo da sua?"

É evidente que esta pergunta faz mais efeito do que apenas dizer: "Fale-me das dificuldades que vocês estão enfrentando." Por quê? Porque falamos do que tem importância para o cliente, e é uma maneira de mostrarmos que conhecemos as dificuldades de seu mundo.

Ao entrarmos no mundo da outra pessoa, nossas perguntas naturalmente chamam mais a atenção. Se o cliente olhar para nós e disser "Boa pergunta! Eu nunca havia pensado nisso antes", é um bom sinal de que a conversa está caminhando nos trilhos.

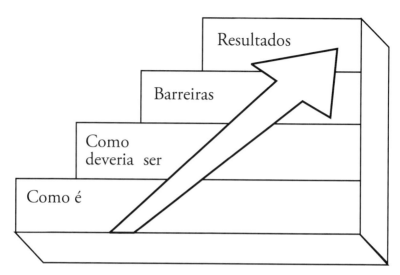

Figura 6: Processo de perguntas

Os vendedores que conseguem fazer perguntas boas conseguem descobrir detalhes que os concorrentes nunca vão descobrir: ficam sabendo o que tira o sono do cliente. Eles entendem suas frustrações. E sabem com exatidão quais são as oportunidades que o cliente está perdendo por não saber que elas existem. O que acontece, então? Esses vencedores deixam de ser vistos como vendedores. Eles passam a ser fontes de recursos que sabem muito bem o que realmente interessa ao cliente.

FLUXO DO PROCESSO DE PERGUNTAS: COMO É, COMO DEVERIA SER, BARREIRAS E RESULTADOS

Se entendemos que o propósito de fazer perguntas é descobrir o interesse primário, o critério de compra, outras considerações e — mais importante — o Motivo Dominante da Compra, então, que tipo de pergunta devemos fazer?

Devemos simplesmente fazer perguntas que levem às respostas que falam da situação atual do cliente, onde ele quer chegar no futuro, o que o impede de alcançar a situação ideal e qual será o retorno quando ele chegar lá. Este modelo de questionamento é o que chamamos de "Como é, Como deveria ser, Barreiras e Resultados".

As perguntas de "Como é" nos dão uma visão da situação atual do cliente. Podemos ficar sabendo se nosso cliente sente falta de relatórios atualizados por parte do atual fornecedor. Ou podemos descobrir que algo como transporte, por exemplo, pode ser um problema.

As respostas às perguntas de "Como é" nos ajudarão a determinar quais dos nossos produtos e serviços atendem às necessidades do cliente. Sem um entendimento claro dos pontos fortes e fracos da situação atual, não temos base para desenvolver uma solução.

Quando já tivermos feito as perguntas que determinam a situação presente, precisamos saber aonde o provável cliente pretende chegar. Essencialmente, as perguntas de "Como deveria ser" representam uma descrição verbal de como as pessoas veem a si mesmas ou a sua empresa quando tudo está correndo bem.

Precisamos também fazer as perguntas sobre "Barreiras" para saber que tipo de influência impede o cliente de alcançar o seu "Como deveria ser". Algumas vezes, pode ser algo simples como um orçamento. Outras vezes, é mais complicado, como ter que reequipar uma fábrica inteira. Barreiras podem incluir orçamentos, tarifas, impostos, diferenças de idiomas, geografia, compatibilidades, e até custos de entrega.

Algumas vezes, as barreiras também podem ser objeções. Como saber a diferença? Na maioria dos casos, mas nem sempre, as barreiras são coisas que escapam ao nosso controle e que podem não ter nada a ver com nossos produtos e serviços. Como não podemos controlar tarifas, em geral isto é uma barreira. Questões de orçamento, por outro lado, podem ser tanto uma barreira como uma objeção. Temos que julgar cada situação em separado. Se não tivermos certeza, devemos continuar fazendo perguntas até poder esclarecer o assunto.

Finalmente, as perguntas sobre "Resultados" revelam o retorno emocional que nosso cliente receberá quando alcançar sua situação ideal.

Como você já deve ter percebido, as respostas às perguntas sobre "Resultados" estão diretamente ligadas ao Motivo Dominante da Compra. Seu cliente recebe um bônus por economizar dinheiro para a companhia? Ou deixaria de ser pressionado pelo patrão por causa de entregas extraviadas? Vai conseguir ter mais tempo livre para passar com a família? Sente-se bem por trazer um benefício para a empresa? Tudo isso são resultados. Lembre-se, a resposta a estas perguntas não é "maior produtividade". Esta é a resposta para a pergunta "Como deveria ser". A resposta à pergunta "Resultados" é como o cliente se beneficiará com o aumento de produtividade. Simplesmente, o que ele ganha com isso?

PERGUNTAS QUE AJUDAM OS COMPRADORES A VEREM AS SUAS NECESSIDADES DE FORMA MAIS CLARA

Quando adquirimos experiência com o modelo do "Como é, Como deveria ser, Barreiras e Resultados" é comum encontrarmos uma lacuna: a diferença entre a situação real do cliente e como ele gostaria que fossem as coisas. Como vendedores profissionais, o fato de podermos reconhecer esta lacuna nas vendas nos ajuda a ser mais eficientes no trabalho junto aos clientes. Por quê? Por que poderemos ajudá-los a ver as coisas de maneira mais clara. O cliente pode chegar a se convencer de que precisa mudar seu *status quo*.

A lacuna entre o "Como é" e o "Como deveria ser" é mais evidente em certos casos. Considere o caso de um gerente de fábrica que teve que suspender uma linha de produção devido a uma máquina antiga que parou de funcionar. A lacuna para ele é óbvia. A sua situação representa um tempo de produção perdido. A situação desejada é de poder consertar o equipamento e trabalhar para poder responder à demanda dos clientes.

Em outros casos, a lacuna nas vendas é mais difícil de ser identificada, ou pode até mesmo ser inexistente, na mente do comprador. Veja, por exemplo, uma vice-presidente de recursos humanos que encomenda sua folha de pagamentos a um mesmo fornecedor há dez anos. Ela está satisfeita com o trabalho. Sua situação atual, não necessariamente lhe dá motivos para mudar. Na verdade, pode ser que procurar um novo fornecedor para as folhas de pagamento não esteja sequer em sua lista de prioridades. Ela não vê nenhuma lacuna.

Ambos os casos são desafios comuns em vendas. Enquanto as situações atual e desejada do gerente da fábrica eram bem óbvias, ele poderia estar considerando várias empresas para fornecer a peça quebrada do equipamento. Portanto, o que o vendedor tem a fazer é convencer o gerente da fábrica de que a sua empresa é a escolha certa.

No caso do diretor de recursos humanos, o trabalho do vendedor é descobrir a brecha de vendas. Como? Usando o modelo de questionamento. A medida que a compradora for respondendo às perguntas "Como é", "Como deveria ser", "Barreiras" e "Resultados", ela poderá começar a pensar que as coisas poderiam ficar melhores do que estão. Na prática, ela diminui o conceito que tem da situação atual, e aumenta as expectativas em relação ao fornecedor de folhas de pagamento.

De qualquer maneira, estaremos mais bem preparados para oferecer uma solução. Saber onde estão e aonde querem chegar os nossos clientes, é o primeiro passo para podermos ajudá-los a alcançar os seus objetivos.

EM AÇÃO: O MODELO "COMO É, COMO DEVERIA SER, BARREIRAS E RESULTADOS"

George Haas, um profissional de vendas da Contractors Sales Company em Albany, Nova York, relata uma história de como o modelo de questionamento o ajudou a desenvolver uma solução única para um de seus clientes.

George sabia que o seu cliente poderia solucionar vários problemas de produção se encomendasse equipamentos novos em vez dos equipamentos usados que ele vinha pedindo a mais de três décadas.

— O desafio era convencer o pai e os filhos, o dono e os operadores do negócio, de que um novo equipamento iria produzir produtos de melhor qualidade, mais rápido e mais eficientemente do que a máquina antiga. Eles eram donos de uma pedreira e de uma fábrica de asfalto. A britadeira, que é o tipo de máquina que eu vendo, é um item fundamental para o andamento do negócio, pois ela permite fazer todos os tipos de brita necessários. Ela precisa produzir constantemente, fabricando milhares de toneladas por ano de brita em tamanhos diversos, para obter os resultados desejados.

"Aplicando o processo de questionamento, percebi que a situação 'Como é' deles era que o equipamento existente funcionava, mas não tinha capacidade de produzir um material que atendesse às especificações. As peças de reposição ainda estavam disponíveis, mas algo tinha que ser feito no processo como um todo para que eles continuassem a fazer produtos competitivos.

"A situação 'Como deveria ser' deles era a de poder produzir material de qualidade, com um equipamento que não precisasse atenção constante nem consertos. Na verdade, durante a minha conversa com esse cliente, o maquinário antigo se quebrou e um amigo emprestou-lhes uma máquina para poderem terminar a temporada de construções. Assim mesmo, eles ainda estavam pensando em consertar a máquina antiga.

"A 'Barreira que os impedia de alcançar a condição de 'Como deveria ser' era o tempo que perdiam fazendo a manutenção das máquinas. Cada vez que a produção era interrompida, a fábrica era afetada pelo impacto negativo em todos os setores, da venda direta de pedras aos clientes até a produção de asfalto na outra ponta da operação.

"A esta altura, eu já podia ver que o Fundamental, ou o Motivo Dominante da Compra, era a sobrevivência. O êxito da empresa a longo prazo seria prejudicado se eles não conseguissem diminuir o tempo gasto com a manutenção do equipamento."

George vendeu a máquina, sua primeira venda de uma máquina nova, apelando diretamente para o Motivo Dominante da Compra, que era a sobrevivência do negócio. Ele expôs também as Barreiras encontradas pelo cliente, e outras considerações, ao mostrar a capacidade de sua empresa de atendê-los caso tivessem qualquer problema com a máquina nova. Dessa forma, ele fez o cliente cruzar a ponte do "Como é" para o "Como deveria ser".

Robert Kuthrell, especialista em investimentos da Charles Schwab em Westmont, Illinois, também sabe do valor que tem o modelo de questionamento para se identificar questões que são importantes para o cliente. Em certa ocasião, ele conseguiu manter um cliente que já havia ameaçado trocar de fornecedor.

— Recebi uma ligação do meu vice-presidente regional, bastante aborrecido, dizendo que ele tinha acabado de falar com um de nossos melhores clientes, que estava planejando transferir a sua conta de 3,7 milhões de dólares para outra firma

"Liguei imediatamente para esse cliente, para saber porque ela queria cortar relações com a Schwab. Ao fazer-lhe perguntas para esclarecer a verdadeira razão, descobri que ela estava satisfeita com muitos dos serviços, mais insatisfeita com o resultado de seus investimentos recentes. Utilizei o modelo "Como é", "Como deveria ser", "Barreiras" e "Resultados" para identificar sua fonte de insatisfação real. Detectei que ela estava procurando por uma orientação mais personalizada, de modo que combinamos um encontro para discutir melhor a situação.

"Quando analisei a situação geral, percebi que minha cliente tinha expressado desejo e necessidade em delegar a responsabilidade de acompanhamento dos investimentos para um profissional. E essa era a verdadeira razão dela para querer deixar a Schwab. Ela explicou que antes do seu esposo falecer, eles manejavam suas finanças por intermédio de um administrador financeiro e achavam que esta era a chave de seu sucesso.

"Continuei sondando e pude entender melhor a situação atual de nossa cliente (falta de conhecimento financeiro especializado); a situação 'Como deveria ser' (uma relação de confiança que lhe permitisse delegar as decisões do dia a dia); a 'Barreira com a qual ela deparava (a necessidade de orientação pessoal) e o Motivo Dominante da Compra (a tranquilidade de saber que os seus investimentos estavam sendo administrados por um profissional de confiança).

"Procurei entender os seus interesses, concentrando-me em suas necessidades e circunstâncias, e consegui reunir informações suficientes para poder recomendar-lhe uma solução viável, na qual ela não correria maiores riscos: recomendei a rede de administração financeira da Schwab, que conta com aprovação nacional e tem tarifas determinadas para cada serviço, e lhe disse que com prazer eu poderia acompanhar o processo de entrevistas para a escolha.

"Encontrei-me com ela várias vezes durante as semanas seguintes. Ela acabou aceitando trabalhar com um agente escolhido de uma pequena lista que fizemos juntos, baseados em suas necessidades de investimentos. No final, esta cliente cancelou a transferência de contas e criou uma boa relação profissional com o agente financeiro de sua área."

Liz Dooley, representante de vendas de Baltimore, Maryland, se lembra de como o modelo de questionamento a ajudou a se comunicar melhor com os gerentes de compras que eram os seus primeiros contatos na venda de programas de uniformização para grandes clientes corporativos.

— Uma ocasião, eu estava trabalhando com uma empresa de transporte rodoviário. Encontrei-me com o gerente de compras para falarmos sobre a uniformização de sua empresa. Anteriormente, eu havia sido intimidada por uns agentes de compras muito agressivos. Mas desta vez fui decidida a aplicar o modelo de questionamento e a dar o mínimo de informações possível a respeito dos produtos e serviços da minha empresa.

"Então, planejei uma série de perguntas. Escrevi tudo no papel: 'Como é, Como deveria ser, as Barreiras e o Resultado.' O que normalmente seria uma reunião curta acabou durando mais de uma hora. Fiz muitas perguntas e deixei a pessoa falar. Fui embora com cinco páginas de anotações, e já conhecendo o motivo emocional pelo qual ela queria assumir o compromisso da compra.

"O resultado foi que com isso eu pude preparar uma proposta que realmente se adequava às suas necessidades específicas. Ela imediatamente passou a proposta à diretoria, e eu tive a oportunidade de apresentar a minha solução ao escalão superior. Não creio que pudesse ter conseguido os mesmos resultados se não tivesse empregado o modelo de questionamento e se não tivesse dedicado tempo para escutar as respostas do comprador."

Construir confiança escutando com atenção

> *O segredo para influenciar as pessoas não está em ser muito falante, e sim em saber escutar. A maioria das pessoas, para tentar fazer as pessoas pensarem como elas, fala demais. Deixe a pessoa falar à vontade. Ela sabe muito mais a respeito de seus próprios negócios e problemas do que você. Portanto, faça perguntas, e deixe que a pessoa fale como são as coisas.*
>
> Dale Carnegie

Fazer as perguntas de maneira eficiente é apenas parte da equação de coleta de informações. Como ilustra o exemplo de Liz Dooley, saber escutar e entender as respostas é diferente.

Quando pedimos aos participantes que nos digam o que foi mais proveitoso em todo o programa de treinamento, eles respondem sem dúvidas: "Aprendi a escutar."

Contrariando a crença popular, vender não é um jogo para quem tem "o dom da lábia". Pense em Sherlock Holmes, Columbo, Fox Mulder, do filme *Arquivo X*, ou qualquer outro investigador famoso. Você pode imaginar como essas pessoas poderiam resolver mistérios e outras situações complicadas se falassem o tempo todo?

Falando nisso, líderes em qualquer área de negócios alcançam o sucesso por saberem escutar. Segundo o *Looking Out, Looking In*, livro escrito por Ronald

B. Adler e Neil Towne, um estudo que observou a ligação entre a capacidade de escutar e as carreiras bem-sucedidas, revela que os indivíduos que sabem escutar alcançaram os níveis mais altos em suas organizações. A capacidade de escutar bem também foi relacionada ao poder de persuasão, demonstrando que quem sabe escutar também sabe falar bem.

O profissional de vendas não é uma exceção. Se olharmos os vendedores muito bem-sucedidos, veremos que a sua capacidade de ouvir é superior à da maioria.

O livro de Dale Carnegie e Associados, *The Leader In You* (O líder em você), diz: "As pessoas sempre gostam de ser ouvidas, e quase sempre dão atenção a quem as escuta. Escutar é uma das melhores técnicas que temos para mostrar respeito pelos outros. É uma maneira de demonstrarmos que as consideramos importantes como seres humanos. É a nossa maneira de dizer: 'O que você pensa, faz e acredita é importante para mim.'"

NÍVEIS DE ESCUTA

É desnecessário dizer que podemos todos nos lembrar de momentos em que escutamos atentamente o que uma pessoa tinha a dizer. Por outro lado, também já nos encontramos em situações em que fingimos escutar, porque nossa mente não estava se concentrando na conversa.

Ambas as situações são padrões normais de nossa capacidade de escutar. Na verdade, em nosso Treinamento de Liderança para Gerentes, nós identificamos quatro níveis de escuta. Nosso objetivo como vendedores é alcançar o nível mais alto possível: escutar para entender.

> **Nível 1: Ignoramos.** Como profissionais, não ignoramos intencionalmente as pessoas com as quais nos reunimos. A ideia, neste nível de escuta é: devemos reconhecer que podemos não estar prestando tanta atenção aos nossos clientes quanto deveríamos. Por outro lado, nossa capacidade de ignorar às vezes pode nos ajudar a nos tornarmos melhores ouvintes. Temos que aprender a ignorar as distrações, tais como telefones tocando, colegas de trabalho que falam demais, ou outras interrupções que possam atrapalhar nossa concentração.
>
> **Nível 2: Fingimos que estamos escutando.** Às vezes, fazemos de conta que estamos escutando. Durante uma venda, fingir estar escutando pode ser perigoso. Os clientes provavelmente vão perceber nossa falta de atenção durante a reunião. E se não se derem conta durante a reunião, podemos quase apostar que vão notar quando apresentarmos a solução. Se não

escutamos bem, corremos o risco de não poder oferecer uma solução que atenda às suas necessidades específicas.

Nível 3: Escutamos para responder. A maioria dos vendedores se encaixa nesta categoria. Assim que o cliente diz alguma coisa, queremos oferecer uma solução. Aprender a escutar o nosso cliente significa pararmos de pensar antes dele e começarmos a pensar em tempo real. Na maioria dos cenários de vendas, isto significa que ainda que tenhamos a ideia de uma solução durante nossa conversa com o cliente, não devemos interromper. Temos que evitar a tendência de "dar o bote" na mesma hora, quando vemos que podemos ter uma forma de ajudar. Mais adiante neste capítulo damos uma sugestão de como podemos superar esta tendência. Podemos ser muito mais eficientes se resistirmos à tentação de responder, e se deixarmos o cliente falar. Afinal, quanto mais o cliente falar, mais informações poderemos juntar.

Nível 4: Escutamos para entender. Sem dúvida, este é o nível mais alto possível no processo de escuta. Ao escutar para entender, escutamos verdadeiramente, em vez de escutarmos automaticamente. Eliminamos as distrações. Não fingimos que estamos escutando o que o cliente diz: escutamos de verdade. E não ficamos tentando oferecer soluções antes do cliente terminar de falar.

DICAS PARA ESCUTAR MELHOR

Assim como em qualquer aptidão, saber escutar requer prática. Aqui estão algumas dicas para aprimorar sua capacidade de escutar.

Mantenha-se concentrado. Se todos concordamos que escutar é uma habilidade importante, por que isto é tão difícil para a maioria de nós? Sem considerar as preocupações e as distrações, escutar é difícil por um motivo fisiológico. Segundo Adler e Towne, apesar de sermos capazes de entender uma palestra a uma taxa de 600 palavras por minuto, as pessoas falam em média entre 100 e 150 palavras por minuto. Portanto, temos muito tempo livre para ocupar nossas mentes enquanto uma pessoa fala.

Os ouvintes eficazes utilizam esse tempo para entender melhor as ideias de quem está falando, em vez de deixar sua atenção vagar. Experimente este exercício: durante os próximos 60 segundos, concentre sua atenção em um dos seus principais clientes. Pense neste cliente e em nada mais. Marque o tempo, e no momento que você pensar em alguma outra coisa, pare o relógio. Mesmo que você esteja pensando no seu cliente e em alguma outra coisa ao mesmo tempo, pare o relógio. Como você se saiu?

Se você for como a maioria de nós, você só demorou alguns segundos. Será que isto indica alguma falha de nossa parte? Na verdade não, isto apenas nos faz lembrar que a concentração é uma área que precisa ser constantemente trabalhada.

Capte as palavras e as emoções. Com frequência, as palavras representam apenas parte da mensagem. É comum disfarçarmos nossas verdadeiras emoções por trás das palavras que dizemos. Se alguém diz "Como vai você?", nossa resposta geralmente é "Bem, obrigado", mesmo que as coisas não estejam tão bem.

Como você poderá ver quando falarmos sobre avaliação do cliente e elementos de negociação, precisamos nos tornar adeptos de ler as emoções do cliente por trás das palavras — ou dos sinais não verbais. Esses sinais podem nos fornecer dicas de compra, avisos de perigo e outras informações importantes que precisamos entender para respondermos às questões não declaradas dos nossos clientes.

Não interrompa. Nossa mente está pensando mais depressa do que a outra pessoa está falando. Portanto há uma tendência natural de fazermos comentários, mesmo que a pessoa não tenha acabado de falar. Ou, se o cliente diz alguma coisa que tenha relação direta com o que o nosso produto ou serviço pode fazer, é difícil resistir à tentação de oferecer uma solução imediatamente. A maioria concorda que as interrupções atrapalham o processo de comunicação e que representam uma das maiores dificuldades no desafio de escutar.

Como o próprio Dale Carnegie diz: "Se você não concorda com a pessoa, você pode se sentir tentado a interrompê-la. Mas não faça isso. É perigoso. A pessoa não vai prestar atenção no que você tem a dizer, enquanto ainda tiver um monte de ideias querendo se expressar. Portanto, escute com paciência e com a mente aberta."

Uma sugestão: em vez de interromper fazendo comentários, escreva tudo num bloquinho. No fim da conversa, você tem duas opções: se estiver vendendo produtos de alta rotatividade, pode começar a falar imediatamente sobre a sua solução, baseado nas anotações feitas. Se você estiver vendendo produtos de maior valor, com ciclos de venda longos, pode usar as anotações para trabalhar junto à sua equipe interna, desenvolvendo uma solução sob medida.

De qualquer maneira, você tira o pensamento da cabeça e passa para o papel, e pode voltar imediatamente a se concentrar no que a pessoa está dizendo. Claro, antes de fazer as anotações, sempre é bom pedir licença.

Evite filtrar. A filtragem é um processo natural, que se baseia em nossas experiências anteriores individuais, nossa educação, cultura, sexo, religião, e outros fatores. A filtragem tende a fazer com que nos concentremos nos pontos fortes de concordância ou de discordância. Quando filtramos, perdemos parte da visão. Não devemos julgar as pessoas baseados em quem elas são, ou no que acreditamos a respeito de um determinado assunto. Quando fazemos isso, estamos filtrando a informação de modo que escutamos só o que queremos ouvir. Pense no que acontece quando duas pessoas com opiniões fortes e divergentes sobre um mesmo assunto discutem os seus pontos de vista. Cada um está convencido de que o seu ponto de vista é o correto e nenhum dos dois está receptivo às alternativas.

Nós já vimos esse tipo de conversa. Talvez até tenhamos participado de algo assim. A questão é, quando nos reunimos com nossos clientes, não é o momento de escolher de que lado estamos.

Resuma a mensagem. Quando os clientes já nos deram bastante informação, devemos responder fazendo um resumo rápido, certificando-nos de que escutamos bem. Isto nos força a escutar para entender, em vez de escutarmos apenas para fazer anotações.

Por exemplo, podemos dizer algo como "Pois é, Charles, estou entendendo o que você diz, quer dizer que você se sente frustrado por ter que trabalhar até tarde nas sextas-feiras, porque a sua transportadora está sempre atrasada?". Isto vai mostrar ao Charles que você está tentando entender bem a sua situação. E a resposta de Charles a esta pergunta pode nos ajudar a saber se sabemos realmente do que ele está falando.

ESCUTANDO SE CONSTROEM RELACIONAMENTOS

Para Jim Tenuto, ex-vice-presidente da Merryl-Lynch e atualmente dono da Renaissance Executive Forums em San Diego, na Califórnia, saber escutar de forma efetiva foi a chave para uma das maiores vendas de sua carreira.

— Existe uma empresa privada muito grande aqui na nossa cidade — disse ele. — O dono é uma das 400 pessoas mais ricas do país. Obviamente, eu queria que a nossa empresa pudesse entrar de alguma forma no seu programa de investimentos. Quando telefonamos para lá, nos disseram que havia um executivo da própria firma que administrava todos os investimentos pessoais do dono, e os da corporação também. Então, ligamos para esse executivo, que na época era o tesoureiro-assistente. A primeira frase que saiu de sua boca não foi encorajadora: "Estou tentando me livrar dos corretores, não quero arrumar mais um. Por que eu iria querer vê-los?"

"Nós dissemos: 'Porque somos da Merryl-Lynch e temos uma pesquisa muito interessante para lhe mostrar.' Ele concordou, e nós conseguimos marcar uma hora. Em nosso primeiro encontro, ele foi muito direto: o que faríamos se ele nos desse dois milhões de dólares?

"Depois de termos feito algumas perguntas, para definir quais eram os seus objetivos a respeito dos investimentos, sugerimos uma estratégia. Ele nos pediu que escrevêssemos nossas observações em forma de proposta. Meu parceiro e eu preparamos a proposta durante o trajeto de La Jolla até o nosso escritório, em Rancho Bernardo. Anotamos todos os números, passamos a limpo e mandamos por entrega expressa no mesmo dia.

"No dia seguinte, o tesoureiro-assistente nos chamou e pediu que investíssemos aqueles dois milhões para ele. Ele disse que foi a primeira vez que alguém tinha escutado o que ele dizia. E que havia sido a primeira vez que alguém tinha se disposto a assumir o compromisso por escrito. Esta conta cresceu, chegando a cerca de 25 milhões de dólares."

Tom Saunders, banqueiro mercantil da Saunders, Karp e Cia., trabalha como conselheiro para grandes corporações orientando-os em investimentos de grandes quantias de dinheiro. Sua técnica número um: escutar os clientes.

— Tudo se resume a escutar — ele disse. — O que a pessoa tinha em mente, verdadeiramente? Por que tinha dito não? Qual teria sido a verdadeira razão por trás disso?

"Tínhamos um relacionamento de 25 anos com a AT&T, que era extraordinário. Eu acredito que tudo se devia ao fato de sabermos escutar. Eu posso te dar o mais lindo material impresso. Posso despejar uma porção de slides. Mas assim mesmo eu preciso descobrir o que é que interessa à pessoa em tudo isso. O que a pessoa tem em mente? No que ela pensa? Como ela vê as coisas?"

Lisa Foster, da Coles Printery das Ilhas Barbados, pode avaliar a diferença que o saber escutar fez em seus contatos de vendas.

— A capacidade de escutar os meus clientes me ajudou a aconselhá-los com mais confiança. Durante o primeiro ano no qual eu procurei aprimorar minha capacidade de escutar bem, minhas vendas aumentaram 155% e eu ganhei um prêmio da empresa como incentivo pelas vendas.

As perguntas bem-feitas, junto com o saber escutar podem muitas vezes revelar novas e melhores oportunidades.

Susan Cucullo, executiva de contas da agência de viagens H.A. McLean Travel Inc., de Woodbridge, Ontário, no Canadá, percebeu que o saber escutar acabou ajudando-a a encontrar um nicho de mercado para um de seus produtos.

— Nós prestamos serviços de viagens de negócios para várias grandes empresas. Ao aprimorar minha capacidade de fazer as perguntas certas e de escutar melhor, descobri que muitas das empresas que eu visitava não dispunham de um sistema de faturamento adequado para compra de viagens aéreas. Muitos dos que viajavam estavam usando os seus cartões de crédito pessoais para pagar as despesas de viagem, o que afetava suas linhas de crédito. A partir do momento que comecei a levantar esta questão entre os clientes, pude vender um produto que nenhuma outra agência de viagens possuía: a CVN, ou Conta de viagens de negócios.

"Por ter aprendido a escutar, descobri uma necessidade que a nossa agência podia atender. Agora, posso oferecer aos novos e aos antigos clientes um produto exclusivo, que as outras agências parecem não ter."

Susan se orgulha do que alcançou, apenas por ter se dedicado a melhorar suas habilidades de perguntar e escutar.

— Aprendi a não oferecer solução aos clientes até saber exatamente o que eles estavam procurando. Isto não só melhorou os relacionamentos, como também ajudou minha empresa a vender para um nicho específico de mercado.

Fica claro que uma boa combinação de capacidade de escutar, saber fazer as perguntas certas e um bom relacionamento é o que precisamos para obter bons resultados em uma primeira reunião com um potencial cliente. Mas isto não para aí. Devemos sempre usar e refinar essas habilidades, a cada vez que falamos com os clientes. Se formos eficientes nesta parte importante do processo de venda, podemos alcançar um nível de confiança essencial para qualquer relacionamento de negócios. Sem sombra de dúvida, nossos clientes vão notar a diferença. E nós também, quando se tratar de alcançarmos nosso potencial máximo como profissionais na área de vendas.

CAPÍTULO 5

Análise de oportunidades
Determinando o potencial do cliente

> Um vendedor de sucesso que fica ouvindo tudo o que todo mundo diz não será bem-sucedido por muito tempo.

Em um mundo perfeito, cada reunião de coleta de informações resultaria num ótimo cliente potencial. Obviamente, todos nós sabemos que não é bem assim. É por isso que temos que coletar informações antes de tudo. Não apenas para vislumbrar os motivos que nos ajudam a desenvolver soluções, mas também para conseguirmos todas as informações de que precisamos para determinar se, e quando, iremos tentar fazer negócio com a organização em vista.

A análise de oportunidades é crítica para o nosso planejamento de vendas. Por quê? Porque nos ajuda a alocar nosso tempo mais eficientemente. Ajuda também a focarmos nossos esforços nas pessoas com mais possibilidades de terem uma real necessidade de nossos produtos e serviços.

Infelizmente, muitos vendedores cometem o erro de abordar praticamente todos os seus clientes com a mesma tenacidade. Quando isso acontece, seus esforços geralmente acabam se diluindo. Ao invés de conseguirem um bom número de conversas produtivas com clientes promissores, estão tendo conversas com qualquer um que pareça interessado em comprar "algum dia".

Mesmo se uma companhia estiver usando um produto ou serviço similar ao que temos para oferecer, podemos descobrir que não há qualquer chance de negócio com essa empresa. Ou podemos concluir que existe a oportunidade, mas com requisitos além de nossa capacidade de atender.

Para Tom Stundis, representante de vendas da Marr Scaffolding, ao sul de Boston, Massachusets, a análise de oportunidades foi conclusiva para ele se recusar a atender irrefletidamente um pedido de um cliente que estava querendo comprar com ele.

— Minhas visitas a esse cliente em particular eram, de início, muito rápidas. Eu trazia o material informativo sobre o produto, fazia uma porção de perguntas, e me oferecia para ajudá-lo de qualquer forma possível. Em pouco tempo comecei a perceber suas necessidades e problemas, e vi uma oportunidade de atender a um deles. Era um pedido pequeno, mas me dediquei àquela venda como se fosse uma das maiores. Com o passar do tempo, os pedidos pequenos continuaram a chegar e eu atendi a cada um.

"Aproximadamente seis meses depois de minha primeira visita, o dono da empresa me chamou para tratar de uma compra significativamente maior. Quando estava lhe fornecendo as cotações e informações sobre o produto, percebi que ele estava se precipitando em sua decisão. Ele queria fazer a compra naquele dia. Eu poderia facilmente ter fechado o pedido e ganho uma gorda comissão. Mas, ao contrário do que a mentalidade de vendas tradicional pudesse sugerir, na verdade me recusei a fechar a compra naquele dia.

"Depois de algumas conversações, descobri que meu cliente iria viajar por uma semana. Sugeri que usasse aquele tempo para combinar com seu mecânico-chefe que se encontrasse comigo em nosso escritório, para que, uma vez lá, pudesse assistir a uma demonstração do produto no qual estavam interessados. Isso seria uma oportunidade para o mecânico se encontrar com nosso gerente de serviços e ver nossa loja em ação. O dono da empresa gostou da ideia.

"Passei por alguns momentos de ansiedade naqueles dias, imaginando se minha análise e decisão não teriam me levado a perder uma grande oportunidade. Fui muito pressionado por meus colegas de trabalho, que achavam que eu deveria ter fechado a compra naquele dia. Entretanto, mantive meu plano de jogo. No final a venda acabou se concretizando. Pude fazer um treinamento do pessoal da empresa do cliente e cada um recebeu certificação para o uso apropriado do equipamento.

"Quando o equipamento foi entregue, encorajei o dono a estar presente. Naquele dia, ele disse que nunca tinha se sentido tão feliz com uma compra.

"Meu relacionamento com esse cliente continua a crescer. Ele utiliza exclusivamente os nossos serviços para manutenção e transporte de seus equipamentos. Quando precisa alugar um equipamento, o preço nunca é problema. Ele me ajudou a vender várias outras unidades a outros clientes com suas referências sinceras e imparciais, as quais, tenho certeza, se devem em grande parte ao fato de eu ter me recusado a atender seu pedido imediatamente."

A decisão de Tom exigiu muita coragem. Porém, sua história é uma ótima ilustração de como a análise das oportunidades não apenas nos ajuda, como também pode ajudar nossos clientes a tomarem boas decisões.

De maneira geral, ao abordarmos uma análise de oportunidades, podemos ser mais efetivos separando as oportunidades em quatro categorias distintas.

Agora. O cliente tem uma necessidade claramente definida que precisa ser atendida de imediato.

Exemplo: Um processo de fabricação que precisa de um fornecimento constante de produtos e serviços que você pode fornecer.

Futuro próximo (menos de seis meses). Existe ou existirá uma situação que provavelmente precisará ser atendida nos próximos meses. Não se trata de uma necessidade imediata. Porém, ela é específica e previsível.

Exemplo: Uma corporação pede cotações para uma certa data no futuro; o novo orçamento de uma companhia só estará disponível dentro de seis meses; a companhia no momento está operando com um contrato que irá expirar em três meses.

Futuro distante (mais de seis meses). Existe ou existirá uma situação que provavelmente precisará ser atendida, mas que não representa uma necessidade imediata. Entretanto, assim como no caso dos clientes para um "futuro próximo", a necessidade é específica e previsível.

Exemplo: Um escritório equipado com computadores e tecnologia de comunicação que operam com capacidade limitada em um ambiente que está evoluindo rapidamente. A companhia está sendo forçada a aumentar sua capacidade computacional e de comunicações.

Nunca. Não há qualquer oportunidade para aplicação de nosso produto ou serviço naquele momento, nem é provável que haja uma oportunidade no futuro. Não vamos querer desperdiçar o tempo da pessoa com a perspectiva de negócios futuros que não existirão e precisamos mudar nosso foco para melhores oportunidades.

Exemplo: Uma companhia verticalizada tem um segmento de negócio que fornece internamente um produto ou serviço similar ao nosso.

Além de diferenciarmos as oportunidades com nossos clientes por categorias de urgência, podemos também determinar se as pessoas com quem estamos falando representam clientes qualificados. Isso é um pouco diferente da qualificação de clientes que fazemos na pré-abordagem. Na pré-abordagem estamos simplesmente tentando determinar se podemos contatar a pessoa e, sendo o caso, como podemos fazer a abordagem. Na análise de oportunidades, já nos encontramos com o cliente potencial. Nosso objetivo principal agora é determinar qual nosso próximo passo no processo de vendas.

Para determinar isso, podemos nos fazer algumas perguntas-chave sobre nossos clientes: existe alguma necessidade ou desejo com dimensão suficiente para justificar o custo? Eles têm acesso às fontes necessárias? Estamos falando com a pessoa que decide? Existe perspectiva de que este se torne um relacionamento de negócios lucrativo para ambas as partes?

Se acharmos que não estamos falando com a pessoa que toma as decisões, então precisamos voltar e adquirir mais informações para descobrir quem é que toma as decisões. Se acharmos que o negócio não é lucrativo para ambas as partes, então devemos repensar totalmente o negócio. Por outro lado, se a resposta para todas essas perguntas for sim, saberemos como proceder com confiança para apresentarmos a solução no momento certo.

Marco Carrara, um sócio da Andersen Consulting Italia (agora Accenture), conta como adotou uma ampla estratégia em torno da análise de oportunidades dentro de sua organização.

— Até alguns anos atrás, nossa maneira de abordar o mercado era essa: todas as oportunidades eram trabalhadas. Aceitávamos todos os clientes. Os sócios faziam vendas e tomavam decisões conforme seu próprio entendimento.

"Então, mudamos nossa estratégia. Nossa companhia decidiu se dedicar em equipe às oportunidades maiores, em vez de se dedicar a várias oportunidades pequenas de forma individual. Estabelecemos parâmetros para os tipos de oportunidade que desejávamos trabalhar. Mas sabíamos que para adotar essa estratégia precisaríamos de um método para analisar cada oportunidade e determinar se ela atendia aos parâmetros.

"Criamos quatro categorias distintas: 1) O cliente merece ser analisado? 2) Em que extensão o cliente pode se beneficiar com nosso trabalho? 3) Qual a probabilidade de conseguirmos o serviço? 4) Qual a probabilidade de termos a capacidade de fazer um bom trabalho?

"Em seguida, atribuímos ao cliente uma pontuação em cada uma das categorias. Com base na pontuação total, decidimos se vamos procurar fazer negócio com esse cliente.

"Poucos anos após termos iniciado a aplicação dessa abordagem, nossa carteira de clientes mudou radicalmente. Desde que começamos a analisar cada oportunidade sistematicamente, o número de clientes caiu praticamente pela metade, enquanto o tamanho médio dos clientes foi multiplicado, triplicado ou quadruplicado. Nosso staff cresceu, mas não nosso número de clientes. Isso diz muito sobre o poder da análise de oportunidades."

Como a história de Marco ilustra, ter um sistema para analisar oportunidades depois de coletarmos as informações assegura que vamos trabalhar os tipos de clientes potenciais com que queremos fazer negócio. Embora as categorias da Andersen sejam diferentes daquelas que apontamos em Alta Performance em Vendas, elas são eficazes para ajudar a organização a atingir algumas importantes metas de vendas.

O fato é que um sistema de análise de oportunidades assegura que estamos planejando nossa estratégia de vendas, e não simplesmente vendendo por instinto. Profissionais de vendas que gerenciam seus clientes com essa sistemática geralmente estão mais capacitados a atingir e suprir as necessidades do cliente e consequentemente conseguir mais vendas. Pense a coisa da seguinte forma: tentamos com afinco valorizar o tempo de nossos clientes. Por que não tentarmos valorizar nosso próprio tempo com a mesma dedicação?

Qualifique seus clientes

Seu cliente está qualificado? As respostas às perguntas abaixo ajudarão você a decidir.
- A necessidade ou o desejo de compra são grandes o suficiente para justificar os custos?
- O cliente tem acesso aos recursos necessários?
- A pessoa em questão é quem toma as decisões?
- Essa relação comercial pode se tornar vantajosa para ambas as partes?

CAPÍTULO 6

Desenvolvimento da solução
*Proporcionando aos clientes
o que eles querem*

"Vender, para ser uma grande arte, deve envolver um interesse genuíno nas necessidades da outra pessoa. Do contrário, é apenas uma forma sutil e civilizada de apontar uma arma para uma pessoa e forçá-la a uma rendição temporária."

H. A. OVERSTREET

Quando se trata de fornecer soluções a nossos clientes, precisamos ter certeza que estamos nos sobressaindo na multidão de vendedores que estão competindo pelo mesmo negócio. Como atingir esse objetivo? Dando a nossos clientes soluções endereçadas às suas necessidades específicas, bem como às suas razões emocionais, que os levam a tomarem a decisão de compra.

— Claro — dizemos. — Nós fazemos isso. Temos orgulho em fornecer boas soluções. Somos solucionadores de problemas.

Em certa medida, a maioria dos vendedores é solucionadora de problemas, ou pelo menos pretende ser. Porém, precisamos nos perguntar se realmente estamos proporcionando as melhores soluções possíveis. Estamos de fato analisando as necessidades de nossos clientes na dimensão que eles necessitam que elas sejam analisadas?

> Dois funcionários de um departamento de compras estavam conversando sobre um novo produto. Um disse: "Eu quero saber mais a respeito desse produto." O outro sugeriu: "Pergunte ao vendedor." "Ah", disse o primeiro, "não quero saber tanto assim."

Como já vimos, nosso sucesso no desenvolvimento de soluções únicas está diretamente ligado a quão bem fazemos as perguntas e escutamos as respostas.

Já determinamos o interesse básico? Conhecemos os critérios de compra? Entendemos as barreiras que se antepõem à situação pretendida pelo cliente? Já detectamos o Motivo Dominante de Compra?

Se pudermos responder sim a todas estas perguntas, provavelmente temos uma vantagem em relação a nossos concorrentes. Por quê? Lembre-se, a maioria dos vendedores proporciona soluções endereçadas aos aspectos e benefícios. Se pudermos desenvolver soluções que demonstrem a aplicação do produto no ambiente do cliente, e ao mesmo tempo atuar na razão emocional para a compra, aumentamos as chances de que nossa solução seja exatamente aquela que o cliente precisa e deseja.

Na verdade, muitas vezes o próprio cliente pode não conhecer suas necessidades. É por isso que um trabalho criterioso de coleta de informações é tão importante — e tão crucial — para a construção de uma relação de confiança com o cliente.

Por exemplo, veja a firma de John Sullivan, a Testing Machines Inc., que fabrica equipamentos de teste para a indústria de papel. Quando ele começa a desenvolver soluções verifica que, por vezes, o diagnóstico de um cliente não descreve toda a história. Portanto, quando um cliente lhe faz um pedido, ele faz questão de fazer perguntas e conseguir mais informações sobre as necessidades do cliente.

— Já tive clientes que queriam encomendar um tipo específico de equipamento — lembra-se John —, mas depois de fazer algumas perguntas específicas eu concluía que precisavam de uma solução completamente diferente. Poderíamos simplesmente ter aceito o pedido do equipamento que o cliente estava pedindo, mas isso não teria resolvido seu problema. E, no fim das contas, o cliente não ficaria satisfeito. É essencial se aplicar a solução correta ao problema e orientar o cliente para essa solução. Isso gera confiança. E é a confiança que gera clientes. Se simplesmente atendemos aos pedidos, acabamos ficando sem clientes.

Um profissional de vendas de uma companhia de telecomunicações conta uma história parecida.

— Um dia um cliente novo nos disse que precisava adicionar mais equipamentos ao seu sistema. Então, fui visitá-lo e apresentei um preço. Era caro, mas enquanto eu estava lá, percebi que seus equipamentos não estavam bem conservados. Para economizar ele mesmo vinha fazendo parte dos serviços de manutenção. Então eu disse a ele: "Vamos gastar um pouco de seus dólares e dar uma geral nos equipamentos que você tem hoje." Ele concordou, nossos técnicos foram visitá-lo e gastaram quatro horas fazendo a manutenção dos equipamentos.

"Quando completaram o serviço, constatou-se que ele na verdade não precisava comprar equipamento algum. Depois de feita a manutenção e limpeza os equipamentos existentes conseguiam executar o serviço facilmente. Pouco tempo depois recebemos uma carta simpática dele dizendo: 'Eu não acredito, vocês podiam ter tirado vantagem de mim e vendido um monte de equipamentos que eu na realidade não precisava. Mas não fizeram isso!'

"Pelo fato de termos sido honestos e abordado a situação dele como sendo especial, conquistamos sua confiança. Hoje, esse cliente não toma qualquer decisão relativa a telecomunicações sem antes falar comigo. Já lhe vendi muito mais em equipamentos do que o valor daquele primeiro contrato. E ele também nos recomendou para vários outros clientes."

Cada um desses profissionais de vendas nos contou histórias que demonstram o valor que proporcionamos ao cliente, e a confiança que podemos desenvolver, quando realmente dedicamos tempo para analisar a situação e desenvolver uma solução exclusiva.

Tendo isso em mente, precisamos recuar um pouco e dar uma olhada honesta em nós mesmos. Coletamos as informações de que precisamos para proporcionar uma solução única? Caso não, precisamos voltar e fazer mais perguntas.

Estamos proporcionando soluções muito cedo, antes de realmente entendermos a situação do cliente? Lembre-se de nossa discussão sobre ouvir, já pensando na resposta. É isso que muitos de nós tende a fazer. Antes de terminarmos a entrevista, levados pelo entusiasmo de fechar a venda, já dissemos ao cliente como nossos produtos ou serviços podem atender às suas necessidades. Por vezes, essas soluções funcionam. Mas é bastante comum elas não satisfazerem verdadeiramente os desejos e necessidades dos clientes.

Molly Geiger, representante de vendas da Standard Register em Chicago, Illinois, aprendeu essa lição em primeira mão.

— Muito embora eu saiba que está errado, ainda cometo às vezes o equívoco de assumir que já sei quais são as necessidades do cliente — diz Molly.

— Certa vez fui a uma reunião achando que já tinha a resposta para o que o cliente estava procurando. Não tinha feito muitas perguntas antes da reunião, portanto fizera algumas deduções próprias. Durante minha apresentação, eles pediram para que eu parasse e disseram que minha solução não era a que queriam.

"Nesse momento parei minha apresentação e voltei um pouco atrás. Comecei a fazer perguntas sobre a situação específica deles, sobre coisas que eram relevantes para eles. Eu me dei conta, então, do que precisava ser feito e desejei ter feito aquelas perguntas antes. É muito importante saber os fatos antes de apresentar uma solução ao cliente. Eu desperdicei meu tempo, e pior, desperdicei o tempo deles." Felizmente, eles me deixaram marcar uma outra reunião para que eu pudesse apresentar uma solução mais adequada às suas necessidades. Mas poderia muito bem ter acontecido o contrário. Aprendi uma lição importante aquele dia e não pretendo que nada parecido me aconteça novamente."

Eddie Azizian, gerente regional da Western Pacific Distributors em Hayward, Califórnia, mostra um exemplo de como o desenvolvimento de solução está fortemente ligado à nossa habilidade em coletar informações de forma efetiva e oferecer soluções no momento certo.

— Muitas e muitas vezes, nós, vendedores, nos atiramos direto para uma solução ou um estágio de venda, sem antes fazermos o levantamento dos fatos ou conquistarmos o interesse do cliente através de um questionamento efetivo — diz Eddie.

"Uma vez, por exemplo, me encontrei com um franqueado local de uma grande rede de restaurantes de fast food. Ele certamente poderia ter comprado seus equipamentos diretamente do fabricante, em vez de contatar nossa filial de distribuição. Mas procurei escutar, mais do que falar, para tentar descobrir o que meu cliente realmente desejava. Deixei que ele me falasse o que precisava, qual era o valor adicional que receberia pelo serviço local, que não obteria comprando diretamente do fabricante. Nós tínhamos condições de fornecer esse serviço para ele.

"Como resultado, consegui uma ordem de compra de valor significativo e conquistei um cliente que voltará a comprar conosco, e não diretamente do fabricante."

Na situação de Eddie, se ele tivesse abordado o cliente falando em termos gerais sobre os equipamentos oferecidos por sua companhia, os resultados poderiam ter sido bem diferentes. Por quê? Porque o cliente poderia comprar o equipamento em qualquer lugar. O que ele queria eram as vantagens de um serviço local. Quando Eddie fez perguntas relevantes e realmente ouviu as respostas, seu cliente lhe disse o que desejava.

Ignazio Manca, gerente de marketing da Onama S.p.A. em Milão, Itália, também compreende como ver as coisas do ponto de vista do cliente faz diferença no desenvolvimento de soluções.

— Quando perguntei a meu cliente sobre um novo restaurante que ele pretendia montar, ele me disse qual seria a situação ideal. Suas maiores preocupações eram uma operação eficiente, atenção aos detalhes e um lindo ambiente. Durante o processo de venda, percebi que outras companhias tinham focado mais na qualidade da comida. Comida era importante para ele, mas não era o foco de seu pensamento.

"Comecei a pensar na situação do ponto de vista do cliente e imaginei as coisas que o agradariam. Como parte da solução que desenvolvi, levei-o para ver um restaurante moderno que tínhamos construído, com características semelhantes às que ele estava procurando. Ele ficou fascinado com o belo ambiente e a elegância do pessoal que servia. Em momento algum falamos sobre a qualidade da comida. Esse cliente assinou conosco sem quaisquer dúvidas ou hesitações.

"Para mim, a mensagem aqui era desistir de sua própria ideia de qual deveria ser a solução, e pensar sobre o que o cliente está realmente pedindo."

Se vendemos produtos com ciclo de venda mais curto — como telefones celulares no varejo —, as necessidades e desejos do cliente podem ser bastante diretas e claras. Sendo esse o caso, é esperado que tenhamos soluções imediatas a oferecer. Mas, na maioria dos casos, especialmente nos produtos mais caros e com ciclos de vida longos, precisamos dedicar mais tempo. Precisamos coletar o máximo de informações que for possível, combiná-las com nosso conhecimento sobre o produto e criar uma solução que exceda as expectativas do cliente.

Criando soluções únicas

Contando com sua engenhosidade, você precisa criar formas de agregar valor a seus produtos e serviços:
- Serviço: proporcione um serviço adicional que exceda as expectativas, sem custo extra significativo.
- Entrega: identifique métodos que irão consistentemente, e em tempo hábil, disponibilizar o produto ou serviço ao cliente.
- Instalação: pôr o produto em uso, sem transtorno às operações normais.
- Financiamento/crédito: oferecer aos clientes prazos e formas de pagamento que se igualem ou excedam àqueles oferecidos por fornecedores concorrentes.
- Apoio técnico: faça o que for necessário para assegurar o mínimo de tempo parado e o máximo de produtividade.
- Treinamento: ofereça treinamento suficiente para assegurar que toda a organização se beneficie otimamente com seus produtos ou serviços.
- Outros: se você conseguir imaginar outras maneiras de tornar sua solução única, você tem ainda mais chances de estar à frente de seus concorrentes.

DESENVOLVENDO UMA SOLUÇÃO — UMA PARTE A CADA VEZ

A esta altura, já estamos em condição de dizer ao cliente quais as suas necessidades? Sem dúvida — se fizemos um bom trabalho de coleta de informações.

Quando seguimos o modelo de questionamento, ele nos aponta a direção para o interesse primário, o critério de compra, para outras considerações e para o Motivo Dominante de Compra.

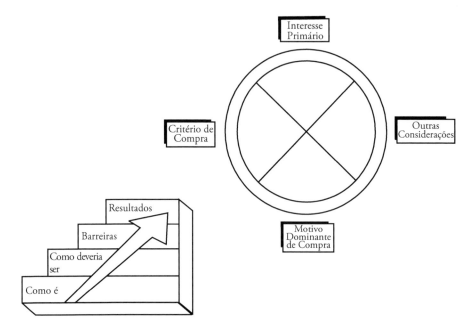

Figura 7: Respondendo a necessidades encobertas

Não se esqueça, quando desenvolvemos uma solução, devemos fazê-lo de forma tal que não reste ao cliente qualquer dúvida a respeito de nosso produto ou serviço. Estaremos respondendo perguntas como: O que é isso?, O que ganharei com isso?, Quem diz isso além de você?, Vale a pena? Cada uma das soluções que desenvolvemos deve responder a estas perguntas que estão presentes na cabeça do cliente.

Independente de quando apresentamos nossa solução, seja na reunião inicial ou mais adiante, precisamos desenvolvê-la de forma tal que passe credibilidade e faça o cliente querer fechar negócio conosco. Os blocos que compõem a solução ajudarão a assegurar que cada solução que desenvolvemos é única, para a situação específica de cada cliente. Como? Através da fragmentação do processo de solução em seis blocos distintos: fatos, pontes, benefícios, aplicação, evidência e tentativas de fechamento. Se seguirmos esse processo lógico de desenvolvimento de solução, nos forçaremos a tratar dos desejos e necessidades de cada pessoa individualmente.

Lembre-se, a maioria dos vendedores não desenvolve soluções que vão além dos fatos e benefícios. Ao compormos as soluções por blocos e aplicando-os de forma consistente, aumentamos as chances de nossas soluções serem mais significativas do que as de nossos concorrentes.

BLOCO 1: FATOS (O QUE É)

Toda solução que desenvolvemos deve conter um número de fatos inquestionáveis, que forneçam ao cliente informações gerais sobre nossa companhia, nossos produtos e serviços. Essas informações devem descrever de forma específica e verdadeira aspectos sobre nosso produto ou serviço que o cliente aceite sem hesitação. Por exemplo, a informação "Nosso edifício fica na rua Primavera, 3.712" é meramente um fato. "Nós temos em estoque peças de reposição para cada produto que vendemos" — este é efetivamente um fato.

Muitos vendedores têm a tendência de apresentar opiniões ou generalidades, confundindo-as com fatos. Uma opinião pode soar como um fato, mas geralmente o cliente percebe que se trata de nosso entendimento pessoal. Por exemplo: "As engrenagens do braço de nosso robô são as de maior qualidade entre as fabricadas." Este provavelmente é o entendimento pessoal do vendedor. A declaração pode ser verdadeira, mas a expressão "de maior qualidade" não soa muito convincente. Dizer: "As nossas engrenagens são as de maior aceitação entre as fabricadas" é melhor, mas ainda é uma generalidade.

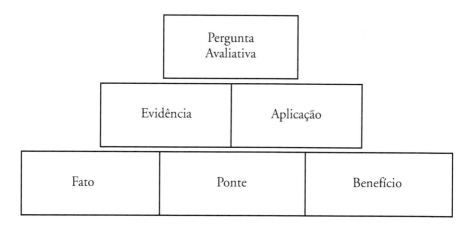

Figura 8: Blocos compondo uma solução

O comprador ainda pode achar que é uma opinião. Por outro lado, se dissermos "Segundo uma avaliação independente, nossas engrenagens duram 22% mais do que a média". Isso não soa convincente? Quando somos mais específicos nos fatos que apresentamos, os clientes têm mais confiança em nossas soluções.

BLOCO 2: A PONTE

A ponte e uma fase de transição que liga o fato ao benefício, para criar uma declaração verbal coesa. Pontes incluem palavras e expressões como "assim", "portanto", "ou seja", "então", "o que significa" e "você vai gostar disso porque". Um exemplo seria: "Temos um técnico em nossa equipe, o que significa..."

BLOCO 3: BENEFÍCIO (O QUE FAZ)

Apresentar fatos sem benefícios é como comer um hambúrguer sem carne. Afinal de contas, não queremos o hambúrguer por causa do pão. Nós o comemos pelo que tem dentro. Assim como os hambúrgueres, os fatos e benefícios combinados são o que o cliente quer ver em nossa solução.

Os benefícios se aplicam a qualquer pessoa que compra um produto ou serviço — eles não são específicos a aplicações de cada indivíduo. Os benefícios são essenciais porque eles mostram um quadro claro do que cada fato significa para o cliente. Por exemplo: "Nós temos em estoque peças de reposição de cada produto Tech que vendemos, o que significa que qualquer componente que eventualmente for necessário para manter seu equipamento funcionando estará disponível quando você precisar dele." Isso é um benefício, porque todo mundo que comprar um produto Tech será beneficiado por esta disponibilidade das peças em estoque.

Ocasionalmente, o benefício relativo a um fato sobre o produto é tão óbvio que nem será preciso mencioná-lo. Mas tenha sempre em mente que as pessoas não compram coisas, compram benefícios — o que as coisas farão por elas.

Uma boa regra sobre conhecimento do produto é "Saiba muito — fale pouco". Em outras palavras, precisamos saber o máximo possível sobre nossos produtos e serviços. Mas em nossa solução, devemos oferecer apenas as informações que sejam relevantes às necessidades, aos desejos e aos motivos do cliente.

Felizmente, a maioria das companhias faz um bom trabalho demonstrando as qualidades de seus produtos durante os treinamentos de seus vendedores. Mas por vezes vale a pena tomar a iniciativa para conseguir mais informações sobre os produtos e serviços oferecidos por nossa companhia, especialmente quando estamos vendendo para uma aplicação específica.

Conhecimento do produto e desenvolvimento de solução

- Leia revistas sobre indústria e comércio.
- Pesquise nos sites da internet.
- Leia os livros e manuais fornecidos por sua companhia.
- Pergunte a seu chefe e outros vendedores da companhia sobre aplicações específicas.
- Passe um dia ou dois com os engenheiros de desenvolvimento de aplicações ou com os usuários.
- Consiga informações com os clientes.
- Visite fábricas, linhas de montagem e escritórios depois de seu treinamento inicial no produto.

BLOCO 4: APLICAÇÃO (O QUE O PRODUTO OU SERVIÇO OFERECE A CADA CLIENTE ESPECÍFICO)

É crucial saber como transmitir ao cliente as possíveis aplicações específicas para nossos produtos ou serviços. Lembre-se, ao transmitir fatos genéricos e benefícios a um cliente, estamos nos comunicando no mesmo nível que a maioria dos vendedores. Estamos apenas informando aos clientes o que nossos produtos e serviços fazem para toda e qualquer pessoa.

Quando adicionamos as aplicações específicas, começamos a envolver o cliente falando a linguagem dele. Como? Pelo fato de a aplicação apresentada ser única para cada consumidor, mostrando claramente como ele se beneficiará individualmente de nossos produtos e serviços. A aplicação pode também fazer referência ao Motivo Dominante de Compra — a razão emocional pela qual o cliente quer o que temos para oferecer.

Pegue, por exemplo, a declaração que usamos nos blocos anteriores: "Nós temos em estoque peças de reposição para todos os produtos Tech que vendemos, o que significa que qualquer peça de que eventualmente precisar para manter seu equipamento funcionando estará disponível, quando você precisar." Agora, adicionamos a aplicação: "Desta forma, você pode conseguir as peças em menos de uma hora, em vez de ter que mandar seus equipamentos para consertar fora, ou ter que esperar o envio das peças de outra cidade ou estado. Sua equipe vai ficar mais satisfeita e reclamar menos, porque seu tempo sem operar será reduzido ao mínimo."

Obviamente, quando chegamos ao nível da aplicação, começamos a falar sobre como nosso produto ou serviço funciona para aquele cliente. Nós nos movemos para dentro de seu mundo e nos tornamos um parceiro estratégico. O cliente, então, passa a pensar: "Ei, você entende."

BLOCO 5: EVIDÊNCIA

Precisamos ter a capacidade de sustentar os elementos de nossa solução de forma que ela se mostre memorável e poderosa. Portanto, ao desenvolvermos nossa solução, temos que encontrar maneiras de incluir evidências que validem as informações que estamos apresentando ao cliente.

As evidências são uma grande ferramenta para ajudar a dirimir as dúvidas de uma pessoa, e se constituem numa das maneiras mais fáceis de potencializar o impacto de nossas soluções. Entretanto, verificamos ao longo dos anos que a coleta de informações é uma das atividades mais negligenciadas pelos profissionais de vendas. Todos sabem que deveriam fazê-la, mas muito poucos realmente dedicam tempo para que seja feita adequadamente. Novamente, você não prefere ser um daqueles vendedores que têm evidências debaixo da manga? Nós costumamos dizer: "A evidência *vence* a dúvida."

Figura 9: Evidência vence a dúvida

Demonstrações. Ilustrar um aspecto-chave de nossa solução através de uma demonstração, especialmente com o próprio produto ou serviço, é um adicional poderoso para qualquer apresentação. Como disse Percy Whiting em *As 5 grandes regras do bom vendedor*. "Um bom produto não precisa de argumentos; precisa de demonstração. Uma simples demonstração é mais convincente do que dez mil palavras. Ela venderá mais em um minuto do que sua conversa irá vender em uma semana."

Por que as demonstrações são tão eficazes em conquistar o interesse do cliente? Porque elas clamam particularmente pelo envolvimento do cliente. Enquanto uma exibição é algo que o cliente pode ver e tocar, uma demonstração traz o cliente para a ação. O cliente vê, em primeira mão, como a solução irá afetar sua companhia.

Kevin Kinney, que vendia sistemas telefônicos em Boston, Massachusets, constatou em primeira mão o impacto das demonstrações em sua taxa de fechamentos de vendas. Quando não usava demonstrações, 25 a 30% de seus clientes potenciais fechavam uma compra. Quando ele começou a incorporar demonstrações em suas soluções, sua taxa de fechamento mais do que dobrou, indo para 80%.

— Descobri o poder desta ferramenta quase que por acidente. Tínhamos um kit de demonstração que, pelo lado de fora, parecia uma mala grande. Eu na verdade não gostava muito de usá-lo porque gastava muito tempo com sua montagem e era bem trabalhoso carregá-lo de um lado para outro. Mas comecei a perceber que quase todas as vezes que o usava, eu fechava a venda.

"Num caso específico, eu ia encontrar o tomador de decisões de uma pequena cadeia de móveis de escritório. Ele estava planejando abrir uma nova loja. Quando cheguei no local, peguei o kit de demonstração de nosso sistema telefônico e o montei no meio da sala. Então, deixei ele e outros membros de sua equipe verificarem como o sistema era fácil de operar. Deixei que eles fizessem transferências de chamadas e usassem o sistema exatamente como fariam diariamente."

O resultado?

— Fechei o negócio naquele dia e o cliente pediu a instalação de mais três sistemas telefônicos na matriz e em outras filiais.

Um detalhe interessante sobre a história de Kevin: esse cliente em particular ja tinha decidido comprar o sistema com outro fornecedor antes da demonstração de Kevin.

— Precisei usar muitas ferramentas de venda para conquistar aquele cliente, mas foi a demonstração que levou à decisão de compra. E o fato do pedido ter sido confirmado naquela mesma tarde foi também bastante excitante, porque nesse ramo de negócio é rara a decisão de compra que se confirma no mesmo dia da apresentação do produto.

Você pode estar pensando: "Eu vendo um produto abstrato. Demonstrações não funcionam para mim." Este é um pensamento lógico. Mas é também exatamente o motivo pelo qual deveríamos querer lançar mão de demonstrações. Ao invés de mostrar tabelas de especificações ou folhetos, podemos, por exemplo, usar vídeos ou apresentações em PowerPoint, para obter o envolvimento do cliente.

Paul McGrath, de Sydney, Austrália, descobriu uma forma criativa de demonstração de um anúncio de rádio.

— É difícil a demonstração no negócio do rádio. O melhor que podíamos fazer era apresentar algumas estatísticas e falar de participações relativas no mercado. No entanto, minha companhia deu um passo além. Passamos a simular a produção de um anúncio exclusivo para cada cliente e editar o *tape*, para soar como se estivesse de fato sendo transmitido pelo rádio. Então, reproduzíamos o *tape* para o cliente e deixávamos que ficasse com a fita. A maioria dos clientes iria ouvi-la novamente.

"Acabamos aumentando nossas vendas significativamente com essa técnica, porque ela apelava para as emoções do cliente. Transformamos o intangível em algo tangível, fazendo apenas um pouco mais de esforço extra na ponta final da venda."

Exemplos. Sempre que nosso produto ou serviço excede as expectativas de nosso cliente, temos uma história de sucesso que podemos usar como exemplo. Quando isso acontece, precisamos adicionar a história ao nosso arquivo de evidências.

E se não conseguirmos pensar em nada? Podemos pedir a outros vendedores em nossa organização que compartilhem exemplos de sucesso que tenham observado. Podemos pedir ao nosso gerente de vendas, ou a qualquer outro executivo de nossa empresa — até chegar ao presidente da empresa, se for o caso —, que conte histórias de seu conhecimento. Quando encontrarmos um cliente que esteja particularmente entusiasmado por nosso produto ou serviço, devemos perguntar por quê.

Ao usar exemplos como evidência tenha em mente as seguintes diretrizes:

Conte a verdade. Em outras palavras, não devemos inventar histórias de sucesso. A melhor razão para não usarmos histórias inventadas é este: elas soam como inventadas.

Fale sobre o produto ou o serviço, não sobre você. As melhores histórias geralmente são as que aconteceram conosco. Sabemos contá-las melhor. Mas devemos nos assegurar de que não estamos nos fazendo de herói da história. Não compartilhamos histórias de sucesso para nos vangloriar, e sim para vangloriar os produtos e serviços que temos para vender.

Faça com que as histórias de sucesso tenham ação. As histórias devem ter uma trama, ação e, principalmente, um final feliz. Devemos dizer algo de positivo que tenha acontecido a alguém que usa os produtos ou serviços que estamos oferecendo.

As histórias devem ser relevantes. A história deve reforçar um ponto que seja significativo para a situação do cliente. Por exemplo, um agente de viagens oferecendo um cruzeiro romântico a um casal de jovens em lua de mel provavelmente não vai achar muito propício compartilhar com o casal uma história de sucesso sobre como planejou uma viagem à Europa para um grupo de idosos. Essa história não será relevante para aqueles clientes.

Fatos. No desenvolvimento de nossas soluções podemos usar não apenas os fatos como também outros fatos que deem suporte à evidência. Estamos usando fatos sobre fatos? Sim, estamos. Vamos voltar ao exemplo anterior das engrenagens no braço do robô. Após citarmos um fato e um benefício, podemos adicionar muitas razões (fatos) do porquê as engrenagens naquele robô duram 22% mais. Por exemplo, as evidências poderiam ser: "Elas são feitas em aço inoxidável. O sistema de lubrificação é selado. Cada componente é testado individualmente quanto a trincas, resistência e dimensões." Esses fatos adicionais vão dar apoio ao nosso fato-chave de que as engrenagens são mais duráveis. O uso de fatos adicionais geralmente potencializa nossa credibilidade.

Podemos também transformar fatos em declarações de menor impacto e usá-las como evidências. Por exemplo: "Esse novo sistema automatizado não é capaz de fazer tudo sozinho, mas ele é capaz de funcionar com apenas um operador, em vez de seis."

Por que deveríamos fazer uma declaração de menor impacto sobre nosso produto ou serviço? Eis aqui algumas das razões:

Evita que exageremos
Evita que nosso discurso soe como de "alta pressão" de venda
Impressiona favoravelmente nosso cliente
É convincente

Por exemplo, se dissermos: "Esse novo sistema telefônico acionado por voz irá economizar mais de uma hora de sua secretária por dia", deixamos espaço para dúvidas.

Se usarmos declarações de menor impacto, nossa credibilidade é subitamente potencializada: "Eu acredito que essa máquina irá economizar pelo menos uma hora por dia do tempo de sua secretária. Acredito nisso porque o gerente da Unity Federal me disse ontem que essas máquinas estão poupando quase duas horas por dia do tempo de suas secretárias."

Um representante de serviços financeiros do ramo bancário encontrou uma declaração de menor impacto que foi a evidência que "solidificou" seu contrato com um cliente específico. Ele a utilizou ao propor um dos produtos de gerenciamento de ativos financeiros de seu banco como solução para um cliente potencial.

— Eu disse para o cliente: "Não estou bem certo se nosso programa pode ajudá-lo a incrementar seu negócio em 28%, que é a média que obtemos com nossos clientes. Mas estou seguro que você poderia crescer uns dez por cento."

Obviamente, essa declaração pode ser eficaz e ter credibilidade. Devemos utilizar esse tipo de declaração para todos os aspectos de nossos produtos? Claro que não. Se abusarmos desse tipo de declaração, perdemos o impacto que ela possa causar. Uma solução cheia de declarações de menor impacto acabará não causando impacto algum.

Exibições. Exibições são algo que o cliente pode ver e tocar. Enquanto uma demonstração é uma forma proativa de apresentar evidência, as exibições não requerem que o cliente se envolva.

Um salão de automóveis em um grande centro de convenções é um bom exemplo de uma exibição. Podemos ver os carros de perto, sentar neles, tocá-los, e assim por diante. Mas não podemos dirigi-los. Lembre-se da história de Kevin Kinney sobre os sistemas telefônicos. Se Kevin não tivesse feito seus clientes potenciais efetivamente usarem os seus sistemas telefônicos, ele teria meramente feito uma exibição.

Entretanto, em algumas situações de vendas onde as demonstrações não são possíveis, as exibições são altamente eficazes. Gayle Herlong verificou que isso é verdade quando vendia sistemas de aquecimento e ar-condicionado.

Gayle estava prestes a fazer uma apresentação para a administradora de um hospital, que tinha deixado claro não saber muito a respeito dos sistemas de ar-condicionado e aquecimento das dependências do hospital. Além disso, ela também tinha demonstrado não ter o menor interesse em aprender mais qualquer coisa sobre esses sistemas.

Como Gayle iria fazer com que uma cliente como esta se interessasse por seu sistema?

Ela resolveu fazer uma exibição. Primeiro, tirou algumas fotografias em Polaroid dos sistemas de ar-condicionado e aquecimento existentes no hospital, especialmente das unidades no telhado, que a administradora confessara nunca ter visto. Ao tirar as fotos do conjunto dos ventiladores de admissão,

Gayle constatou que um enorme captador de ar estava cheio de pedaços de gaze e detritos. Ela foi até lá e encheu um saco plástico com sujeira gosmenta e acinzentada.

No momento adequado durante sua apresentação, Gayle mostrou à administradora as fotos dos equipamentos do telhado e, então, pegou um monte de sujeira de dentro do saco plástico. "Esta sujeira estava grudada no ventilador de admissão de sua unidade de captação de ar", disse ela. "Qual o efeito que vocês acham que tem toda essa sujeira sendo sugada para dentro do sistema de ar do hospital?"

A administradora pareceu aliviada quando Gayle se conteve em passar a sujeira às mãos dela e a pôs de volta no saco plástico, que entretanto deixou no centro da mesa pelo resto da apresentação. Essa inteligente demonstração foi uma evidência para a administradora de que o seu equipamento não estava operando com a qualidade que ela imaginava.

Por fim, contra todas as expectativas, Gayle saiu de lá com a venda fechada.

Paul McGrath, de Sydney, Austrália, conta a história de um vendedor de jatos executivos. Obviamente, esse vendedor não podia trazer consigo um jato de verdade para as salas de reunião. Então, o que ele fazia? Trazia um modelo em escala com o nome da companhia do potencial cliente já pintado na fuselagem.

Liz Dooley, vendedora da Cintas Uniforms, usou uma ideia parecida para ter acesso a um tomador de decisão:

— Eu trabalhava numa venda para uma companhia de material de escritório e não conseguia chegar ao verdadeiro tomador de decisão. Estava falando com uma tomadora de decisão secundária. Por conta disso, não conseguia fechar a venda. Tudo tinha que ser reavaliado pelo chefe dela.

"Eu precisava dar um jeito dela sair de cima do muro e obter uma decisão sobre se iríamos, ou não, ganhar o programa. Então acabei criando o uniforme dela e aprontei um conjunto de calça e camisa feito com o logotipo deles. Em seguida, fui ao escritório dela. Quando ela chegou na recepção para me receber, ficou realmente excitada ao ver a camisa. Ela disse: "Larry precisa ver isso.

"Ela me levou direto para a sala do presidente. Até o final da semana eu tinha conseguido o contrato do programa dos uniformes."

Analogias. Uma analogia pode dar apoio à nossa solução ajudando o cliente a comparar o familiar com o não familiar. Vendedores que têm prática no uso de analogias podem relacionar virtualmente qualquer item ou cenário à solução que apresentam para seus clientes.

Por exemplo: "Nosso staff técnico se parece muito com a eletricidade em sua casa. Você nem sempre está com as lâmpadas ligadas, mas quando precisa ligá-las, a eletricidade está disponível. É o mesmo conosco. Quando você precisar de nosso staff técnico, ele estará lá, 24 horas por dia. Entrar em contato conosco é tão fácil quanto acender a luz."

Veja como essa declaração pega algo familiar (eletricidade) e relaciona com uma coisa que não é familiar ou comprovada (o staff técnico) para o cliente. Fazendo essa comparação, potencializamos o entendimento do cliente de como nossa solução preenche suas necessidades.

As analogias geralmente são eficazes quando vendemos produtos complicados, especialmente para compradores que talvez não entendam os aspectos técnicos e os benefícios deles decorrentes. Compradores que serão os usuários do produto ou serviço, podem ser o caso. Por exemplo, se estivermos vendendo um software para um departamento de pagamento de contas, eles não vão querer saber como o software é configurado. Só querem saber se vão conseguir aprender a usá-lo rápida e eficientemente em seu serviço. Num cenário como este, poderíamos dizer: "Aprender a usar esse software é como aprender a dirigir um carro. De início parece complicado, mas logo depois você vai estar usando sem pensar."

Testemunhos. Tem um ditado que diz: "Um sussurro de um usuário satisfeito soa mais alto do que um grito de um vendedor." Em nossos treinamentos de vendas, frequentemente perguntamos aos nossos treinandos: 'Quantos de vocês carregam consigo qualquer tipo de carta ou documento testemunhando o sucesso de seus produtos ou serviços?" Raramente mais de 20% dos presentes levantam a mão. No entanto, qual evidência pode ser melhor do que apresentar uma declaração de um cliente satisfeito?

Assim como os exemplos, os testemunhos são um tipo de evidência que obtemos como resultado de termos ultrapassado as expectativas do cliente. Geralmente, os testemunhos reconhecem a capacidade de nossa empresa, de forma escrita ou falada, e vêm de alguém que usou nossos produtos ou serviços com sucesso. Os testemunhos diferem dos exemplos porque normalmente são feitos diretamente pelos clientes, ao invés de serem relatados por nós.

Quando se trata de testemunhos, não precisamos necessariamente de fatos ou declarações extraordinárias. Por vezes, simplesmente aplicações boas e específicas já são ótimas. Quanto mais específico for o testemunho, mais convincente ele é como evidência. Ele também adiciona mais credibilidade se estiver escrito em papel timbrado original do cliente.

Para conseguir testemunhos, podemos procurar usuários satisfeitos e pedi-los a eles. Para tornar a coisa mais fácil para nosso cliente, podemos perguntar ao nosso ou à nossa cliente o que gostariam de dizer, e nós mesmos escrevemos o testemunho. Depois perguntamos ao cliente se ele ou ela aprova o texto, pedimos que imprima em seu próprio papel e que assine.

DESENVOLVIMENTO DA SOLUÇÃO • 153

É claro que alguns clientes vão querer escrever a carta eles mesmos, e nesse caso não vamos tentar impedi-los. Qualquer que seja o caso, a chave é minimizar o inconveniente para nossos clientes e ter certeza de estar trabalhando dentro de seus limites de conforto.

Se você for novo em vendas, ou estiver apenas tentando aumentar seu arquivo de testemunhos, pergunte a seu gerente de vendas e a outros vendedores se eles têm testemunhos em seus arquivos que você poderia usar.

Podemos também desenvolver uma lista de testemunhos telefônicos. Os testemunhos telefônicos são muito eficazes no apoio de fatos que pretendemos usar no desenvolvimento de nossas soluções.

Por exemplo, se dissermos: "Algumas mercearias nas cidades vizinhas constataram que este produto vende rápido", estamos deixando espaço para dúvidas. Se, entretanto, dissermos: "Esta é uma lista de mercearias deste município que estocaram este item e descobriram que ele vende rápido. Por favor, sinta-se à vontade para ligar para qualquer uma delas nesta lista", acabamos de fazer uma apresentação bem mais convincente.

Estatísticas. Estatísticas precisas e bem documentadas são sempre úteis para apoiar fatos ou benefícios. Elas são particularmente eficientes quando estamos lidando com clientes que gostam de números.

Devemos, porém, tomar cuidado para não confundir fatos com estatísticas. Enquanto um fato numérico pode estar relacionado com uma solução específica, estatísticas geralmente representam uma comparação com outra informação numérica. Isso inclui percentagens, faixas e médias.

Por exemplo, 1.512 usuários de um software fornecido por nossa companhia acharem que o produto superou suas expectativas seria um mero fato. Mas a coisa muda se dissermos que 92% de nossos consumidores acham que nosso software superou suas expectativas.

Outro segredo do uso de estatística é mantê-la relevante para o cliente. Não seria realmente muito eficaz dizermos a uma pessoa que 98% dos clientes com quem fazemos *leasing* acabam comprando o produto, se a pessoa não estiver interessada em *leasing*.

Lembre-se: tolos sabem contar e contas podem ser tolas. Logo, não devemos basear toda nossa apresentação em cima de estatísticas.

Construindo um livro de evidências. Você alguma vez já se encontrou ou entrevistou um escritor, um projetista, ou alguém do criativo ramo de comunicações? Se a resposta for sim, provavelmente percebeu que eles geralmente carregam um portfolio de seu trabalho. E os arquitetos? Se eles são chamados para participar de uma concorrência, é quase certo que entrarão na reunião com projetos e desenhos de seus trabalhos anteriores. São estes os "livros de evidências" que apresentam a seus clientes potenciais. E assim como esses profissionais adotaram esse sistema de provas, os vendedores também podem fazê-lo.

Um livro de evidências é extremamente útil quando estamos buscando formas de dar suporte a uma solução que tenhamos desenvolvido. Na maioria dos casos, ao desenvolvermos soluções únicas, vamos determinar quais evidências específicas são mais relevantes para os interesses primários e o Motivo Dominante de Compra do cliente. Ter um livro de evidências repleto com diversas provas nos proporciona uma ferramenta de apoio extremamente valiosa que potencializa nossa credibilidade aos olhos do cliente.

Um livro de evidências é uma compilação dos diferentes tipos de evidências de que tratamos nas páginas anteriores. Elas:

- Fornecem informações sobre nossa companhia
- Mostram como nossos produtos e serviços satisfizeram nossos clientes
- Demonstram as aplicações que outros clientes estão fazendo com nossos produtos e serviços.

A Srta. Lu Li Fung criou um livro de evidências por ser um requisito para o treinamento em Alta Performance em Vendas. Ela montou o livro porque fazia parte do treinamento, mas rapidamente constatou que poderosa ferramenta de vendas ele era.

A Srta. Lu tem uma casa de chá em Nantou, Taiwan, uma famosa região produtora de chá no país. Um dia, após ter montado seu livro de evidências, um cliente acompanhado de um amigo veio à sua loja para comprar chá. Eles pediram que ela lhes recomendasse alguma marca. Como a Srta. Lu precisava praticar sua apresentação de vendas para o treinamento que estava fazendo, perguntou a seus clientes se tinham algum tempo disponível. Eles disseram que sim, então ela fez uma apresentação completa em seis minutos, com seu livro de evidências e quadros explicativos.

O cliente ficou tão impressionado que lhe deu um cartão de visitas:
— Nunca tinha visto algo assim. Minha companhia está procurando um fornecedor para nossos produtos de chá. Já fechamos com dez candidatos, mas acho que vou abrir uma exceção e incluí-la como a décima primeira candidata. Por favor, venha nos visitar, traga seu livro de evidências e repita essa apresentação para meu chefe e o comitê de compras.

Aquele cliente era simplesmente o gerente de compras de uma das maiores companhias de alimentos e bebidas de Taiwan (Tai-shan Industries). A Srta. Lu foi à sede da Tai-shan e fez duas apresentações. Suas apresentações foram tão bem recebidas que a Tai-shan informou à Srta. Lu que iriam, em bases experimentais, negociar com ela. Ela pediu que esclarecessem quanto chá iriam encomendar neste teste. O cliente respondeu "Dois mil quilos". Ela ficou chocada, porque o total de suas vendas no ano anterior tinha sido exatamente dois mil quilos.

A Srta. Lu foi para casa e começou a se preparar para atender o pedido. Depois desse pedido inicial, a Tai-shan ficou muito satisfeita, e então lhe fizeram um novo pedido, de 20 mil quilos de chá. Ela teve que montar uma nova empresa e contratar várias pessoas somente para atender a esse pedido. Por fim, a Tai-shan decidiu usar a Srta. Lu em caráter permanente como sua maior fornecedora de produtos de chá, e lhe fizeram um pedido de 100 mil quilos de chá.

Ela é hoje uma das mais bem-sucedidas negociantes de chá em Nantou. Muitos produtores de chá fazem fila do lado de fora de sua empresa, cada manhã, para lhe vender chá. E tudo começou com um bom *timing* e uma apresentação de solução que continha um livro de evidências.

Reconhecemos que essa situação é única, porque a Srta. Lu não precisou passar pelas fases iniciais do processo de venda. Mas se pensarmos a respeito, há sempre a possibilidade de que nosso maior cliente possa ser alguém que simplesmente cruzou por nosso caminho no momento certo.

Na Dale Carnegie and Associates, uma de nossas equipes de San Diego criou um livro de evidências fotográficas. Eles visitaram graduados em seus treinamentos e tiraram fotos. Então, pediram aos ex-treinandos para que assinassem seu próprio cartão comercial e que escrevessem nele o maior benefício por terem feito treinamento com a Dale Carnegie. Os clientes adoraram, e as pessoas que estavam pensando em fazer treinamento gostaram de ver aqueles livros de fotografias com pessoas que conheciam ou que tinham atividades semelhantes às suas.

Enquanto os livros de evidência geralmente são impressos em papel, a evolução da tecnologia nos permite criar livros de evidências eletrônicos. Hoje em dia, com computadores e laptops, é possível levar nosso livro de evidências a um nível mais avançado. Podemos mostrar o site de nossa companhia na internet. Podemos usar clips de vídeo ou áudio de clientes satisfeitos. Podemos até compartilhar videoclipes de nossos produtos ou serviços sendo usados.

Não importa qual evidência você decida usar, lembre-se que a prova é algo pessoal. Em outras palavras, escolha o tipo certo de evidência para cada cliente. Fatos e estatísticas não impressionam todo mundo. Algumas pessoas preferem exibições ou demonstrações. Não deixe de conhecer o seu cliente bem o suficiente para saber qual tipo de evidência será mais eficiente com ele.

Anúncio por rádio é um bom exemplo. Somente com a divulgação das estatísticas adequadas, qualquer rádio de grande audiência é capaz de evidenciar que é a estação número um em um específico segmento de mercado. Infelizmente, essas estatísticas não são significativas para todo mundo. O ponto em questão é não cair no hábito de usar a mesma evidência para todos os clientes.

BLOCO 6: PERGUNTA AVALIATIVA

Enquanto estamos desenvolvendo uma solução, devemos identificar pontos em que seria interessante obter um feedback do cliente na apresentação que vamos fazer. É nesses momentos que podemos fazer uma pergunta avaliativa.

Pense de novo naquele exemplo que usamos sobre os técnicos da cidade. Eis como poderia ser uma pergunta avaliativa nesse cenário.

> **Foto.** Nós temos em estoque peças sobressalentes para todo produto Tech que vendemos...
>
> **Ponte.** O que significa...
>
> **Benefício.** ... tudo o que você precisar para manter seus equipamentos funcionando estará disponível quando precisar.
>
> **Aplicação.** Assim você pode conseguir as peças em uma hora, em vez de mandar seus equipamentos para consertar, ou ter que esperar por serviços ou entrega de peças de outras cidades. Sua equipe vai ficar mais satisfeita porque seu tempo parado será mínimo, e com isso você terá menos queixas por parte dela.
>
> **Pergunta avaliativa.** Ter manutenção e substituição de peças para os seus equipamentos, com um mínimo de tempo parado, é importante para você, não é?

Se o cliente disser "Sim", estamos no caminho certo. Mas se sentirmos alguma discordância, é essa a hora de esclarecermos o problema.

Não vamos querer esperar até o momento de apresentarmos toda a nossa solução para avaliar a reação do cliente. Poderemos ter que revisar nossa solução, com base na resposta que tivemos na pergunta avaliativa. Ou poderemos constatar que, desde nossa última reunião, alguns aspectos precisarão ser mudados.

Através dos pontos de avaliação ao longo do desenvolvimento de nossa solução, podemos fazer uma reavaliação e tratar dos aspectos que precisam ser mais esclarecidos, ou podemos evitar desperdiçar o tempo do cliente em coisas que já não são barreiras para conseguirmos fechar o negócio.

Existe um outro motivo que faz o uso das perguntas avaliativas uma boa ideia. Se tivermos feito nosso dever de casa e estamos apresentando nossa solução exclusiva eficientemente, começamos a construir uma atmosfera de concordância de que nossa solução atende às necessidades do cliente. Se ele estiver concordando ao longo do desenvolvimento que nossa solução está no caminho certo, maiores são as chances de que ele esteja de acordo quando chegar o momento do fechamento final.

CAPÍTULO 7

Apresentação da solução
Compartilhando nossas recomendações

"Muitos vendedores se preocupam tanto com o que é o produto, que se esquecem de dizer para o que ele serve."

PERCY H. WHITING

Você é capaz de imaginar uma situação em que não tem a menor intenção de comprar um produto ou serviço, mas a apresentação do vendedor é tão boa que você precisa pensar duas vezes a respeito? Ou talvez a situação oposta. Você está interessado em fazer uma compra, mas o vendedor não consegue se comunicar bem. Nesse caso, você pode ficar confuso, sem saber se deve continuar decidido a comprar.

A maioria de nós já passou por essas duas situações em algum momento de nossas vidas. É por isso que é importante entendermos que vender não é somente um negócio entre pessoas, é também um negócio de comunicação. Mesmo se nossa solução é exatamente a que o cliente precisa e deseja, nossa capacidade de comunicar ideias de modo eficiente muito provavelmente irá incrementar as chances de fecharmos a venda.

Temos que ter a habilidade de expressar nossa solução de uma forma entusiasmante e persuasiva. Mesmo se comunicação não for nosso ponto forte, a maioria de nós pode aprender a compartilhar soluções com nossos clientes de forma a capturar sua atenção e mantê-los interessados.

Como ser um comunicador poderoso

Quer estejamos compartilhando uma solução pessoalmente ou por telefone, os fundamentos da comunicação descritos por Dale Carnegie podem aumentar muitíssimo o impacto de sua apresentação.

MOSTRE-SE ENTUSIASMADO SOBRE O ASSUNTO E ANSIOSO EM COMPARTILHAR SUAS IDEIAS

Isso nos traz de volta à consideração sobre entusiasmo. Se você está com dificuldade de se entusiasmar com um novo produto, pode tentar uma ideia que Percy Whiting coloca em *As 5 Grandes Regras de Vendas:* dedique um bom tempo tentando vender para você mesmo o produto ou serviço. "Pense no seu valor. Constate esse valor. Imprima-o em sua mente. Considere o que seu produto fará (por seus clientes), o dinheiro que irá gerar para eles, ou possivelmente o prazer que terão em usá-lo. Diga e repita essas coisas para você mesmo. Pense nelas com coração. Acenda a chama de seu entusiasmo." Quando você tiver vendido a si próprio, o entusiasmo fluirá naturalmente em sua apresentação.

DEMONSTRE ANIMAÇÃO EM SUA VOZ E GESTOS

Dale Carnegie disse uma vez: "Devemos ser naturais no sentido em que sentimos que expressamos nossas ideias, e que as expressamos com sentimento." Em outras palavras, não importa o que dizemos se estamos de pé como uma estátua em frente de nossa audiência, ou falando monotonamente ao telefone. Se soarmos ou aparentarmos estar entediados, nossa audiência também irá ficar.

Pense nos oradores populares modernos, como Zig Ziglar. O que faz seu estilo de apresentação tão entusiasmante? É a forma com que ele usa sua voz e linguagem corporal para capturar a audiência.

Palavras perigosas

Existem muitas palavras que somos tentados a usar em nossas apresentações que geralmente achamos que trazem credibilidade. Mas na maioria dos casos elas são simplesmente banais e desgastadas. Se você incluir uma dessas palavras em sua apresentação, certifique-se de que pode sustentá-la com fatos e evidências.

- Melhor
- Maior
- Qualidade (ou maior qualidade)
- Mais rápido
- Mais veloz

APRESENTAÇÃO DA SOLUÇÃO • 161

FALE DE FORMA DIRETA COM SUA AUDIÊNCIA

Essa regra não quer dizer exatamente que sua comunicação deve ser do tipo "olho no olho" e sim que você deve falar em termos dos interesses dos clientes e ver as coisas do ponto de vista deles.

A boa nova é que se você tiver conseguido aplicar as ferramentas do Alta Performance em Vendas, a apresentação de sua solução deve automaticamente estar dirigida aos aspectos que são importantes para seus clientes. Mas não é incomum surgirem novos aspectos quando começamos a apresentar nossa solução.

Linda Maynard, uma gerente de crédito do Lexington State Bank em Winstom-Salem, Carolina do Norte, ficou apreensiva em uma sala cheia de pessoas para as quais estava fazendo sua apresentação.

— Esse cliente representava uma enorme expectativa de um serviço de gerenciamento financeiro para mim — disse Linda. — Eu tinha que fazer a apresentação de um de nossos produtos para seu comitê executivo, como uma solução para suas necessidades de gerenciamento financeiro. Quando comecei a apresentar minha solução, senti imediatamente a apreensão deles em relação a um novo produto e um novo banco. Percebi que precisavam se assegurar de que meu banco e eu seríamos capazes de lidar com seu dinheiro.

"Embora eu não tivesse planejado, fiz um breve relato de minha experiência como gerente financeira. Depois vim a saber que o tesoureiro deles conhecia e respeitava muitas pessoas com quem eu trabalhara em outro banco. Ao serem informados disso, minha credibilidade aumentou e eles rapidamente ficaram receptivos à minha apresentação.

"Após fechar minha apresentação, me ofereci para dar assistência bancária pessoal aos que eventualmente desejassem. Para mim, a 'quebra do gelo' dessa reunião aconteceu quando um dos funcionários presentes me pediu para que eu cuidasse de sua conta pessoal. Antes do final do dia, eu tinha conseguido a conta deles, alugado um cofre no banco e estabelecido uma linha de crédito, além de um cartão ATM no sistema.

É desnecessário dizer que, em poucos dias, já estávamos com a nova conta operando para o cliente. Sua companhia acumulou aproximadamente dez mil dólares em rendimentos que nunca tinham ganho antes, pelo fato de não terem um programa de gerenciamento financeiro. Agora, também lhes fornecemos serviços adicionais, como por exemplo cartão de crédito corporativo."

Se Linda tivesse apenas feito sua apresentação como planejara, talvez nunca tivesse conseguido o nível de confiança que desenvolveu naquela reunião. Porém, ela sabia que a audiência estava interessada em seu *background* profissional, e respondeu à altura.

— Se eu não estivesse sintonizada com seus temores e expectativas, teria perdido uma oportunidade muito importante de construir confiança. E provavelmente teria perdido também a oportunidade de fazer negócio com eles.

Quando apresentamos nossa solução, temos também que estar seguros de que estamos falando a língua do cliente.

Como fazer isso? Por exemplo, se um cliente nos diz explicitamente que nosso produto ou serviço lhe traria um ganho de produção (o que ele quer), que vai possivelmente trazer o reconhecimento de seu departamento dentro da empresa (o porque ele quer), vamos tentar usar a mesma linguagem na apresentação de nossa solução. Isso vai mostrar que ouvimos nosso cliente e entendemos suas necessidades.

Eis um outro exemplo. Digamos que estamos vendendo um novo sistema computadorizado e nosso cliente potencial menciona que Kerry e John (seus superiores imediatos) estão muito frustrados porque o sistema atual cai pelo menos duas vezes por dia.

Quando formos apresentar nossa solução, deveremos ter de alguma maneira incorporado detalhes específicos dessa situação:

— Eu posso imaginar o quão frustrada sua equipe deve ficar com o sistema caindo duas vezes por dia. Acho que Kerry e John vão ficar bastante satisfeitos quando constatarem que nosso sistema é muito mais confiável.

Obviamente, precisaremos de fatos e evidências para dar suporte a nossa declaração. Mas o fato de termos feito uma declaração especificamente sobre os elementos do mundo da outra pessoa demonstra nossa qualidade como bons ouvintes.

Ponha-se no lugar do cliente. Você não ficaria mais inclinado a fazer negócio com um vendedor que falasse em termos dos seus interesses, do que com outro que simplesmente fizesse uma apresentação de benefícios e características do produto? Lembre-se, a qualquer momento que demonstrarmos nossa habilidade em entender o mundo do cliente e falar sua língua, iremos aumentar nossa credibilidade com ele.

Scott Jamieson, presidente da Hendricksen, The Care of Trees, conta como ele e sua companhia organizaram uma bem-sucedida apresentação de venda utilizando os blocos de construção de solução, no desenvolvimento de uma apresentação que falava em termos dos interesses do cliente.

O desafio?

Depois de 20 anos renovando o contrato automaticamente, nosso cliente — uma cidade satélite de Chicago, Illinois — exigiu que participássemos de uma concorrência e que fizéssemos uma apresentação na prefeitura.

"Eu preparei um livro de evidências que incluía diversas cartas dos residentes da cidade elogiando nossa companhia, artigos recentes dando destaque a nossos serviços comunitários e nosso compromisso de servir com qualidade a comunidade. O aspecto mais significativo da apresentação foi o de termos apresentado nossos benefícios exclusivos e específicos para a cidade — coisas que eu sabia serem importantes para eles e que nenhuma outra concorrente poderia oferecer.

"A cada benefício eu apontava a aplicação — 'O que isto significa para a cidade' — para realmente deixar bem claro o quanto nós agregávamos valor à cidade.

"Fomos quase aplaudidos de pé por nossa apresentação. E mais importante, conseguimos renovação de contrato automática por mais seis anos. Posteriormente, ouvimos o comentário de um funcionário da prefeitura de que nossa apresentação fora excelente e que realmente mostrara que entendíamos as necessidades e desejos da cidade.

"Algumas semanas mais tarde uma de nossas diretoras, que é professora de marketing na Northwestern University, estava falando em um evento e durante sua fala mencionou que trabalhava conosco. Quando ela disse o nome da companhia, uma voz no meio da audiência quase que gritou elogios à nossa empresa. Essa voz era de um dos membros do conselho que assistiu à nossa apresentação na prefeitura."

SEJA CONCISO E OBJETIVO

Embora isso seja importante em todos os tipos de apresentação, torna-se ainda mais importante quando estamos apresentando nossas soluções por telefone. Afinal de contas, não temos recursos visuais para captar atenção e não temos o benefício de poder interagir com o cliente em exibições ou demonstrações.

Em qualquer apresentação, não devemos fornecer mais fatos do que nosso cliente necessita. Lembre-se, a história da criação do mundo é contada no livro do Gênesis em 400 palavras. Os dez mandamentos contêm apenas 297 palavras. O famoso Discurso de Gettysburg, de Abraham Lincoln, tem apenas 266 palavras. E a Declaração de Independência dos Estados Unidos precisou de apenas 1.321 palavras para estabelecer um novo conceito de liberdade. Uma boa regra é: quando nos ouvirmos falando "Para encurtar a história...", geralmente já é tarde demais.

Guia do bom senso para a clareza de expressão

- Tenha o assunto bem claro em sua mente. Cerca de metade dos esforços desperdiçados em vendas são decorrentes de pensamentos confusos.
- Use palavras curtas e familiares. Lembre-se disso: das 266 palavras do Discurso de Gettysburg, de Abraham Lincoln, mais de 185 palavras tinham apenas uma sílaba. Este discurso é até hoje uma mensagem memorável.

- Não fale rápido demais. Pense na frente de seu cliente, mas fale atrás do pensamento dele. Faça pausas com frequência.
- Não espere que os clientes entendam jargões complicados. Isso é especialmente importante em vendas técnicas. Está certo, provavelmente alguns da audiência podem entender, mas e os outros? Por outro lado, tenha cuidado de não "idiotizar" demais sua explanação, a ponto de começar a ofender os clientes.

LEMBRE-SE DO PODER DA EVIDÊNCIA

Digamos que estamos assistindo a uma apresentação sobre o melhor aparelho de ginástica já inventado. Com ele é garantido ficarmos em boa forma com bem pouco esforço diário. Se o vendedor enveredar por uma longa descrição verbal do equipamento, podemos pensar que ele tem alguma outra coisa para oferecer. Mas nós não estamos necessariamente convencidos de que aquele é o melhor aparelho de ginástica que existe.

O que acontece se o mesmo vendedor conta histórias sobre pessoas famosas que possuem o equipamento? E mais, ele nos apresenta testemunhos de pessoas como nós, que venderam todos os outros aparelhos de ginástica que tinham, para ficarem apenas com este. Agora, qual é o tipo de impressão que temos?

Sem dúvida, evidências fazem uma grande diferença no impacto de nossas apresentações. Um profissional de vendas de Santa Clara, Califórnia, verificou que essa ferramenta foi a chave para conseguir uma grande venda. Na verdade, com o uso de evidências, ele foi capaz de provar que seu produto era muito superior ao da concorrência.

No tempo em que vendia fios elétricos isolados para fabricantes de computador, esse vendedor descobriu que um de seus maiores clientes tinha fechado uma compra vultosa com um de seus concorrentes, devido a uma grande diferença no preço. O vendedor sabia que alguma coisa estava errada, então ele conseguiu amostras do fio de seu concorrente e pediu que fosse analisado por seu departamento de pesquisa e desenvolvimento. O que descobriu? Simplesmente que o isolamento do concorrente não era à prova de fogo, como o dele.

O vendedor então marcou um encontro com aquele cliente. Durante a apresentação, quase parecia que ele estava vendendo o produto de seu concorrente — os dois produtos tinham as mesmas características e o fio do concorrente era de fato mais barato.

Então, ele disse aos tomadores de decisão:

— Como podem ver, ambos os produtos atendem às suas especificações e o meu produto é mais caro. Eles são similares em muitos aspectos, exceto num ponto muito importante.

Nesse momento ele acendeu um isqueiro e pôs a chama no fio de seu concorrente. O isolamento começou a derreter e acabou pegando fogo. Sua audiência ficou atônita. O vendedor então pôs a chama no fio de sua companhia, enquanto informava aos presentes que o fio dele era à prova de fogo.

Ele concluiu sua apresentação perguntando:

— Senhores, qual o fio que vão querer dentro de seus computadores? Depois disso, os clientes cancelaram o pedido com o concorrente e também agradeceram o vendedor por sua pesquisa, que tinha poupado sua empresa de prejuízos de centenas de milhares de dólares.

Naturalmente, ao pôr os fatos em evidência com uma demonstração, esse vendedor persuadiu poderosamente o cliente de que seu produto era superior. E se ele não tivesse usado evidência? O resultado teria sido tão bem-sucedido? Lembre-se, quando se trata de apresentar nossas soluções, as ações geralmente falam mais alto do que as palavras.

FAÇA RESUMOS COM FREQUÊNCIA

Existe uma história sobre um representante de vendas que esperou tempo demais para fazer um resumo de sua colocação. Ele se virou para o cliente e perguntou:

— O senhor está me acompanhando?

— Por enquanto sim — respondeu o cliente —, mas com franqueza, Sr. Peek, se eu achasse que saberia o caminho de volta, saltava aqui mesmo.

Em outras palavras, se o cliente não estiver acompanhando a apresentação de nossa solução, provavelmente a culpa é nossa. E o quanto antes percebermos, melhor.

Podemos usar resumos em conjunto com nossas perguntas de teste de encaminhamento. Mas temos que ser cautelosos para não sermos excessivamente repetitivos. Faça resumos e testes de encaminhamento diferentes para se certificar de que o cliente está entendendo.

Os resumos, assim como os testes de encaminhamento, são uma boa maneira de avaliar o nível de interesse na solução que estamos apresentando.

SE POSSÍVEL, FAÇA COM QUE O CLIENTE SE ENVOLVA DE FORMA INTERATIVA

Tudo remete às demonstrações. Ela é mais fácil para uns do que para outros, especialmente se estamos fazendo uma apresentação pessoalmente. Mas se pudermos incluir alguma coisa que faça o cliente se envolver na apresentação da solução, isso pode potencializar em muito o poder do que dizemos.

A interatividade funciona particularmente bem quando temos um produto que o consumidor pode ver ou sentir. Por exemplo, digamos que estamos vendendo software de computador. Certamente faz sentido o fato de que nossos clientes ficarão mais envolvidos se trouxermos algumas amostras para eles testarem. Mesmo se não estivermos fazendo a apresentação pessoalmente, podemos enviar para nosso cliente um programa de amostra e depois tratar do assunto por telefone.

Embora os produtos sejam mais adequados à interação, também é possível envolver a audiência quando vendemos serviços. Se estivermos vendendo um serviço de gerenciamento de logística e quisermos provar que cliente algum terá que aguardar por mais de 30 segundos, deixar nossos clientes fazerem algumas ligações poderia mostrar a eles que a declaração é verdadeira.

VERIFIQUE VÁRIAS VEZES AS INSTALAÇÕES, OS EQUIPAMENTOS DE AUDIOVISUAL E OS FATORES DE LOGÍSTICA

É sempre uma boa ideia definir as ferramentas que precisaremos, se for o caso, antes do dia da reunião. Então, podemos verificar com nosso cliente se ele dispõe dessas ferramentas. Podemos também pedir permissão para chegar mais cedo e nos aclimatarmos ao ambiente onde faremos a apresentação. A maioria dos clientes terá a maior boa vontade em responder a nossas perguntas e permitir que cheguemos antes para nos prepararmos. Na verdade, eles geralmente vão gostar de ver o cuidado que estamos tendo com nossa apresentação.

Jarrad McCarthy, representante de vendas da Endagraph, uma companhia de serviços gráficos em Export, Pensilvânia, descobriu mais um benefício de se chegar mais cedo no cliente:

— Eu tinha uma reunião com a Ladbrokes Racing Corporation, para vender material gráfico para o interior de seus restaurantes temáticos. A reunião era com os arquitetos e com o vice-presidente da Ladbrokes. Cheguei mais cedo e encontrei os arquitetos, que tinham chegado cedo também. Vendi minhas ideias para os arquitetos antes do cliente principal aparecer. Quando ele chegou, os arquitetos estavam tão animados com minhas ideias que eles virtualmente as apresentaram para mim. Nem precisei fazer minha apresentação formal. Eles repetiram para o vice-presidente tudo o que eu tinha dito para eles.

OPÇÕES DE APRESENTAÇÃO

É provável, a menos que sua apresentação de vendas seja bastante repetitiva e previsível, que você vá apresentar diferentes métodos para diferentes clientes. Restrições de tempo, localização e disponibilidade do cliente irão influenciar sua decisão quanto à seleção da alternativa de apresentação mais apropriada e mais eficaz.

Apresentações feitas pessoalmente

VANTAGENS
- Permitem que a personalidade do vendedor influencie (positivamente) na decisão
- Encorajam sessões de perguntas e respostas
- Dão mais oportunidade de se compartilhar informações
- Pode-se mudar a apresentação se surgem aspectos adicionais

DESVANTAGENS
- Permitem que a personalidade do vendedor influencie (negativamente) na decisão
- Permitem a comparação de estilos de apresentação entre concorrentes
- Podem ser vantajosas para apresentadores hábeis da concorrência
- Pode não haver interatividade

Apresentações por telefone

VANTAGENS
- Ganha-se tempo
- Custo mínimo
- Flexibilidade

DESVANTAGENS
- Não há interação pessoal
- Dificuldade de perceber as reações do cliente
- Tempo mínimo de contato
- Pode eliminar demonstrações e exibições

Propostas

VANTAGENS
- Eliminam a possibilidade de mal-entendido na cotação
- Dados objetivos são claramente apresentados
- Permitem consideração do cliente por um longo período
- São facilmente compartilhadas com outros

DESVANTAGENS
- Permitem consideração por um longo período
- Fornecem informações específicas além de nossa capacidade de controle
- Diminuem a interação pessoal

Apresentações coloquiais

VANTAGENS
- Permitem que a personalidade do vendedor influencie na decisão
- São tipicamente mais um diálogo do que uma apresentação
- Permitem mais variações e são menos formais
- São tipicamente interativas

DESVANTAGENS
- Geralmente ocorrem com muita rapidez
- São fortemente influenciadas pela opinião de uma pessoa
- Exigem boa capacidade de ouvir, de reter fatos e de concentração por parte do cliente

Apresentações em equipe

VANTAGENS
- Diversidade de personalidades
- Maior base de conhecimento
- Diversos estilos de apresentação
- Cobertura ampla dos aspectos-chave
- Em geral é mais cuidadosamente organizada

DESVANTAGENS
- Demasiados estilos de apresentação
- Informação em excesso
- Menor chance de se estabelecer relações pessoais
- Geralmente é mais demorada

Apresentações técnicas

VANTAGENS
- Demonstram nossa perícia organizacional
- Asseguram a precisão de nossa apresentação
- Permitem um espectro mais amplo de perguntas
- Mostram o embasamento tecnológico de nossa organização

DESVANTAGENS
- Podem levar a apresentação para uma discussão envolvendo muitos "como" em vez de "o que" para nossos produtos ou serviços
- Podem se tornar insípidas para um cliente que não seja técnico
- Podem sobrecarregar o cliente de informações

Faça acontecer o impacto: seja um artista

Ser um "artista" em vendas geralmente nos traz imagens do vendedor à moda antiga. Você sabe, aquele vendedor que ia de porta em porta vendendo aspirador de pó, interrompia nosso jantar e então, usando o máximo de teatralidade e drama possíveis, derramava um monte de sujeira no carpete e em seguida iniciava sua operação de limpeza. Primeiro com o nosso aspirador, e depois com o dele. Depois mostrava como o seu aspirador era tão melhor do que o nosso e quão mais limpa ficaria nossa casa, com muito menos esforço.

Temos que reconhecer, esse vendedor de aspiradores era um artista. Mas precisamos apagar a parcela ruim de imagem negativa que eventualmente tenhamos em nossa mente. De fato, esse mundo do artista de vendas está um pouco antiquado, mas o conceito permanece vivo e vigoroso, e trabalhando para o sucesso de vendedores por todo o mundo.

Pôr arte nas vendas nada mais é do que adicionar um elemento de drama em nossas apresentações. Dale Carnegie uma vez disse: "A verdade tem que ser apresentada de forma vivida, interessante e dramática. Vocês têm que ser artistas. O cinema faz isso. O rádio faz isso. E vocês terão que fazer isso se quiserem captar atenção."

Depois que aprendemos, e mais importante, nos sentimos confortáveis sendo artistas, temos uma tremenda ferramenta de vendas a nosso serviço, que pode criar uma impressão positiva e duradoura em nossos clientes, especialmente no competitivo mercado de hoje. Lembre-se, não usamos necessariamente todas as ferramentas de vendas de que dispomos. Mas quanto mais ferramentas soubermos usar, mais chances teremos de sobrepujar nossos concorrentes.

Adicionar arte aos esforços de venda geralmente é mais efetivo no momento em que apresentamos nossa solução. Entretanto, é apropriado para qualquer situação de venda em que uma demonstração dramática ou incomum pode potencializar o entendimento do cliente sobre nosso produto ou serviço.

Às vezes, é eficiente usar arte durante a apresentação, ou depois de termos apresentado nossa proposta.

Russ Pearce é sócio da Selling Solutions, no Reino Unido, uma firma de consultoria de desenvolvimento de negócios especializada em marketing, vendas, projetos e treinamento. Ele constatou que adicionar um pouco de criatividade depois de sua apresentação o ajudava a fechar o negócio com um cliente que parecia indeciso sobre que decisão tomar.

— Fizemos uma proposta para o cliente, um fotógrafo. Apesar das várias reuniões e *follow-up* anteriores, ele não estava propenso a tomar uma decisão em nosso favor. Nosso maior temor era de que todo o trabalho fosse para uma outra firma, mais renomada.

"Todas as três empresas que participavam da concorrência tinham feito propostas, apresentações e mostrado portfólios. Mas me ocorreu que a real necessidade do fotógrafo era de criatividade, e essa era a principal carência das propostas apresentadas. Subitamente, a situação ficou clara para mim e, portanto, fiquei muito confiante em fazer alguma coisa um pouco 'fora do eixo'.

"Assim, decidi pedir uma pizza, mas não era simplesmente uma pizza, era uma pizza gigante com queijo, abacaxi e milho verde, o que fazia com que ela fosse completamente amarela. Pedi, então, que fosse escrita nela uma mensagem, com pimentas e cogumelos (como não sabia se o cliente era vegetariano, não quis correr riscos), dizendo: 'Não é o que você faz, e sim como você faz'.

"Entreguei a pizza pessoalmente e a resposta foi que tinha conseguido o contrato. Acho que ganhei o cliente pelo fato de ter realmente demonstrado criatividade em vez de simplesmente me propor a ser criativo. Eu nem considero que isso seja necessariamente uma aplicação de arte na venda. Acho que se trata mais de congruência e integridade. A lição para mim era, simplesmente: 'Seja o que você diz ser.'"

Como o trabalho de Russ gira em torno de criatividade, a mensagem na pizza era apropriada à situação. Mandar entregar uma pizza pode não ser adequado no seu ramo, mas alguma outra coisa pode ser. A chave é estar aberto às possibilidades que existem para você fazer com que sua companhia se destaque entre as demais.

Diretrizes para o uso da arte

A venda feita com arte é tipicamente um entretenimento, mas não tem como objetivo único entreter. Para assegurar que nossas ações sejam apropriadas, ajuda a lembrar das seguintes diretrizes:
- A atuação deve ser relevante para o relacionamento com o cliente.
- Deve ser de bom gosto.
- Devemos nos sentir bem ao fazer.
- Nosso cliente deve reagir positivamente.
- A atuação deve ser memorável.

Sentindo-se à vontade na atuação

Como a maioria das coisas que nos fazem sair de nossa zona de conforto, a dramatização exige coragem, além de alguma prática. Para começar, ajuda entendermos as formas através das quais podemos incorporar essas técnicas em nossos esforços de venda.

FAÇA ALGO INESPERADO OU DRAMATICAMENTE DIFERENTE

Jeff Leonard sabe porque fazer algo inesperado cria um grande impacto. Ele se lembra que estava juntando coragem para uma "*performance* artística" de venda quando sua companhia estava participando de uma concorrência para um grande projeto em Greensboro, na Carolina do Norte:

— Enquanto estava dirigindo para um dos escritórios do cliente, decidi que queria fazer algo fora do comum — e resolvi que ia usar a caçamba de minha pick-up para fazê-lo.

"O motivo de minha escolha foi o fato de que apesar de minha pick-up estar em bom estado geral na ocasião, sua caçamba estava toda arranhada e com pequenos amassados. Mas ela ficara daquele jeito pela ajuda que eu prestava aos clientes. Quando eles me ligavam e diziam que precisavam de apenas uma conexão de tubo, ou algo parecido, eu imediatamente botava a peça na caçamba com uma empilhadeira e levava para o cliente. O resultado desses serviços extras era visível no interior da caçamba.

"Quando cheguei no escritório do cliente, tinha concluído que devia ter orgulho de minha caminhonete. Aquelas pessoas iriam se lembrar de mim por um bom tempo. Essa era a minha intenção.

"Estacionei em frente ao escritório, andei até a sala de espera e cumprimentei a recepcionista. Eu disse: 'Olá, sou Jeff Leonard, da Foltz Concrete Pipe Company. Não tenho hora marcada, mas é muito importante que eu fale com o Sam neste instante.' Ela pareceu querer me ajudar. Meu sorriso franco e a mão cheia de blocos de anotação (com o logotipo da companhia) a levaram a perguntar: 'Qual é o assunto que tem para falar com ele?'

"Respondi: 'Fico feliz que tenha perguntado. Preciso que ele dê um pulo no estacionamento agora mesmo. Tenho que mostrar minha caminhonete para ele. Isso é tudo que posso dizer por enquanto.' Agora ela estava me olhando com certa desconfiança, e chamou Sam pelo interfone.

"Depois de um ou dois minutos, Sam apareceu na porta. Rapidamente peguei sua mão e o cumprimentei vigorosamente. Então perguntei: 'Você podia dar um pulo comigo no estacionamento um instante? Tem uma coisa que eu preciso lhe mostrar.' Extremamente surpreso ele me perguntou: 'O que é? O que você quer me mostrar?' Eu disse: 'É minha caminhonete, preciso lhe mostrar minha caminhonete.'

"Ele me acompanhou até o estacionamento. Continuei dizendo que iria precisar apenas de um ou dois minutos de seu precioso tempo. Eu lhe disse que sabia que estava muito ocupado trabalhando nas estimativas de projeto da Greensboro, mas que minha caminhonete era essencial para o projeto.

"Quando chegamos junto da pick-up eu disse: 'Bem, o que você acha? Ela não é linda?'

"Ele respondeu: 'E, é uma bela caminhonete. Mas por que você queria mostrá-la para mim?' Pedi que ele desse a volta e olhasse para dentro da caçamba. Bati na tampa com força e disse: 'Está vendo todos esses arranhões e amassados na caçamba? São por causa dos tubos e um monte de outras coisas que levo para meus clientes quando eles se lembram que esqueceram de pedir algum item, ou seu material acaba repentinamente. Levo as peças e descarrego na obra para que as equipes possam continuar trabalhando. Eu só queria mostrar o que pretendo fazer por vocês. Só queria mostrar que vou arranhar e amassar minha pick-up para economizar tempo e dinheiro para sua companhia. Só queria mostrar minha pick-up porque tenho muito orgulho dela. Bem, tenho que ir! Obrigado pelo seu tempo!'

"Ele disse: 'Ei, espere um pouco. Você tem uns cartões de visitas?' Eu respondi: 'Claro, aqui está.' Dei a ele alguns cartões, uns bonés da companhia e também uns blocos para anotações e disse: 'Olha, Sam, eu disse que não vim aqui para tomar seu tempo. Me liga se precisar de qualquer coisa.'

"Abri uma porta com meus esforços naquele dia. Eu me empenhei mentalmente e emocionalmente naquela situação incomum. Foi um pouco temerário, mas também foi divertido. A parte interessante daquele trabalho de vendas foi que em momento algum falei de tubos e conexões. Falei apenas de minha caminhonete."

Só como registro, a carreira de Jeff na Foltz Pipe foi tão bem-sucedida que ele é agora o presidente da companhia.

PARTA PARA A AÇÃO E FAÇA ALGO ACONTECER

R. G. Sanderson, um varejista da General Foods em Enid, Oklahoma, nos contou uma história em que sua atuação lhe ajudou a fechar um número recorde de vendas numa época e local de vendas fracos.

— Um dia, meu supervisor me disse que o gerente de vendas do distrito iria em breve a campo comigo por um dia. Fui informado que deveria cobrir a área de Certo, uma região em que se produz doces e geleias.

"Os gerentes de produto, em Nova York, não tinham se dado conta de que no norte de Oklahoma, no mês de março, não é época de fazer geleia e sim de varrer a neve das estradas.

"Naquela semana, quando vi uma mercearia jogando fora algumas bananas pretas, completamente maduras, comecei a pensar numa forma de usar aquelas bananas para fazer geleia. Olhei o prospecto de receitas da Certo e vi que incluía geleia de banana com abacaxi. Preparei um pouco daquela geleia para experimentar e o resultado foi bem saboroso. Então tive uma ideia. Eis o que fiz.

"Ia até uma mercearia, me dirigia até a gôndola das bananas, pegava algumas delas já completamente pretas e perguntava o que eles faziam com elas. Eles geralmente me respondiam: 'Jogamos fora.' Então eu lhes perguntava: 'Vocês não estão jogando seu lucro fora?'

"Eles, naturalmente, tinham que admitir que sim, e aí eu lhes dizia: 'Se eu tivesse um plano de comercialização que não apenas vendesse essas bananas pretas para você, mas que também vendesse receitas, açúcar, parafina e gelatina, você gostaria de experimentá-lo, não gostaria?' A resposta era sempre sim. Quando chegou o dia do gerente do distrito ir trabalhar comigo, eu já tinha prontas amostras de geleia para as mercearias experimentarem.

"Quais os resultados? Quando meu chefe chegou, eu estava pronto. Fomos trabalhar um município coberto de neve, com uma temperatura em torno de dez graus centígrados negativos. Apesar da neve e do frio, vendemos tudo o que quisemos naquele dia. Em relação a minha meta de venda para duas semanas, vendi mais do que todos os vendedores do meu grupo juntos. E quando veio a primeira promoção para a filial do distrito da cidade de Oklahoma, ela foi dada para mim!"

Muito embora as pequenas mercearias sejam cada vez mais raras hoje em dia, as ideias por trás do emprego da arte em vendas usada por R.G. são poderosas. Ele fez mais do que tentar promover a Certo. Ele fez mais do que simplesmente mostrar a receita da geleia para as mercearias. Ele partiu para a ação. Fez com que suas ideias se tornassem realidade, com alguma dramatização envolvida. Essa é a ideia por trás da arte em vendas.

FAÇA UMA EXIBIÇÃO OU DEMONSTRAÇÃO SURPREENDENTE

Heinz Meier de Lostor, Suíça — dono da Auto Meier AG, Strengelbach e Zofingen —, fez uma demonstração memorável para tentar contornar alguns problemas que vinha enfrentando durante uma renovação parcial de seu negócio.

— Quando eu estava reconstruindo minha garagem da agência, os representantes do Corpo de Bombeiros exigiram que atendesse a um projeto para uma saída de emergência que me pareceu pouco prática. A saída ficava entre as prateleiras de peças sobressalentes no porão, dando para uma escada externa que saía exatamente no meio de nossa área coberta de exposição. Como os degraus que desciam até o porão eram desguarnecidos, o Corpo de Bombeiros mandou que instalássemos um corrimão de aço ao longo da escada, o que comprometeria totalmente a estética da área de exposição.

"Em vez de instalarmos o corrimão, botamos grades metálicas nas laterais da escada, que não prejudicavam tanto a estética.

"Chegou o dia da inspeção técnica do Corpo de Bombeiros e eles não aceitaram as grades metálicas. Acreditavam que, em caso de incêndio, as pessoas ficariam presas na grade e não conseguiriam escapar. Disseram que as grades teriam que ser retiradas e substituídas pelo horrível corrimão de aço.

"Eu não concordei. Então, peguei três técnicos pela mão e os levei até o porão. Quando chegamos nos fundos do porão, disse subitamente para os três homens que iria simular uma fuga de emergência por motivo de incêndio. Sem lhes dar tempo para pensar ou falar qualquer coisa, gritei o mais alto que pude: 'Fogo! Fogo!' Peguei o primeiro técnico pela mão e corri rapidamente em direção à saída de emergência e, em seguida, para a controversa escada. Todos os três me seguiram instintivamente, como se estivessem no meio de um incêndio. Quando chegamos no primeiro degrau, eu me joguei com todo meu peso sobre a grade metálica, que cedeu, permitindo que em poucos segundos estivéssemos todos do lado de fora da escada.

"Os três técnicos, antes tão reativos, agora se olhavam surpresos. O chefe se virou para mim e dava para ver que estava impressionado. Ele disse apenas: 'Você venceu, você nos convenceu de que sua solução com a grade metálica é absolutamente viável. Nós vamos dar a aprovação.'

"Ainda estou convencido de que se eu simplesmente tivesse lhes descrito minha solução, não teria dado certo. Minha atuação ganhou o caso para mim, e mostrou que às vezes as ações realmente falam mais alto do que as palavras."

TRANSFORME A DEMONSTRAÇÃO EM UM DESAFIO

Um vendedor do ramo de moldagem de plásticos queria provar que seu produto era superior aos da concorrência. O que ele fazia? Ele trazia suas peças moldadas e ficava de pé sobre elas. Assim, ele conseguia o envolvimento de seus clientes. Transformava sua exibição em um desafio, duvidando que fossem capazes de quebrar as peças subindo e pulando sobre elas. Obviamente, as peças nunca se danificavam, e o vendedor provava seu argumento.

Existe algum elemento de seu produto ou serviço com o qual você poderia promover um desafio? Se houver, você tem uma oportunidade de tentar uma atuação artística e fazer algo divertido com seus clientes.

PROVOQUE A CURIOSIDADE COM DRAMATICIDADE

Uma atuação não requer necessariamente equipamentos elaborados. Por exemplo, vejamos o caso de um vendedor de máquinas de venda automática, que usa uma grande folha de papel para tentar convencer seus clientes durante a apresentação de sua solução. Quando vai falar com seus clientes, ele desdobra uma grande folha de papel, estende-a no chão e faz a abertura com a seguinte frase: "Se eu pudesse lhes mostrar como esse espaço pode gerar dinheiro para vocês, vocês iriam se interessar, não iriam?"

Como podemos avaliar pelos exemplos anteriores, a atuação não tem que ser difícil, ou piegas. Ao entendermos o significado da atuação artística, nos predispomos a encontrar formas pelas quais podemos incutir uma dramaticidade relevante nas apresentações de nossas soluções.

Independentemente de como fazemos nossa apresentação, ou de quais ferramentas usamos, precisamos nos lembrar de duas coisas importantes:

Faça com que a apresentação seja relevante para o cliente. Se nossa apresentação for simplesmente uma proposta, precisamos nos certificar de que fizemos perguntas suficientes para ter uma proposta exclusiva para o cliente. O simples atendimento dos requisitos do cliente não garante que sabemos todas as suas necessidades. Devemos ainda fazer perguntas e encontrar formas de acrescentar um elemento de personalização para cada proposta que desenvolvemos. Além disso, se temos como fazer uma apresentação em Power Point ou transparências, devemos encontrar formas de personalizá-la para cada cliente. Talvez possamos acrescentar o nome da companhia na abertura. Talvez possamos usar uma ou duas transparências para apresentar objetivos específicos daquele cliente. Qualquer que seja o caso, não devemos perder a oportunidade de mostrar a nossos clientes o quanto consideramos sua situação individual.

Envolva-se na apresentação. Nosso trabalho não é apenas narrar. É envolver e destacar. Em outras palavras, se usarmos imagens em Power Point como evidências, devemos usá-las apenas como ferramenta de suporte. Elas não devem ser o ponto focal da apresentação de nossa solução. Se mostrarmos um vídeo, devemos descrever como os pontos-chave do vídeo relatam a situação do cliente. Se decidirmos fazer uma demonstração, devemos estar certos de que nos sintamos confortáveis ao fazê-la. Em outras palavras, os clientes estão nos comprando tanto quanto estão comprando nossos produtos ou serviços. A qualquer momento que pudermos adicionar uma abordagem pessoal, aumentamos as chances de que nossa apresentação seja relevante para o cliente.

CAPÍTULO 8

Avaliação do cliente
Rumo ao compromisso

> "O trabalho do vendedor: persuadir as pessoas a querer o que elas realmente precisam."
>
> E. ST. ELMO LEWIS

A esta altura, já apresentamos nossa solução. Na maioria das vezes, desfrutamos de um forte sentimento de realização. Agora, podemos respirar tranquilos, sentar, e esperar pela decisão do cliente, certo? Não exatamente.

Infelizmente, vender não é assim tão fácil. Se fosse, todo mundo ia querer vender. É muito difícil, especialmente em ciclos de vendas longos, que alguém consiga fechar um compromisso imediatamente após a apresentação da solução.

Em algumas ocasiões, particularmente quando grandes volumes de capital estão envolvidos, os clientes precisam consultar um comitê de compras, ou analisar como a solução irá funcionar considerando as restrições de verba existentes.

Por outro lado, acontece de muitas vezes os orçamentos e avaliações dos comitês não serem de fato o problema. E nessas horas que precisamos nos conduzir como vendedores profissionais. A resposta "Preciso pensar a respeito" geralmente significa uma retração no processo de venda e pode prejudicar nossas chances de fechar um compromisso.

Por que os clientes intencionalmente se retraem? Muitas vezes porque não lhes passamos um senso de urgência de fazer a compra. Embora possamos ter lhes mostrado com sucesso como nosso produto ou serviço se adequa às suas necessidades, não necessariamente os motivamos o suficiente para assumir um compromisso.

Existem duas razões para que isso aconteça: I) Não entendemos, confundimos ou interpretamos mal os sinais de advertência ou de necessidade de compra do cliente. Consequentemente, não respondemos apropriadamente a eles. II) Não compreendemos ou não valorizamos o suficiente o Motivo Dominante de Compra.

Sinais de compra e de advertência

Ao longo da apresentação de venda, nossos clientes estão constantemente avaliando nossas palavras e ações. Eles respondem a tudo o que apresentamos verbalmente, fisicamente ou emocionalmente. Essas respostas são dicas que temos que visualizar como sinais de compra e sinais de alerta. Como profissionais de venda, devemos ter a capacidade de reconhecer esses sinais, interpretá-los com exatidão, e responder de acordo.

Uma grande parte do sucesso em vendas decorre de estarmos constantemente atentos ao que nossos clientes estão pensando. Os sinais de compra e de advertências são importantes pontos de verificação no processo de venda, para nos ajudarem a assegurar que nosso pensamento está alinhado com o deles.

SINAIS DE COMPRA

Na maioria das negociações de venda, chega um momento em que nossos clientes estão prontos para assumir um compromisso. Esse momento pode ser um breve instante ou um longo mês. Qualquer que seja o caso, devemos tentar perceber os sinais de compra — alguma coisa que o cliente diz ou faz, que indica que ele tem uma posição mais favorável quanto a comprar nosso produto ou serviço.

Para entender melhor os sinais de compra, ajuda pensarmos sobre nosso próprio comportamento quando nos sentimos dispostos a comprar. Sentimo-nos relaxados com o vendedor? Nossa voz demonstra excitação? Falamos mais rápido? Existem boas chances de que nossos clientes façam as mesmas coisas.

Existem dois tipos de sinais de compra: verbais e não verbais. Embora seja importante reconhecer os dois tipos de sinais de compra, os vendedores habilidosos se tornam grandes conhecedores dos sinais não verbais de seus clientes. Por quê? As pessoas que não são muito abertas à comunicação verbal podem nos dizer muito através de suas ações. Observando as mudanças nos movimentos e expressões de nosso cliente, podemos saber quando parar a apresentação de nossa solução e perguntar-lhe o que está achando, o que pode ser essencial no progresso do relacionamento.

Para muitos de nós, as dicas não verbais são as mais difíceis de se perceber, e muitas vezes elas nos confundem. Afinal de contas, muitas vezes — por questão de cortesia — as pessoas aparentam estar interessadas em um produto ou serviço mesmo quando não têm qualquer motivação emocional para comprar.

Na maioria dos casos, entretanto, é difícil para qualquer pessoa disfarçar seus verdadeiros sentimentos. Por esse motivo precisamos aprender o que as pessoas fazem, que indique interesse em comprar.

Sinais de compra: a pessoa

- Se mostra relaxada — especialmente se abre as mãos
- Se inclina em sua direção
- Assume uma expressão mais agradável
- Demonstra concordância com sua solução balançando a cabeça
- Dá um passo atrás para apreciar seu produto
- Toma decisões secundárias que corroboram a decisão principal de comprar
- Apresenta um brilho incomum nos olhos
- Faz algo que indique que já é dona do produto

Quando Jeanette R. Liller trabalhava com recrutamento militar, frequentemente confiava nos sinais não verbais de compra, como os que mencionamos acima, para determinar se os candidatos tinham comprado a ideia de se apresentarem como recrutas. Ela se lembra particularmente de um candidato.

— Eu me encontrei com um jovem chamado Ed Johnson e sabia em cada momento em que ponto o processo estava, só de olhar sua reação. Ele ficava sentado na beira da cadeira a maior parte do tempo. Quando eu disse que poderíamos pagar sua universidade, ele meneou a cabeça para cima e para baixo e surgiu um grande sorriso em seu rosto. Ele ficou muito excitado com aquela informação. Quando lhe disse que o próximo passo seria o exame físico, e apresentei as datas em que ele poderia fazê-lo, imediatamente escolheu uma das datas. Embora não tomasse a iniciativa de dizer "Eu quero ser recruta", eu sabia que ele estava seriamente decidido nesse sentido.

A história de Jeanette demonstra alguns sinais de compra não verbais bastante óbvios. Mas muitas vezes nossos clientes nos dão dicas não verbais que não são tão fáceis de interpretar, por exemplo:

- Reexaminar a amostra do produto
- Pegar a proposta ou o pedido de compra
- Movimentar os olhos
- Verificar a papelada
- Pegar material informativo e ler

Com esses tipos de dicas não verbais, existe sempre o perigo de que não sejam sinais de compra. Por exemplo, um cliente pode pegar a amostra de nosso produto porque ele não gosta de seu aspecto. Ou pode pegar o material informativo e colocá-lo dentro da pasta, indicando que não está mais interessado na conversa.

Se você não estiver seguro de que uma dica não verbal é um sinal de compra, pode fazer algumas perguntas para esclarecer a posição do cliente. Vamos apresentar esse tipo de pergunta mais adiante neste capítulo.

Os sinais de compra verbais, por outro lado, geralmente são mais fáceis de perceber, simplesmente porque são mais aparentes. Eis alguns exemplos:

- Ele quebra facilmente?
- Posso fazer um *leasing*?
- É preciso treinamento específico?
- Você instala?
- Você tem departamento de manutenção no local?
- Posso dar minha máquina antiga de entrada?

Stephen Neuberth, presidente da N Systems, Inc., uma manufatura baseada em Colúmbia, Maryland, sabe por experiência própria que tipos de sinais verbais indicam uma decisão de compra favorável para sua companhia.

— Quando os clientes querem discutir cronograma de instalação e detalhes específicos sobre equipamentos, isso geralmente indica que eles já passaram do pensamento de comprar para o pensamento de possuir. Algumas vezes, fornecemos antenas de microondas para eventos especiais. Nessa situação, as pessoas sempre pedem uma cota. Se disserem: "Precisaremos dela na data x, para o Jerry Lewis Telethon. Você pode disponibilizá-la até lá?", temos praticamente certeza do compromisso do cliente. No momento em que dizemos "Sim, podemos lhe atender", a ordem de compra já está bem próxima.

Como Stephen, também devemos dedicar um tempo pensando sobre o que nossos clientes podem dizer, no nosso caso específico, que indique um sinal de compra. Na verdade, podemos até perceber sinais (ou advertências) verbais mais cedo, ainda durante o processo de coleta de informações. Isso aumenta nosso conhecimento sobre aspectos específicos que podem precisar ser tratados quando formos apresentar nossa solução.

Vejamos, por exemplo, o caso de um vendedor de softwares de contabilidade, cujo cliente é o gerente financeiro de uma firma. No início da reunião ele poderia perguntar: "Qual sua impressão sobre o nosso software?" A resposta do cliente geralmente pode lhe dar algum tipo de sinal de advertência ou de compra.

Se ele disser "Ouvi falar que ele não só melhora o fluxo do processo, como também ajuda na comunicação dentro do departamento", o vendedor tem uma boa indicação de que a impressão inicial do cliente em relação à sua companhia é favorável. Pode também assumir que o fluxo do processo e a comunicação dentro do departamento são importantes para aquele cliente.

Por outro lado, se ele responder "Ouvi dizer que os preços são caros para os produtos que oferecem", o vendedor sabe imediatamente que o cliente está preocupado com preço e que talvez tenha uma impressão negativa de seu produto. Em qualquer caso, ele obtém informações importantes, que afetam o resto da negociação.

Perguntas de tentativa de fechamento. Estas são perguntas de avaliação. São úteis em qualquer momento do processo, mas principalmente quando se trata de sinais de compra e de advertência. Eis algumas que você poderia usar:

- O que é que lhe parece, por enquanto?
- O que você está achando?
- Como você se sente em relação a essa ideia?
- Esse é o tipo de cenário no qual você gostaria de se ver?
- É isso que você quer que aconteça?
- Se você quiser seguir adiante, existe qualquer mudança que você gostaria que fosse feita?
- Em sua opinião, isso está parecendo que irá atender suas necessidades?

Nossa reação aos sinais de compra: tentativa de fechamento. Às vezes não gostamos de parar nossa apresentação de solução quando percebemos sinais de compra. Na realidade, entretanto, atender aos sinais de compra é uma segurança de que nossa solução permaneça visando o alvo. Também nos permite compartilhar do entusiasmo de nosso cliente por sua iminente decisão de compra.

Como regra geral, se obtivermos um sinal de compra, não devemos ignorá-lo. Devemos fazer uma avaliação através de uma pergunta de tentativa de fechamento. Lembre-se, alguns sinais de compra podem não ser de forma alguma sinais de compra. É por isso que as perguntas de tentativa de fechamento são tão importantes.

As perguntas de tentativa de fechamento ajudarão a esclarecer onde estamos no processo de venda, o que devemos fazer para manter a conversa progredindo e se estamos, de fato, obtendo um sinal de compra.

Por exemplo, se um cliente disser: "Você tem um departamento de manutenção local?", podemos responder com uma pergunta avaliadora, tal como "Em que isso ajudaria no atendimento de suas necessidades?" ou "Por que isso é importante para você?". As respostas a estas perguntas nos ajudam a avaliar o que a pessoa está pensando. Ou, no caso dela dizer "Posso fazer um *leasing!*" podemos responder com uma pergunta como: "O que te atrai no *leasing*"

Um detalhe importante: quando recebemos respostas a estas perguntas, geralmente podemos conectá-las com algum aspecto de nossa solução. Na verdade, se tivermos feito um bom trabalho de captação de informações, já devemos saber porque um serviço de manutenção local ou um *leasing* são fatores importantes. Entretanto, em certas ocasiões não tivemos oportunidade de coletar aquelas informações, ou então mudaram as necessidades do cliente desde a última vez que estivemos com ele. O fato é: quando fazemos uma pergunta avaliadora, devemos usar as informações que obtemos para assegurar que nossa solução proporciona ao cliente o que deseja e satisfaz a necessidade emocional pela qual ele deseja nosso produto ou serviço.

Leonard Frenkil, Jr., vice-presidente de operações da Washington Place Management, em Maryland, constatou o valor das perguntas avaliadoras em primeira mão. Na verdade, ele se lembra de uma ocasião em que gostaria de ter feito uma pergunta de tentativa de fechamento para ajudá-lo a entender a verdadeira posição de seu cliente.

— O acionista majoritário de uma empresa local que trabalha com empreendimentos imobiliários mudou-se para um apartamento quando cursava a universidade. Ele gostou do prédio e o comprou, mas não tinha qualquer conhecimento ou experiência em administração. Queria saber como eu adequaria o prédio e o quão rápido poderia fazê-lo. Eu estava convencido de que obtivera um sinal de compra verbal que me dizia que o serviço era meu. Na verdade eu disse tudo para ele. Eu me encontrei com seus subcontratados e discutimos melhorias que poderiam ser feitas dentro dos seus parâmetros contratuais. Elaboramos cronogramas operacionais e orçamentos. Mas, cada vez que eu solicitava que formalizássemos o negócio, ele era evasivo.

"Infelizmente, eu não parei para avaliar onde ele de fato estava em seu processo de pensamento. Assumi que estava me dando sinais de compra. Mas na realidade ele não estava comprando. Estava tentando conseguir informações de mim para que pudesse administrar ele mesmo."

De qualquer forma, Len desenvolveu um bom relacionamento com esse cliente. Mas isso não compensou seu desapontamento por não ter conseguido a venda. A partir de então, ele passou a tratar cada sinal de venda com uma pergunta avaliadora de tentativa de fechamento.

— Em outra situação, perto do fim de minha terceira reunião com a diretoria de um condomínio, o presidente me deu um potencial sinal de compra. Ele queria saber se no caso de escolherem a nossa empresa, nós não substituiríamos o gerente que eles tinham designado anteriormente. Minha resposta foi: "Se fecharmos negócio, vocês estarão dispostos a acertar um novo acordo de gerenciamento mantendo o gerente?" Ele disse sim, e nós assim fizemos.

Nesse caso, a pergunta do presidente do condomínio era realmente um sinal de compra. Ao fazer uma pergunta avaliadora, Len foi capaz de determinar o nível de interesse do cliente em sua solução. E não apenas isso. Ele pôde, também, potencializar a solução para acomodar uma solicitação que era importante para seu cliente.

Evidentemente, os sinais de compra são importantes e nós precisamos aprender a lê-los eficazmente. Na verdade, se estamos oferecendo s solução correta para os nossos clientes, devemos esperar receber sinais de compra. A chave é responder adequadamente, no tempo certo, e então direcionar a conversa para o fechamento da venda.

SINAIS DE ADVERTÊNCIA

Fisionomia fechada
Postura tensa
Inclinar-se para trás
Manter distância dos prospectos

Dispersão
Braços cruzados
Mudança no tom de voz
Mudança no ritmo da conversa

SINAIS DE ADVERTÊNCIA

Os sinais de advertência são tipicamente qualquer coisa que o cliente disser ou fizer que indique perda de empatia, confiança ou interesse. A linguagem tradicional de vendas diz que não se deve fazer nada em relação aos sinais de advertência. Como vendedores profissionais, entretanto, precisamos reconhecer que eles são uma ocorrência comum no processo de vendas. Assim como os sinais de compra indicam uma resposta favorável em relação a nossa solução, os sinais de advertência indicam que a solução que estamos apresentando não atende aos desejos e necessidades do cliente.

Você se lembra da última vez que dirigiu numa autoestrada? Talvez tenha se distraído um pouco e passado por cima dos "olhos-de-gato" — aquelas pastilhas refletoras que ficam no centro da estrada e que provocam barulho quando você passa por cima. Se você está familiarizado com este conceito, deve saber que os olhos-de-gato são projetados principalmente para acordar o motorista, caso ele durma enquanto dirige.

O mesmo é verdade para os sinais de advertência. Eles servem como um despertador que nos diz que algo está errado no relacionamento entre nós e nossos clientes.

Assim como os sinais de compra, os sinais de advertência podem ser tanto verbais quanto não verbais.

Os sinais não verbais incluem:

- Olhar para o relógio
- Não responder a perguntas
- Pegar papéis e documentos não relacionados à venda
- Ajeitar-se na cadeira
- Tornar-se menos amigável
- Atender a chamadas telefônicas
- Movimentos dos olhos

No que se refere a sinais verbais, os clientes podem dizer coisas como:

- Já ouvi isso antes.
- Não vejo nenhuma diferença.
- Quanto tempo mais vai durar sua apresentação?
- Podemos continuar isso numa outra hora?

Lembre-se, como explicamos quando falamos dos sinais de compra, o que percebemos como sendo um sinal de advertência pode não ser de forma alguma um sinal de advertência. Por exemplo, se o cliente quer encerrar a reunião, pode ser porque ele realmente tem um outro compromisso importante. Se ele atender uma chamada telefônica, pode estar recebendo informações ou orientações de seu chefe. Se olhar para o relógio, pode estar admirando um novo presente que acabou de ganhar.

Novamente, assim como no caso dos sinais de compra, precisamos fazer algumas perguntas para determinar se o sinal de advertência é real.

Por exemplo, se notarmos que a atenção do cliente está começando a se desviar, podemos fazer uma pergunta avaliadora como "Talvez eu não esteja bem focado na sua situação, por acaso deixei passar alguma coisa?".

Se recebermos um sinal de advertência verbal, perguntas em aberto podem ser bastante eficientes. Se ele disser "Não vejo nada de diferente", podemos perguntar "Como assim, você poderia explicar melhor?".

O fato é que os sinais de advertência exigem que paremos o processo de venda e façamos uma pergunta para avaliar em que ponto estamos em relação ao cliente. Se reconhecermos os sinais de advertência e lidarmos com eles habilmente, evitaremos danos à situação da venda em que estamos trabalhando, e fortaleceremos a relação de confiança com nosso cliente.

Jeanette Liller se lembra de uma vez em que recebeu um sinal de advertência e acabou pedindo a um colega que avaliasse a posição de um candidato.

— Nós tínhamos agendado o exame físico de um candidato, chamado Ray, para 5h. Infelizmente o dia foi marcado errado e, portanto, quando ele apareceu para fazer o exame seu nome não estava na lista. Ele teve que voltar para casa sem fazer o exame. Nós o remarcamos para a quarta-feira seguinte. Antes do dia do exame, Ray tentou me ligar, mas eu estava de saída. Ele tentou deixar uma mensagem na secretária, mas não conseguiu porque tinha ligado para minha linha direta.

"Quando retornei havia três mensagens dele na secretária eletrônica. Ele parecia bastante aborrecido comigo. Quando liguei de volta, Ray foi lacônico ao telefone. Mal queria falar comigo. Insistia em remarcar o dia do exame. Percebi, então, que aquilo era um forte sinal de que algo estava errado. Eu não conseguia convencê-lo a vir fazer o exame.

"Então pedi ao meu colega que ligasse para ele. Meu colega ligou e obteve uma reação completamente diferente de Ray. Ele foi simpático e marcou imediatamente um dia para o exame. Se eu não tivesse reconhecido o sinal de advertências e parado meu processo de venda, esse candidato poderia não ter se alistado."

A capacidade de Jeanette em perceber o sinal de advertência ajudou-a a alterar sua linha de ação, acabando por ajudar um jovem a ir adiante numa decisão que era importante para ele. Ler os sinais de advertência de nossos clientes pode produzir o mesmo tipo de resultado positivo.

Devemos a nossos clientes esse esforço para nos tornarmos bons, tanto em interpretar, quanto em responder aos sinais de advertência. Por quê? Porque isso demonstra que nos importamos com nossos clientes como pessoas. Isso também faz parte da prática de bons princípios de relacionamento humano e de estarmos genuinamente interessados no que nossos clientes fazem ou dizem. Os melhores vendedores profissionais transformam num hábito a interpretação desses sinais, de forma que eles possam ver melhor as coisas do ponto de vista de seus clientes.

Pondo emoção na venda: a força das imagens mentais

Em nossos treinamentos de vendas, muitas vezes perguntamos: "Por que as pessoas compram seu produto?" A resposta que geralmente recebemos é: "Porque é um bom produto."

Na realidade, a resposta certa deveria ser: "Porque eles querem." Para realmente nos destacarmos da concorrência, precisamos entender porque nossos clientes querem o que temos para vender. Isso tem a ver com o Motivo Dominante de Compra, sobre o qual falamos no processo de entrevista. Qual é o ganho emocional do cliente por comprar nosso produto ou serviço? Se pudermos responder essa pergunta e usar a informação habilmente, esse fator por si irá nos diferenciar da concorrência. E além disso, aumentará nossas chances de que a venda não retroceda durante a avaliação do cliente.

Geralmente, o Motivo Dominante de Compra é criado naturalmente por uma imagem que o cliente cria em sua própria cabeça.

Pense a respeito de algumas das maiores compras que você já fez. São grandes as chances de que quando comprou seu último carro tinha uma imagem em sua mente. Você provavelmente imaginou como se sentiria ou qual seria sua aparência dirigindo seu novo carro, antes mesmo de ir à concessionária. Ou então, as últimas grandes férias que você tirou. Você já não se imaginava relaxando na praia, esquiando montanha abaixo, ou fazendo qualquer coisa que lhe traz alegria e relaxamento? Pense sobre comprar um novo equipamento de som. Você não se vê sentado junto à lareira, no jardim, ou recebendo seus convidados com sua música favorita ao fundo?

O fato é que, enquanto a lógica dita qual produto ou serviço queremos, a maioria de nossas decisões é guiada pelo motivo emocional de compra. E esse motivo emocional está tipicamente ligado à imagem que temos em nossas mentes.

Infelizmente, nem todos os ambientes de venda conduzem a imagens mentais tão óbvias. Nessas situações, os vendedores devem fazer imagens faladas — descrições verbais de como nosso cliente se sente ao usar nossos produtos ou serviços.

As imagens verbais são eficientes depois que identificamos as áreas de interesse primário e o Motivo Dominante de Compra do cliente. Como podemos usá-las praticamente em qualquer ponto do processo de venda, elas não fazem parte de um elemento específico do processo.

Se pensarmos a respeito do assunto, os anúncios no rádio e na televisão dependem das imagens verbais para vender. Porém nós vendedores geralmente evitamos usá-las. Por quê? Porque tememos o risco de soarmos pouco naturais, ou entrarmos em terreno pantanoso por apelarmos para as emoções do cliente em vez de seu cérebro.

É natural que nos sintamos assim. No entanto, os melhores profissionais de venda não permitem que tais sentimentos os atrapalhem. Eles criam imagens verbais e depois as usam consistente e conscientemente, até que sejam absorvidas pelo subconsciente e se tornem automáticas. Muitos dos melhores vendedores do mercado têm imagens verbais em sua "caixa de ferramentas" de vendas.

Pense nisso: você é um cliente potencial, que está pensando em comprar uma piscina para pôr em seu jardim. Você não está bem certo se vai fazer a compra, porque custa muito dinheiro. Mas sempre foi um sonho seu chegar em casa numa tarde de verão, depois de um longo dia de trabalho, e dar suas braçadas na sua piscina, divertindo-se com sua família.

Você pede orçamento em duas companhias diferentes. O primeiro vendedor faz uma visita a sua casa. Ele faz um bom trabalho, descrevendo as características e benefícios de sua piscina. Mas, quando ele diz o preço, você começa a pensar melhor. Você não tem dúvida de que o produto é bom, mas começa a pensar se vale o que custa, além dos gastos de tempo e dinheiro em manutenção no longo prazo. Quando ele propõe que assinem o contrato, você congela a venda e lhe diz que gostaria de ter algum tempo para pensar no assunto.

O segundo vendedor, que vem no dia seguinte, dedica algum tempo a você fazendo perguntas. Ele fica sabendo de seu receio com os gastos de tempo e dinheiro para construir e manter a piscina. Assim, ele já sabe que sua solução terá que abranger esses itens. E mais importante, descobre que você tem um motivo emocional para comprar — se divertir com sua família. Simplificando, a piscina é o que você quer, e o motivo emocional para querer isso é poder relaxar e se divertir com as pessoas mais importantes em sua vida.

Se todas as outras coisas forem iguais, incluindo preço, forma de pagamento e características do produto, qual dos vendedores tem melhor chance de convencê-lo a dispor de seu dinheiro? Aquele que fala apenas das características e benefícios, ou o outro, que trabalha com sua imagem mental de desfrutar bons momentos com sua família?

Guia para imagens mentais

- Ser clara e concisa — com 30 segundos ou menos.
- Mostrar o cliente como um herói.
- Usar o presente do indicativo.
- Ilustrar uma conexão direta com o Motivo Dominante de Compra do cliente.
- Ser fácil de acreditar.
- Dizer como o cliente está se beneficiando com seu produto ou serviço.
- Usar uma linguagem que toque os sentidos — ver, ouvir, tocar, sentir e cheirar.

Embora o uso de imagens verbais possa de início parecer complicado, ele pode eventualmente se tornar sua segunda natureza. Então, como conseguir informações para construir imagens verbais? Do processo de coleta de informações, naturalmente.

Para entender melhor como construir imagens verbais numa conversação de venda, ajuda separar o processo em cinco elementos:

Lembre-se do que o cliente quer e porque ele quer aquilo. Precisamos, antes de poder criar uma imagem verbal, entender o interesse primário do cliente (o que ele quer) e o Motivo Dominante de Compra (porque ele quer). Não podemos construir uma imagem verbal sem essas informações.

Lembre ao cliente o que falta a ele e consiga com que reconheça essa carência. Precisamos nos assegurar que estamos pisando no mesmo terreno que nosso cliente, conseguindo com que ele reconheça que precisa dos benefícios que nossos produtos ou serviços podem lhe trazer. Obviamente, precisamos ter cuidado para não ofender o cliente. Veja, por exemplo, o caso de uma pessoa que está comprando uma casa nova. Se estivermos no papel do vendedor, não devemos dizer: "Seu imóvel atual está desarrumado e apertado, certo?" É melhor lembrar o cliente do que lhe falta, usando sua própria linguagem. Em outras palavras, devemos dizer: "Se eu entendi bem, você disse que não está satisfeito com o espaço que tem em sua casa atual, não é isso?"

Lembre ao cliente que seu produto ou serviço irá suprir essa falta. (Isso atende ao que ele quer — o interesse primário.) Esse elemento está relacionado às características e benefícios de nosso produto ou serviço. No nosso exemplo sobre imóvel, poderíamos dizer: "Compre esta casa e você vai ter um quarto para cada pessoa de sua família."

Crie uma imagem verbal ilustrando como o cliente irá se sentir quando o Motivo Dominante de Compra for satisfeito. A verdadeira imagem verbal se orienta pelo Motivo Dominante de Compra. Quanto mais soubermos sobre esse motivo, mais eficiente será nossa imagem verbal. Vamos continuar com o exemplo sobre um imóvel. Depois de termos lembrado nosso cliente de que a nova casa irá suprir o que falta a ele, podemos dizer: "Imagine a tranquilidade que você terá ao ver seus dois filhos indo para seus quartos brincar ou estudar. Nada de implicâncias ou brigas. Eles estão se tornando amigos, e estão desfrutando da companhia um do outro, em vez de ficarem brigando por espaço no armário. Isso significa que você vai ter menos estresse dentro de casa. Não seria um cenário do qual você gostaria de fazer parte?" O cliente havia mencionado o problema durante o processo de coleta de informações. Lembre-se, estamos criando uma imagem baseada nas palavras do cliente. Se ele nunca tivesse se referido a falta de espaço nos armários, não iríamos construir uma imagem em torno disso.

Imagens verbais só funcionam se são relevantes para a situação do cliente.

Faça uma tentativa de fechamento. Novamente, uma pergunta avaliadora assegura que estamos entendendo o que o cliente está pensando e sentindo. Na maioria dos casos, a pergunta avaliadora é praticamente padrão. Poderíamos perguntar algo do gênero: "Este é um ambiente em que você gostaria de se ver, não?" Se o cliente hesitar ou não concordar, podemos ter confundido seu Motivo Dominante de Compra. Sendo o caso, precisamos fazer mais perguntas para entender melhor o Motivo Dominante de Compra.

Esses cinco elementos foram explicitados para nos ajudar a pensar através dos elementos de fortes imagens verbais. Uma vez entendidos esses elementos, podemos simplificá-los em poucas frases: "Lembrar ao cliente o que ele não tem. Lembrá-lo de que temos o que ele precisa. Mostrar a ele como seria tê-lo."

Eis um exemplo de uma imagem verbal que pode funcionar bem.

O cenário: o vendedor é um provedor nacional de serviços de fretes. O cliente quer aliviar seu congestionamento na expedição de produtos, de forma que ele possa sair nas sextas-feiras a tempo de ver sua filha jogar voleibol.

Nesse caso, a imagem verbal do vendedor pode ser mais ou menos esta:

— Pelo que estou entendendo você está tendo muito congestionamento na expedição antes do fim de semana, porque o fretista atual está atrasando no embarque dos produtos, não é isso? — O cliente concorda. — E, considerando a grande frota de caminhões que temos em nossa companhia, posso garantir que viremos buscar seus produtos todas as sextas-feiras até as 3h. Imagine isso: daqui a um mês, numa sexta-feira, às 3h, nossos caminhões estarão aqui e todos os seus produtos já estarão fora de seus portões antes das 4h. Às 4h30 você já vai estar no seu carro indo ver sua filha jogar. Esta não é uma situação que gostaria de estar vivendo?

Novamente, essa imagem funciona porque remete ao interesse primário e satisfaz o Motivo Dominante de Compra. Ela também é eficaz porque usa a mesma linguagem que o cliente compartilhou com o vendedor durante o processo de perguntas.

Pontes para imagens verbais

Estas frases podem ajudá-lo nas suas imagens verbais:
- Digamos que puséssemos isso em prática...
- Digamos que você experimentasse essa ideia...
- Imagine isso...
- Vamos supor que fechamos negócio. Imagine o...

Podemos usar imagens verbais para vender produtos abstratos?

Certamente. Len Frenkil sabe, por experiência própria, como imagens verbais podem ajudar nessa situação:

— Quando fui apresentado ao conceito das imagens verbais minha reação foi positiva, porque vendo uma coisa extremamente complicada. Meu produto não é tangível. Você não pode tocá-lo. Portanto, o cliente precisa me comprar tanto quanto ao produto. Então, quando posso fazer uma imagem, sou capaz de descrever verbalmente como seria para meus clientes usufruir dos benefícios de meu produto, e isso os ajuda a me imaginarem como a pessoa que está lhes proporcionando esse serviço. Não quero que eles pensem em um gerente qualquer. Quero que pensem em mim.

Len se recorda de muitas situações em que usou imagens verbais com sucesso.

— Um corretor de imóveis local retomou um pequeno prédio que havia vendido anteriormente. "Retomada" geralmente significa execução do débito (ou a escritura é oferecida em troca de uma cobrança na Justiça), e o título, ou posse da propriedade, reverte ao proprietário original.

"Quando ele recebeu o prédio a situação era péssima. Muitos problemas de manutenção, vários apartamentos vagos e os inquilinos estavam descontentes. Enquanto andávamos pela propriedade, ele concordou comigo que cerca de 25% dos apartamentos estavam vagos, o telhado estava com goteiras e que os inquilinos estavam insatisfeitos. Também concordou que teria que se endividar pesadamente para reverter aquele quadro.

"Então criei minha imagem: Vamos imaginar uma situação daqui a um ano. Estaremos andando em uma propriedade da qual você vai poder se orgulhar. Bem mantida, os inquilinos felizes, e as contas fechando no fim do mês. É aí que você quer chegar, não é?' Ele concordou. E hoje em dia temos um sólido relacionamento comercial."

MAIS IMAGENS VERBAIS EM AÇÃO

Como qualquer coisa em um processo de venda, o uso das imagens verbais pode não ser das coisas mais confortáveis para você. Mas, ultimamente, sair de sua zona de conforto é o que pode levá-lo ao mundo novo e mais lucrativo da construção dos relacionamentos com os clientes. Na verdade, a melhor forma para aprender sobre o poder das imagens verbais é ver como outros as usaram.

Debra Elmy é gerente de contabilidade no ramo de cruzeiros em embarcações. Ela trabalha para a divisão de Chicago, Illinois, da Odyssey Cruises. Nessa divisão eles oferecem cruzeiros em um grande barco, que faz excursões no lago Michigan nas proximidades de Chicago.

Parte do trabalho de Debra é organizar casamentos a bordo. Embora Debra já trabalhe para a Odyssey há bastante tempo, a organização de casamentos é novidade para ela. Debra nos descreve uma de suas maiores e mais recentes vendas para uma noiva muito ocupada, Andrea:

— Andrea estava realmente pressionada pelo tempo e o que queria era contratar de uma só tacada todo o casamento. Ela na verdade queria que eu cuidasse de tudo. Eu sabia que só teria uma chance de encontrá-la pessoalmente, portanto, coletei o máximo de informações que pude por telefone. Falamos sobre datas, preços, menus e sobre todos os assuntos pertinentes a um casamento a bordo de um barco. Antecipando a possibilidade de poder usar uma imagem verbal, pedi que ela me descrevesse seu dia ideal. Percebi que uma atmosfera relaxante era um aspecto importante para ela. Também descobri que não queria ter trabalho algum, com as coisas acontecendo sem qualquer esforço por parte dela. Para resumir, ela queria poder desfrutar ser a noiva.

"Então, quando Andrea foi no barco ver o que tínhamos para lhe oferecer, eu já tinha minha imagem verbal pronta. Eu lhe disse: 'Imagine a cena, Andrea. Sua família e seus amigos sentados no deck durante a cerimônia do casamento, com o magnífico panorama de Chicago por trás de você e Robert. A vista incrível, o calor do sol aquecendo seus rostos, e você fazendo seus votos de matrimônio. Então, depois da cerimônia, todos descem para o salão e apreciam os aperitivos e coquetéis enquanto você, Robert, os padrinhos, as madrinhas e os familiares vão tirar fotografias do lado de fora. Quando vocês descerem e se juntarem aos convidados, eles irão cumprimentá-la por seu grande dia e todos poderão começar a desfrutar do almoço."

Nesse caso, Debra começou a apresentação de sua solução com uma imagem verbal.

Foi eficaz? Segundo Debra, a resposta é sim.

— Eu podia ver, enquanto falava, que tinha a imagem em sua cabeça. Ela estava se convencendo de que queria a imagem que eu criei.

Imagens verbais são bem mais fáceis para Debra agora. De fato, ela desenvolve uma imagem única para praticamente cada casamento, dependendo do interesse primário e do Motivo Dominante de Compra da noiva. Debra acredita que o uso das imagens verbais é o motivo dela ser hoje uma das três melhores vendedoras de sua companhia:

— No começo eu hesitava em usar imagens verbais. Eu escrevia tudo antes e ensaiava comigo mesma. Mas agora elas saem facilmente. É só uma questão de conhecer o seu cliente.

Um vendedor profissional de uma companhia que fabrica gravadores de bolso e também acha as imagens verbais extremamente eficientes.

Numa situação específica ele sabia, por conta da eficiente coleta de informações que fizera, que o dia a dia de seu cliente era dividido entre vendas e gerenciamento. O cliente passava muito tempo fora de seu escritório e quando voltava, na parte da tarde, passava boa parte de seu tempo ditando notas e cartas para a gerente do escritório. Assim, a carência principal do cliente era tempo. Ele também descobriu que o cliente gostaria de poder sair mais cedo do escritório no fim do dia.

O vendedor sabia que seu gravador de bolso seria a solução ideal para aquele cliente. O cliente concordou, mas não estava muito entusiasmado em fazer o investimento. Neste ponto, o vendedor criou sua imagem verbal. Ele disse:

— Vamos olhar para o futuro. Você compra nosso gravador e eis o que vai acontecer. São 9h de uma segunda-feira e você acabou de sair de seu primeiro cliente do dia. Você imediatamente dita sua carta em nossa máquina. São 10h30 e você saiu de seu segundo cliente, novamente dita sua carta, e continua esse processo ao longo do dia depois de cada cliente. Às 15h30 você entra em seu escritório. Sua gerente lhe passa um monte de recados telefônicos para responder, e você lhe passa o cassete com suas cartas gravadas. Enquanto você responde aos seus recados, pode ouvi-la digitando suas cartas. Às 16h45 ela passa toda a correspondência do dia, já impressa. Você assina todas as cartas, e às 17h já estão os dois saindo do escritório, com total tranquilidade e senso de dever cumprido, sabendo que fecharam todo o trabalho do dia. Você não gostaria de experimentar isso?

O cliente respondeu:

— Quando é que vocês podem me entregar o sistema?

Novamente, a imagem verbal apelando para as emoções do cliente foi o que moveu adiante o relacionamento. Antes da imagem verbal, o cliente enxergava o motivo lógico para comprar o equipamento, mas não tinha a compulsão emocional necessária para gastar o dinheiro. Após ter se imaginado em seu novo estilo de vida, ele mudou de ideia.

Frank McGrath, de San Diego, usou uma imagem verbal durante uma visita de improviso a um potencial cliente para anúncios em rádio. McGrath vinha tentando convencer seu cliente — um vendedor de telefones celulares — a anunciar em rádio em vez de jornal. Por obra do acaso, caiu um temporal naquele dia e c tráfego estava horrível. Através de seu telefone celular, McGrath ligou para o escritório do cliente para avisar que chegaria atrasado por causa do trânsito. A secretária que atendeu disse que o cliente também estava atrasado.

Frank teve uma ideia. Pediu a ela o número do celular do cliente e ligou para ele. Após algumas trocas de gentilezas e comentários sobre o tráfego, ele disse:

— Tom, sabe que estive pensando sobre as pessoas nesses carros em torno de nós. Elas vão voltar para casa de noite, para o conforto de suas salas, e talvez leiam seu anúncio de página inteira sobre seus celulares. Mas imagine isto: e se você tivesse um anúncio no rádio? Estaria atingindo sua clientela agora mesmo, enquanto estão parados no trânsito. Poderia dizer a eles todas as vantagens de se possuir um telefone celular, de como eles poderiam estar ligando e avisando que estariam chegando atrasados para uma reunião, ou chegando atrasados em casa.

A imagem verbal de Frank conseguiu um compromisso informal de seu cliente. Ele concordou em encontrar-se com ele no dia seguinte.

Eis mais um exemplo da diferença que a imagem verbal pode fazer — mesmo se a venda já parece estar perdida. Oral T. Carter, um vendedor de uma companhia de mudanças, e ex-presidente da Oral T. Carter and Associates Inc., teve como desafio tentar convencer um cliente "sem chances" a escolher sua companhia para fazer a mudança.

— Meu chefe me chamou em sua sala e me disse: "O.T., você quer ir fazer uma tentativa desesperada?" Eu respondi: "Não, mas vou assim mesmo."

"'Eis o problema, ele continuou. 'Um homem que mora aqui em Cleveland foi transferido por sua empresa para Los Angeles. As despesas estão sendo pagas pela empresa para a qual ele trabalha. Eles já selecionaram um de nossos concorrentes para fazer a mudança a um preço abaixo do que podemos oferecer. Vá e veja se consegue fazer alguma coisa para conseguir o contrato para nós.'

"Fui até lá e conversei com a mulher do homem. Eu a convenci a fazer o serviço conosco, pagando de seu próprio bolso a diferença a mais do nosso preço em relação ao do concorrente. Depois que ela assinou o contrato, perguntei à mulher o que a havia influenciado para que mudasse de posição.

"Ela respondeu: 'Você me disse que seus caminhões iriam estacionar em frente de minha casa nova em Los Angeles, e também como seus funcionários carregariam os contêineres com minhas roupas até o meu quarto. Então você me fez imaginar como minhas roupas iriam estar frescas e bem arrumadas quando saíssem de seus contêineres especiais. Foi nesse momento que tomei minha decisão. Eu simplesmente tinha que fazer a mudança com vocês."

Ray Yenkana, que chama a si próprio de "um cara simpático e trabalhador", da imobiliária RE/MAX em Fort St. John, British Columbia, Canadá, usa imagens verbais para vender casas. Em um caso, nem foi preciso que ele criasse a imagem. O cliente, induzido pelo bom questionamento feito por Ray, criou ele mesmo a imagem.

— Eu estava fazendo uma avaliação de necessidades com uma cliente que queria vender sua casa. No momento adequado do fluxo de questionamento, pedi à proprietária para me descrever como se sentiria se vendesse sua casa. Ela fechou os olhos e disse que teria uma grande sensação de realização. Ela podia "ver" a si mesma em sua futura casa nova (que ainda não estava construída), relaxando na varanda em sua cadeira de balanço (que ainda não possuía), com uma sensação de plenitude por ter conquistado seu objetivo. Nem é preciso dizer que quando lhes apresentei a oferta que tinha por sua casa — embora fosse bem abaixo do que eles estavam pedindo —, o sonho que naquele momento era bem palpável os encorajou a aceitar a oferta e vender a casa.

Darlene Goetzinger, diretora de marketing e desenvolvimento da Omni Eye Specialists em Baltimore, Maryland, transformou sua imagem verbal na parte introdutória de um ótimo anúncio de rádio. Embora a imagem verbal não fosse destinada a um cliente específico, ela foi concebida para atingir os ouvintes que fossem potenciais clientes da Omni.

"Você está na praia e se dá conta que sua filha pequena não está por perto. Você se levanta em pânico, vê que ela está brincando na beira da água, e corre até lá para pegá-la — sã e salva. Você não está contente por ter feito operação a laser de correção de miopia com a Especialista em Olhos Omni?" Este anúncio captou muitos novos clientes para a Omni.

Muitos dos exemplos que compartilhamos com vocês não necessariamente seguem uma abordagem sistemática para construção de imagens verbais. E é isso mesmo.

Os vendedores dessas histórias entendem os requisitos e fundamentos do processo. Então, eles adaptam as imagens verbais aos seus ambientes e estilos de vendas específicos. Você deve fazer a mesma coisa. A ideia por trás de aprender como construir uma imagem verbal não é necessariamente a de memorizar cada passo a ser dado. É mais uma questão de se entender o impacto causado pelas imagens mentais, aperfeiçoando o poder do Motivo Dominante de Compra e, em última análise, aumentando suas chances de fechar negócio.

Oitenta por cento dos vendedores perdem a chance de fechar o negócio quando o cliente está pronto, e muitos clientes estão prontos para fechar negócio bem antes do vendedor estar.

Julho de 1994, *Gerenciamento de vendas e marketing*

CAPÍTULO 9

Negociação
Chegando a um consenso

> "Quando lidamos com pessoas, devemos nos lembrar que não estamos lidando com criaturas dotadas de lógica. Estamos lidando com criaturas dotadas de emoção, criaturas movidas a preconceitos e motivadas pelo orgulho e pela vaidade."
>
> DALE CARNEGIE

Quando você pensa na palavra "negociação", o que lhe vem à mente? A última vez em que comprou um carro? Líderes mundiais tentando chegar a um acordo de paz? Você pensa em fábricas, contratos de trabalho, piquetes erguendo cartazes? Ou você pensa em algo mais simples, como a compra de artigos numa feira de artesanato em alguma ilha tropical?

Qualquer que seja o caso, não é provável que a maioria de nós encare a negociação como algo de que gostamos de fazer. Tendemos a imaginá-la como dois lados argumentando, e uma das partes saindo vitoriosa. Se pudéssemos, escolheríamos evitar completamente as negociações. A vida não seria mais simples se nossos clientes simplesmente aceitassem nossas soluções sem hesitação? É claro que sim. Mas isto nem sempre é o que acontece.

Felizmente, as negociações bem-sucedidas são uma experiência positiva para as partes envolvidas. Quando consideramos o papel da negociação no ambiente de vendas, nossa abordagem não deve jamais ser contrária. Encare desta maneira: se os clientes querem negociar conosco, isto é uma forte indicação de que querem comprar conosco. Portanto, por que abordarmos a negociação a partir de uma perspectiva negativa?

Precisamos abordar a negociação a partir de diversos aspectos. Temos o lado qualitativo, que reflete a reação emocional à experiência. Palavras ásperas, ultimatos e ameaças geralmente tornarão a experiência negativa para uma ou para ambas as partes. O eixo quantitativo envolve questões como preço, condições, entrega e serviços com valor adicionado. Ganhos quantitativos mais altos para o vendedor frequentemente significam ganhos menores para o comprador. Compradores e vendedores geralmente terminarão em diferentes pontos deste modelo.

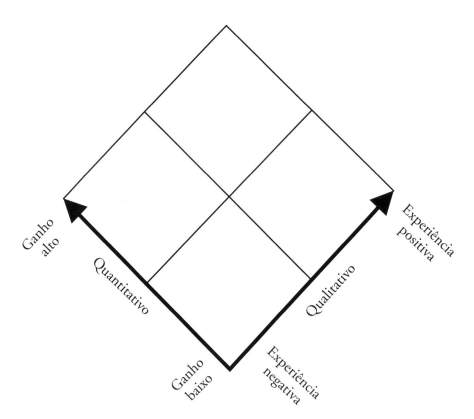

Figura 10: Modelo de negociações

A negociação é apenas uma parte do processo de venda durante o qual tentamos chegar a um consenso. Para desenvolver relações de longo prazo, queremos que tanto o comprador quanto o vendedor sintam que fizeram o melhor negócio e que farão negócio futuramente. Em algumas culturas, a negociação é um meio esperado de se fazer negócio. Em outras, a negociação pode não ser esperada, mas torna-se necessária porque o cliente não quer aceitar a solução da forma como ela é apresentada. Ele pode querer fazer ajustes com relação ao nosso preço, prazo de entrega, assistência técnica, garantia, ou outras partes da solução que poderiam ser realçadas para melhor atender às suas necessidades.

Além de negociar com clientes, frequentemente somos solicitados a negociar com nossas próprias empresas. Quando um cliente pede algo que está fora do escopo dos nossos produtos e serviços, talvez tenhamos que pedir a um gerente para considerar esse pedido.

Por exemplo, talvez a política de nossa empresa seja dar aos revendedores uma comissão de cinco por cento sobre a venda de nossos equipamentos. Temos, no entanto, um revendedor que pede uma comissão de dez por cento devido ao grande volume de vendas. Neste caso, talvez tenhamos que parar de negociar temporariamente com nosso revendedor e tentar negociar outras condições dentro da nossa empresa.

Como vendedores profissionais, não há como evitar a negociação. Por este motivo, precisamos estar preparados. A boa notícia é que, se conseguimos reunir informações durante o processo de vendas, devemos estar bem equipados para as negociações. Com base nas perguntas que fizemos, devemos saber quais pressões nosso cliente está sofrendo, o que ele precisa que o produto ou serviço faça por ele, e que recompensa emocional se esconde atrás da decisão de compra.

Isto é tudo de que precisamos? Bem, é um bom começo. Mas isso também ajuda a entender outros conceitos: 1) a diferença entre negociação e objeções; 2) o lado humano das negociações; 3) tipos de negociações; 4) o papel das ferramentas de negociação tanto para o cliente quanto para o vendedor. Neste capítulo discutiremos esses conceitos detalhadamente.

No final das contas, negociar pode ser divertido. Se realmente conhecemos as necessidades e exigências de um cliente, e se compreendemos a dinâmica da negociação, podemos conduzir o processo com eficiência. Consequentemente, podemos desenvolver uma estratégia para negociar que cria uma experiência positiva para todos os envolvidos — nossos clientes, nossas empresas e nós mesmos.

Diretrizes para negociação

- Preparar-se para negociações reunindo informações.
- Negociar é solucionar dificuldades e chegar a um acordo.
- Qualquer pessoa pode aprender a ser um negociador eficiente.
- "Ganhar" significa alcançar objetivos fundamentais, não conquistar o outro lado.
- Empenhe-se para resolver conflitos.
- Utilize uma abordagem colaboradora, visando a solução de problemas.
- Lembre-se de que pode haver mais de uma solução para uma negociação.
- Conheça bem o seu cliente para que possa prever e reagir a solicitações.
- Faça perguntas para determinar o que o cliente realmente quer.

Negociação *versus* Objeção

É importante compreender a diferença entre o pedido de um cliente para negociar e uma oportunidade de abordar uma objeção. Por quê? Se um cliente faz uma objeção a um aspecto da nossa solução, e vemos isso como um ponto de negociação, então possivelmente prejudicamos nossa credibilidade. Em primeiro lugar, se tentarmos negociar, podemos parecer estar pressionando o cliente a tomar uma decisão quando seus verdadeiros problemas não foram ainda abordados. E, em segundo lugar, deixar passar a oportunidade de abordar uma objeção pode levar o cliente a pensar que não estamos dando atenção aos seus problemas.

Eis um exemplo simples para ilustrar este ponto.

Digamos que você comprou uma estante e quer colocar nela um aparelho de televisão novo. Você decide a marca e o modelo que quer. Vai à loja e encontra o que procurava. O aparelho tem todos os recursos imagináveis. E o melhor, o preço é menor do que você esperava. Infelizmente, a televisão é grande demais para o espaço que há na estante. O vão da estante mede 53 centímetros, mas a televisão mede 56 centímetros. Você expõe claramente suas necessidades ao vendedor, mas ele lhe oferece entrega grátis, um desconto ainda maior e, além disso, promete um rádio-relógio se você fizer a compra hoje. O que ele está fazendo? Está tentando negociar com você para fechar a venda. O que ele deveria estar fazendo? Deveria estar ouvindo suas necessidades. Ele deveria entender que você está fazendo objeção ao tamanho da televisão. E deveria lhe oferecer uma solução alternativa — uma televisão que meça 53 centímetros ou menos.

Ao tentar negociar em vez de abordar a objeção, ele está perdendo o seu tempo e o nosso também. E além disso, ele não está abordando o nosso problema — o tamanho da televisão. Consequentemente, quando ele tenta negociar sem abordar nossa objeção, podemos encarar isso como pressão e decidir fazer negócio em outra loja.

Vejamos um exemplo de negócio. Um empresário está mudando seu escritório para um local mais espaçoso. Ele tem dois critérios de compra: quer um local a menos de 16 quilômetros do aeroporto e a área do escritório deve ser grande o suficiente para acomodar 25 empregados. Se o corretor de imóveis tem um local a oito quilômetros do aeroporto onde não cabem 25 pessoas, o empresário provavelmente faria uma objeção. Se o espaço do escritório não pode acomodar todos os seus empregados, então o corretor não está oferecendo uma solução que atenda às suas necessidades. Ele não tem nada para negociar, porque o espaço do escritório não atende aos critérios de compra do empresário.

Se o escritório atender aos seus critérios, então é provável que o comprador e o corretor comecem a negociar. Os pontos da negociação podem incluir o preço, o prazo do contrato, os custos de reconstrução, o paisagismo, a data de ocupação, a opção de compra e diversos outros fatores.

Mais adiante aprenderemos a responder a objeções e a solucioná-las. Por enquanto, lembre-se disso: enquanto vendedores profissionais qualificados, devemos saber quando lidar com objeções e quando negociar. Nossos clientes irão notar se não soubermos. E quando demonstrarmos aue estamos prestando atenção aos seus problemas, estabeleceremos uma confiança ainda maior em nossas relações de negócios.

O que você precisa para ser um bom negociador

- Acreditar que a sua solução é a melhor disponível
- Compromisso de destacar sua competência como solucionador de problemas
- Disposição de aprender tudo o que puder sobre as necessidades de seu cliente
- Coragem de ir embora
- Disposição para praticar
- Desejo de criar situações ganha-ganha

**O LADO HUMANO DAS NEGOCIAÇÕES:
O QUE AS PESSOAS QUEREM?**

As negociações mais produtivas têm em vista um objetivo: o melhor resultado possível para todos. Todos queremos conseguir aquilo de que precisamos. Nossos clientes querem sentir que receberam uma solução que foi no melhor interesse de sua organização ou deles mesmos como resultado do processo de negociação. Nós queremos sentir que ajudamos nosso cliente e, ao mesmo tempo, que ajudamos nossa empresa a obter um lucro justo e razoável.

As negociações se tornam adversas quando uma das partes está focada demais em ganhar. Este é o motivo pelo qual, como vendedores, precisamos fazer nossa parte e praticar boas relações humanas sempre que negociarmos com nossos clientes. Como em todas as outras partes do processo de venda, isto significa que devemos utilizar nossa capacidade de ouvir e tentar honestamente ver as coisas do ponto de vista do cliente.

Dicas para negociar

- Seja entusiástico.
- Utilize habilidade nas relações humanas.
- Utilize a lógica, não as emoções.
- Fique atento à linguagem corporal.
- Seja persuasivo, não manipulador.
- Mantenha sua integridade.

Com isto em mente, volte e revise a seção sobre o estabelecimento de uma relação de confiança na entrevista. Enquanto a confiança é importante durante toda a relação de venda, é absolutamente importante durante a negociação. A confiança que estabelecemos está diretamente relacionada ao nível de confiança que podemos alcançar em nossas relações de negócios. Se negociarmos numa atmosfera de confiança e respeito, aumentamos a probabilidade de nossa discussão ser bem-sucedida, para nós e para nossos clientes.

Considere o exemplo a seguir. Embora não seja sobre negociação, ele demonstra o quanto as boas relações humanas e uma boa capacidade de ouvir podem fazer uma grande diferença em nossos resultados.

Certo dia, um casal de aparência comum entrou na reitoria da Universidade de Harvard, uma das mais conceituadas universidades dos Estados Unidos. Na recepção, disseram à secretária que gostariam de falar com o reitor. Não tinham uma entrevista marcada, mas disseram à secretária que seu finado filho havia frequentado Harvard. O motivo de sua visita era prestar uma homenagem à memória de seu filho no *campus*.

A secretária disse ao casal que o reitor estava ocupado demais para atendê-los. Mas o casal decidiu esperar. E esperaram. E esperaram. Finalmente, cerca de duas horas depois, o reitor concordou em recebê-los.

Antes de deixar os pais falarem, o reitor disse que a universidade não permitiria que eles erguessem um memorial. O casal disse que não queriam apenas uma estátua; eles queriam construir um prédio inteiro. O reitor duvidou que os pais tivessem recursos suficientes para erguer um memorial tão extravagante e, num tom de voz um tanto arrogante, informou-lhes sobre o alto custo de sua proposta.

A mãe, irritada com a atitude do reitor, perguntou: "Só isso?" Ela e o marido se levantaram, cumprimentaram o reitor e foram embora. Naquele momento decidiram que construiriam seu próprio prédio, que posteriormente tornou-se sua própria universidade.

Hoje, a Universidade de Stanford, na Califórnia, é uma das mais respeitadas nos Estados Unidos.

Você percebeu como o resultado poderia ter sido completamente diferente se o reitor tivesse habilidade nas relações humanas? O que aconteceria se ele conversasse de forma amigável? E se ele tivesse tentado ver as coisas do ponto de vista dos pais e tivesse se mostrado solidário aos seus desejos? E, mais importante, se ele tivesse feito perguntas sinceras, ouvido com atenção e deixado o casal falar durante a maior parte do tempo?

A questão é: se negociarmos do nosso próprio ponto de vista, fica difícil estabelecer um consenso, muito menos uma solução vantajosa para ambas as partes.

Princípios de relações humanas para negociação

- Comece de maneira amigável.
- Ouça com atenção.
- Deixe que a outra pessoa salve as aparências.
- Tente honestamente ver as coisas do ponto de vista da outra pessoa.
- Evite discussões.
- Faça perguntas.
- Mostre-se genuinamente interessado em outras pessoas.
- Mostre respeito pela opinião da outra pessoa; nunca diga "Você está errado".

Às vezes, mesmo quando a solução parece favorecer o cliente, o resultado pode deixar o cliente sentindo-se insatisfeito sobre a decisão de comprar. Lembre-se de que, como se diz por aí, a percepção do cliente equivale à realidade. Em outras palavras, se o cliente não se sente bem em relação à experiência, não foi uma boa experiência.

Veja um exemplo simples para ilustrar esse ponto.

Digamos que você queira comprar um relógio antigo para sua casa. Você entra na loja e vê exatamente o relógio que queria. Enquanto admira o relógio, você repara que o preço escrito na etiqueta é 1.200 dólares e você estava pensando em gastar no máximo 1.000. O vendedor se aproxima e diz: "Lindo, não é?" Você responde: "É mesmo. Qual o menor preço que você faria?" E o vendedor pergunta: "Quanto você daria por ele?" Você diz: "Mil dólares." E o vendedor diz: "Fechado."

A princípio você provavelmente se sentirá feliz com a compra. Mas o que acontece quando você volta para casa pensando na compra enquanto dirige?

Você talvez pense que pagou caro demais? Afinal de contas, o vendedor aceitou sua proposta de imediato. Com isto em mente, você ainda se sente satisfeito sobre a decisão de compra?

Quando nós nos colocamos do lado do cliente, podemos compreender como nossos clientes se sentem se não conduzimos as negociações de maneira que eles se sintam satisfeitos quanto à sua decisão, isto não significa que concordaremos em todos os pontos. Significa simplesmente que os dois possivelmente terão que ceder e endurecer um pouco a fim de que todos se sintam satisfeitos em fazer o negócio.

Tom Foglesong, cliente de uma firma de consultoria de serviços de tecnologia da informação, se recorda de uma ocasião em que o processo de negociação ajudou um de seus clientes a se sentir ainda melhor por fazer negócios com sua companhia.

— Tínhamos um contrato com um cliente que estava na lista dos 100 mais da revista *Fortune*, em que a cobrança era feita por hora trabalhada. Se tivéssemos 150 consultores em campo, cobrávamos por 150 pessoas, multiplicadas pelo número de horas trabalhadas. Construímos com sucesso nosso relacionamento comercial nessas bases, com muito pouco risco para nós.

"Porém, o cliente nos informou que queria passar para um contrato com preço fixo, e apresentou sua proposta para nosso diretor de operações e responsável pelos contratos. Eles gostaram de nossa solução contratual vigente, mas disseram que não podiam pagar o preço. Com isso, tivemos que tentar uma forma de compartilhar parte do risco com nosso cliente e, ao mesmo tempo, criar uma situação que também fosse lucrativa para a nossa empresa.

"As negociações levaram cerca de cinco meses e foram bastante intensas. Eles cederam em alguns pontos e nós cedemos em outros. No final, pudemos reduzir nosso preço, encontrando meios de manter o nível dos nossos serviços e nossa produtividade com menos recursos de nossa firma.

"A experiência foi especial e reforçou a relação que temos com este cliente. Eles gostaram do nosso compromisso com o projeto e da nossa disposição para aceitar alguns riscos. Nós gostamos do diálogo aberto que tivemos com os dois principais representantes. Foi realmente um negócio ganha-ganha."

Desafios da negociação

- Cliente sem vontade de discutir as questões
- Questões legais
- Personalidades fortes
- Falta de relação

- Medo de perder a conta
- Dissimulações
- Conflitos de personalidades
- Barreiras culturais e linguísticas
- Tomadores de decisão inesperados ou desconhecidos
- Falta de autoridade para negociar

TIPOS DE NEGOCIAÇÃO

Normalmente, encontraremos dois tipos básicos de negociação: simples e complexa.

Uma negociação simples muitas vezes ocorre em um breve período de tempo e é geralmente motivada por uma necessidade urgente. O estilo simples é eficaz quando o tempo é limitado, estamos lidando com um comprador e há um problema primário. Por exemplo, um cliente tem um equipamento que para de funcionar no meio do horário de pico da produção. Sem esta máquina, a empresa vai perder entregas para diversos clientes importantes. A única maneira de conseguir uma nova máquina rapidamente é mandar trazer por meio de jato particular de outra cidade. Neste caso, quanto tempo você acha que vai durar nossa negociação?

Obviamente, o processo de tomada de decisão será rápido. O cliente precisa da entrega imediata, portanto não estará numa posição de negociar muito o preço. E se o fornecedor não puder entregar no prazo estipulado pelo cliente, não há nada a ser negociado entre eles.

Com negociações simples, a emoção frequentemente conduz a decisão. Por esta razão, o Motivo de Compra Dominante geralmente é bastante óbvio. Neste exemplo em particular, o Motivo de Compra Dominante é a sobrevivência.

O estilo complexo de negociação é necessário quando o tempo não é limitado e há diversos encontros, variáveis e tomadores de decisão. Por exemplo, suponhamos que uma fábrica tenha uma meta de 12 meses para substituir toda a linha de produção para melhorar a produtividade e reduzir os custos. Neste caso, as negociações podem ser mais complexas. As negociações complexas ocorrem geralmente em ciclos de compra mais longos. Elas podem consistir de diversos encontros e em geral envolvem mais de uma empresa apresentando propostas. Neste tipo de negociação, o interesse primário e o Motivo de Compra Dominante são mais difíceis de identificar. Afinal de contas, a fábrica não está necessariamente correndo o risco de fechar. A administração pode simplesmente estar querendo tornar a operação mais econômica.

Por que precisamos entender a diferença? Porque isso melhora nossa eficiência como negociadores. Por exemplo, se estamos em negociações simples, sabemos que estamos numa posição mais confortável para segurar nossas margens e fazer menos concessões aos nossos clientes. Tenha em mente que isso não significa que cobramos dos clientes prêmios excessivos para tirar vantagem da situação. Mas sim que temos mais poder para estabelecer preços e outros itens do contrato.

Em negociações complexas, nossa abordagem é geralmente mais estratégica. Teremos de saber mais sobre nossos concorrentes. Teremos que fazer mais perguntas para determinar o interesse primário e o Motivo de Compra Dominante. Provavelmente, teremos de ser mais criativos no desenvolvimento de soluções porque mais empresas estarão concorrendo nas negociações.

De qualquer maneira, devemos estar determinados sobre o modo de abordar o processo de negociação. Devemos ter uma estratégia para conduzir as negociações de forma que nossos clientes se sintam bem em trabalhar conosco.

Como enfatizar a comunicação durante as negociações

- Ouça para compreender mais do que para responder.
- Pense logicamente e não emocionalmente.
- Faça perguntas específicas.
- Faça contato visual.
- Não interrompa.
- Seja específico nas respostas.

FERRAMENTAS DE NEGOCIAÇÃO

A negociação é algo que fazemos a maior parte de nossas vidas. Quando crianças, provavelmente negociamos aquele biscoito extra antes de dormir. Quando nos tornamos adolescentes, podemos ter negociado a hora de voltar para casa. Já adultos, negociamos ofertas de emprego, preços de automóveis e até mesmo alguns aspectos de nossos relacionamentos pessoais.

O que essas situações nos ensinam sobre negociar no mundo dos negócios?

Provavelmente, aprendemos que há coisas que fazemos, ou que outras pessoas fazem, para conduzir a discussão adiante a fim de se chegar a um consenso.

No ambiente de vendas, essas ações representam um conjunto de ferramentas bem definidas que uma das partes, ou ambas, pode utilizar para extrair uma resposta específica da outra. Em alguns casos, os compradores podem utilizar essas ferramentas para nos encorajar a fazer concessões antes de conquistarmos o compromisso. Por outro lado, podemos precisar delas em situações em que as solicitações do cliente não são realistas ou se situam além daquilo que estamos autorizados a oferecer. Além disso, aprender sobre essas ferramentas nos ajuda a estar mais preparados com uma resposta apropriada caso um cliente as utilize durante o processo de negociação.

Historicamente, essas ferramentas têm sido utilizadas como tática de manipulação. Mesmo hoje em dia, há vendedores e clientes que as utilizam para "ganhar" em negociações quando, na realidade, o foco em ganhar cria em geral uma atmosfera hostil na qual todos perdem.

Como vendedores profissionais, como podemos assegurar que não usaremos essas ferramentas para manipular nossos clientes?

Em primeiro lugar, devemos manter em mente os resultados finais desejados. Pense sobre exemplos pessoais de negociação. Se estamos negociando para chegar a um consenso em algum aspecto do nosso casamento, provavelmente estamos fazendo isso na esperança de criar um relacionamento duradouro com o(a) nosso(a) parceiro(a). Queremos criar uma atmosfera de respeito e confiança mútuos.

Da mesma maneira, também devemos começar as negociações de negócios tendo em mente o resultado final. Por exemplo, se nosso objetivo for assinar um contrato abrangente com um importante cliente, tudo o que negociarmos deve ter o propósito de atingir esse objetivo. Isto significa que devemos focar nos problemas, um por um, à medida que vão surgindo. E faremos tudo o que estiver ao nosso alcance para resolver esses problemas e deixar nosso cliente satisfeito em fazer negócio conosco. Se o cliente quiser fazer negócio conosco, então nosso objetivo de assinar um contrato abrangente está ao nosso alcance.

Em segundo lugar, devemos manter a atitude certa em relação a negociações. Jamais devemos ter a intenção de utilizar essas ferramentas para manipular nosso cliente e fazê-lo realizar uma compra. Hoje em dia, na venda focada no relacionamento, procurar uma "vitória" usando a tática de negociação obstinada só irá afastar nossos clientes. Se nossa atitude é focar primeiramente no relacionamento, teremos mais chance de chegar a um acordo que beneficie a todos.

Nas páginas seguintes, estudaremos algumas das ferramentas de negociação mais comuns.

DESISTÊNCIA

Você já esteve a ponto de comprar um produto ou serviço, mas então desistiu por falta de acordo ou algo importante?

A desistência talvez seja uma das ferramentas mais poderosas. Para um cliente, ela quer dizer "Não posso ir além disso". Para um vendedor, a desistência quer dizer "Fiz tudo o que podia". Há uma máxima que diz: "Você sabe que é um vendedor experiente quando faz uma grande venda, quando perde uma grande venda e quando desiste de uma grande venda."

Por que iríamos querer desistir de uma grande venda? Em alguns casos, porque a solicitação do cliente não é um bom negócio para a nossa empresa. Em outros, porque cedemos o máximo que podíamos e o cliente mesmo assim não concordou com nossa solução. Lembre-se que desistir não significa que estamos retirando nossa oferta. Também não significa que estamos desistindo do relacionamento. Significa simplesmente que não estamos querendo mudar nossa solução neste ponto do processo de venda.

Eileen Levitt, presidente da Equipe de Recursos Humanos em Colúmbia, Maryland, desistiu de um cliente potencial porque ele não quis adiantar um depósito para contratar o serviço de busca de executivos de sua firma.

— Nós exigimos um depósito antes de iniciar a busca. Certa vez, encontrei-me com um cliente potencial que procurava alguém para ocupar um cargo de alto nível. Pedi-lhe que depositasse uma percentagem como adiantamento, sendo que o restante deveria ser pago quando o cargo fosse ocupado. Ele não queria fazer o depósito; queria negociar este ponto.

"Eu lhe disse que a política da nossa empresa estabelecia o adiantamento de uma percentagem. Expliquei-lhe que, quando estamos buscando alguém para ocupar um cargo de alto nível como aquele, há muitas despesas. Se levarmos seis meses para encontrar a pessoa e não recebermos até lá, estaremos trabalhando de graça durante todo esse tempo. Eu também lhe disse que o depósito nos garantia que ele estava levando aquele assunto a sério. Se não recebemos o adiantamento, os clientes podem muito bem mudar de ideia depois de termos dedicado trabalho e tempo ao projeto.

"A sua resposta foi: 'Com base nas oportunidades da nossa empresa, no futuro que antevemos para ela e nas pessoas às quais estamos ligados, pensei que você quisesse fazer este trabalho nestes termos.' Eu respondi: 'Então você quer que nós assumamos um compromisso com você.' Ele respondeu: 'Sim.' Então eu lhe perguntei: 'De que forma você assumiria um compromisso conosco?' Ele não soube responder."

Neste ponto, eu lhe disse educadamente:

— Por que você não conversa com outra firma para ver se eles se dispõem a fazer o que você quer? Se concordarem, então você deve ficar com eles. Se não concordarem, e você quiser o nosso trabalho, então me telefone. Após a reunião, fiquei sabendo que certas informações que ele me dera acerca das oportunidades e da clientela de sua firma eram bastante exageradas. Portanto eu tinha tomado a decisão certa ao desistir do negócio.

"No nosso negócio, frequentemente julgamos a validade do pedido de um cliente pela sua disposição de assumir um compromisso por meio de um adiantamento. Muitas vezes, embora seja difícil, temos que desistir diplomaticamente. Caso contrário, prejudicaríamos o fluxo de caixa de nossa empresa e a nossa capacidade de gerar lucro."

Como demonstra a história de Eileen, a desistência não é algo que os vendedores utilizam para manipular os clientes. Frequentemente, nós a usamos para ter certeza de que o cliente está tão comprometido com o relacionamento quanto nós.

Se estivermos numa situação em que devemos desistir, devemos fazê-lo sem ofender o cliente. Devemos ser amáveis e tolerantes, como Eileen no exemplo acima. Podemos dizer algo como "Parece que chegamos a um impasse. Gostei da oportunidade de trabalhar com você até aqui. Parece que você precisa de alguém que seja capaz de ceder um pouco mais. Infelizmente, desta vez não somos nós. Por favor, lembre-se de nós em outra ocasião".

Mais uma vez, a palavra está com você. Não use jamais a desistência como uma tática para fazer seu cliente efetuar a compra. Só desista das negociações se tiver feito todo o possível, e um passo a mais pode significar um prejuízo para a sua empresa.

Observe que alguns compradores profissionais utilizam a desistência como uma tática para conseguir concessões. Eles darão a entender que estão querendo desistir das negociações se não atendermos as suas exigências.

O que devemos fazer? Depende da pessoa, do relacionamento e dos problemas. Temos que confiar no nosso julgamento e na nossa experiência para lidar com o cliente.

PERSUASÃO

Muitas vezes utilizamos esta ferramenta de negociação sem nos dar conta disso. Por quê? Porque quando estamos convencendo o cliente durante a negociação, estamos recorrendo à lógica por trás do motivo emocional da compra. Nós reiteramos quais são os problemas, quais são as verdadeiras respostas e por que é lógico seguir adiante.

Se quisermos ser eficientes na persuasão do cliente, precisamos nos lembrar que a melhor maneira de atrair o interesse de alguém para as nossas ideias é mostrarmos interesse pelas suas ideias. Em outras palavras, devemos fazer muitas perguntas aos clientes para sabermos o que é importante para eles. Devemos anotar tudo mentalmente e usar essas informações para nos prepararmos para as negociações. Pense desta maneira: quando você entra na sala do tribunal, qual dos jurados é o mais persuasivo? Sem dúvida, é aquele que toma mais notas e está mais preparado para a discussão.

SILÊNCIO

Muitas vezes, quando os clientes — especialmente compradores profissionais — estão no processo de negociação, dizem coisas que realmente não queriam dizer, para extrair uma resposta emocional do vendedor. É mais ou menos como uma pescaria. O cliente joga a isca para ver se mordemos. Por exemplo, em resposta ao nosso preço, um cliente poderá dizer enfaticamente: "Você só pode estar brincando, isso é ridículo!"

Numa situação como esta, a melhor resposta é o silêncio. Se permanecemos calados, não estamos sendo manipuladores. Estamos apenas tentando evitar que o ambiente se torne hostil e exaltado. O silêncio nos dá tempo de analisar a discussão e pensar sobre o próximo passo.

Se tivermos uma resposta igualmente emocional ou exacerbada, poderemos forçar o cliente a ficar na defensiva ou deixar subentendido que achamos que ele está errado. Além disso, poderemos ficar propensos a fazer concessões desnecessárias devido ao medo de perder o negócio. Permanecer em silêncio nos dá alguns segundos para decidir se as concessões são realmente a melhor opção.

O silêncio pode funcionar nos dois sentidos. Nosso cliente pode ficar calado após fazermos nossa última concessão. Ele pode ficar quieto, olhando para nós, sem dizer nada. Na verdade, ele pode estar apenas pensando no que dissemos. Mas precisamos estar cientes de que, em algumas situações, os clientes se mantêm calados só para ver se vamos continuar falando — e, talvez, continuar a fazer concessões. Por que isso funciona? O silêncio causa ansiedade. E já que a maioria de nós não se sente à vontade com ansiedade, nossa tendência é falar. A primeira pessoa a falar geralmente faz uma concessão.

A LIMITAÇÃO DO TEMPO

Quando lemos jornal, vemos anúncios que dizem "Liquidação para entrega das chaves" ou "Liquidação total". Este é um exemplo clássico de pressão do tempo, uma ferramenta de negociação utilizada pelas duas partes para criar um sentido de urgência a fim de acelerar um compromisso de compra.

Por exemplo, se um negócio está fechando, o vendedor tem um determinado prazo para se livrar do estoque. Por outro lado, o comprador tem um prazo para realizar a compra antes que as portas se fechem.

Nos relacionamentos negócio a negócio, a limitação do tempo frequentemente fica restrita ao tempo de produção e a acontecimentos específicos. Por exemplo, uma oferta de lançamento de um pacote de software pode ficar disponível por algumas semanas apenas, portanto o cliente tem um tempo limitado para comprar por um preço especial. Ou um determinado equipamento que leva 12 semanas para ser produzido, obrigando o cliente a comprar com certa antecedência para atender às necessidades de produção.

Quando existe a limitação do tempo, jamais devemos criar prazos artificiais para forçar um compromisso por parte do cliente. Lembre-se de que essas ferramentas de negociação são utilizadas para criar uma experiência positiva para ambas as partes. Se nossos clientes podem se beneficiar comprando em determinado prazo, então é nossa obrigação dar-lhes esta informação — até antes do início das negociações. Mas se estamos utilizando o prazo como forma de forçá-los a comprar, então não estamos sendo éticos como vendedores profissionais.

Os compradores também sofrem a pressão do tempo, e isso pode nos encorajar a diminuir o prazo ou a adiantar a entrega de produtos e serviços. No entanto, quando a pressão do tempo sobre o cliente se torna um fator nas negociações, geralmente beneficia o cliente.

Eis aqui o porquê. Você provavelmente conhece o Princípio de Pareto, também conhecido como "regra 80-20". Aplicando-se este princípio às negociações, 80% das concessões são geralmente concedidas nos últimos 20% das negociações.

Em outras palavras, se estamos lidando com os limites de tempo de um cliente, provavelmente faremos concessões no final das negociações a fim de obtermos um rápido compromisso. Quando isso acontece, os vendedores tendem a exagerar nas promessas e a diminuir o prazo de entrega. O segredo é estar preparado para lidar com os problemas de tempo do cliente de uma maneira realista que ajude o cliente, mas que não prejudique a reputação da nossa empresa se não formos capazes de cumprir o prazo de entrega.

CONTRATOS

Esta ferramenta é bastante comum nas indústrias em que o financiamento e outras questões desempenham um papel na compra final. Veja de que modo ela entra no processo de negociação: digamos que você esteja indeciso quanto a comprar uma casa. Você e o vendedor estão num verdadeiro impasse porque não conseguem chegar a um acordo em alguns pontos. Neste momento, o vendedor pode querer acrescentar uma ideia positiva à discussão. Ele pode sugerir que você solicite o empréstimo ou que preencha uma papelada relacionada à compra da casa. Isto implica compromisso? Não necessariamente. Mas certamente mantém o processo em movimento.

Mais uma vez, como vendedores profissionais, não queremos utilizar esta ferramenta se ainda não demos atenção às objeções do cliente. Se existem objeções não resolvidas, tentar preencher a papelada pode ser percebido como uma tentativa de colocar pressão e uma manipulação. Nós só iremos querer utilizar esta abordagem se houver uma parada na negociação e se acreditarmos que o fato de preencher a papelada possa acelerar um compromisso inevitável.

Utilizando aspectos do acordo ou contrato de compra como uma ferramenta de negociação também pode ser eficaz após a venda, principalmente em situações em que uma das partes não estiver cumprindo os termos do acordo de compra.

Para Leonard Frenkil, vice-presidente de operações do Washington Place Management em Maryland, a utilização de termos do contrato ajudou-o a obter um serviço melhor de um de seus fornecedores:

— Tínhamos um fornecedor de software que não estava cumprindo os termos do contrato — diz Len. — Tentamos repetidamente manter o relacionamento, mas foi inútil. Finalmente, em uma reunião com eles, pegamos o contrato e começamos a lê-lo. Quando terminamos, dissemos: "Precisamos que vocês cumpram o acordado." O presidente da empresa de software disse que iria resolver o problema, e daí em diante houve uma enorme melhora no nível de seus serviços.

DEMORA OU INATIVIDADE

Alguma vez você já disse a um vendedor "Vou pensar sobre isso" antes de fazer uma compra? Muito provavelmente sim. E em muitos casos, esse adiamento que você impôs é absolutamente sincero. Você pode precisar de tempo para rever suas finanças. Você pode querer pesquisar outros fornecedores. Ou você pode precisar consultar uma segunda pessoa, como seu cônjuge, antes de tomar a decisão de comprar.

Nossos clientes não são diferentes. Conforme discutimos na avaliação do cliente, eles frequentemente precisam de tempo para apreciar muitos fatores antes de fechar um acordo. No entanto, como vendedores, precisamos aprender a reconhecer se a demora é real ou não, ou se é simplesmente uma ferramenta de negociação que está sendo usada para nos forçar a fazer ajustes na nossa proposta ou no preço.

Então, como determinamos se a inatividade é verdadeira? Mais uma vez, fazemos perguntas eficazes. Isto parece simples mas, na verdade, muitos vendedores respondem às palavras "Vou pensar sobre isso" dizendo "De quanto tempo você precisa?" ou "Quando posso telefonar para você?". Raramente investigamos o suficiente para descobrir o verdadeiro motivo por trás da demora. Nós simplesmente aceitamos.

Em vez disso, devemos deixar que o cliente saiba que compreendemos a necessidade de avaliar a situação, enquanto ao mesmo tempo investigamos um pouco mais para saber se há algo mais concorrendo com a demora. Por exemplo, poderíamos dizer: "É importante que você tenha tempo suficiente para avaliar todos os aspectos. Você pode me dizer o que o está fazendo hesitar?" Ou: "Que fatores são importantes para você avaliar sua decisão?"

Mostrando empatia com o cliente e fazendo perguntas informais, ficamos numa posição melhor para determinar os verdadeiros motivos por trás da inatividade. Quando descobrimos esses motivos, podemos entender melhor o que precisamos fazer durante a negociação para ajudar o cliente a tomar sua decisão.

AUTORIDADE PARA NEGOCIAR

Se tivermos feito um bom trabalho de pré-abordagem e coleta de informações, devemos saber se nosso contato é o tomador de decisões. Também devemos saber que nível de autoridade aquela pessoa tem para negociar pontos importantes da compra. É claro que nem sempre temos essas informações. Por este motivo, devemos saber como reagir se nosso cliente disser que não tem autoridade para aceitar certos termos da solução.

Por exemplo, digamos que estamos vendendo serviços de contrato de emprego para trabalhadores temporários. Nós apresentamos ao nosso cliente, o gerente de recursos humanos, um contrato de um ano para o serviço. Depois de submetermos nossa proposta, ele nos informa que o nosso orçamento excede a quantia que ele pode aprovar.

Isto significa que nosso cliente não é quem toma as decisões? Isto significa que é ele quem toma as decisões, mas não pode apor sua assinatura no contrato? Ou isto significa que ele está utilizando uma ferramenta de negociação a fim de nos fazer pensar em reduzir nosso preço?

Com diversas possibilidades, como poderemos saber a resposta? Mais uma vez, precisamos fazer as perguntas corretas para determinar sua real situação. Por exemplo, poderíamos dizer: "Quando você falar com o seu chefe, vai nos recomendar para o serviço, não vai?" Ou: "Isto vai ser um empecilho para avançarmos nas negociações?"

Mais uma vez, estas são apenas sugestões. Precisamos desenvolver perguntas que se encaixem ao nosso estilo, e ao mesmo tempo conseguir as respostas específicas de que precisamos.

E se o cliente estiver do nosso lado e estiver sendo sincero quanto a consultar o tomador de decisões? Neste ponto, devemos tentar trabalhar com o cliente e prever algumas dúvidas que o tomador de decisões possa vir a ter. A partir do que ele disser, podemos ensiná-lo de que maneira nossa solução trata dessas questões. De posse dessas informações específicas, ele estará pronto para responder às perguntas do tomador de decisões se e quando essas questões forem levantadas.

Se nós determinarmos, após questionarmos o cliente, que ele está usando sua autoridade para negociar como uma técnica para ganhar tempo, então devemos lidar com a situação de outra maneira. Podemos deixá-lo saber que admiramos sua necessidade de submeter suas decisões a outras pessoas. Então devemos fazer mais perguntas para determinar o verdadeiro motivo de sua hesitação.

Quando chega a hora da autoridade negociar, também é importante que saibamos das nossas diretrizes para a negociação. Por exemplo, qual a percentagem de desconto que podemos oferecer sem consultarmos uma autoridade? Quais "extras" (analisados mais adiante neste capítulo) temos permissão de incluir sem aprovação? As respostas a essas perguntas são importantes. Para lidarmos com as negociações com eficiência, devemos saber quais são exatamente nossas limitações com relação ao que o cliente quer.

O que acontece se o cliente nos pedir alguma coisa que não temos autoridade para dar? Obviamente, é hora de recuarmos nas negociações e consultarmos nosso gerente. Se não fizermos isso, corremos o risco de ceder demais. É claro que queremos ajudar o cliente. Mas vendedores entusiasmados demais frequentemente têm o hábito de fazer de tudo para atender às necessidades do cliente à custa da sua empresa. Não devemos jamais hesitar em dizer que precisamos consultar o escritório antes de completar os detalhes. Os clientes irão apreciar nossa vontade de tentar, e a nossa empresa irá apreciar nossos esforços.

VOCÊ PRIMEIRO

Nos antigos modelos de vendas, vendedores e clientes frequentemente discutiam sobre quem sairia na frente. Por quê? Segundo a teoria, quem ficasse por último tinha vantagem.

A explicação é simples. Está lembrado do exemplo do relógio antigo? Nós saímos na frente e demos o nosso preço. Desta forma, não ficamos sabendo se o vendedor teria aceito menos pelo relógio. Ele já sabia que pagaríamos mil dólares. Por que ele nos diria que venderia por 900 dólares se sabia que estávamos dispostos a pagar mil dólares?

Então, o que acontece quando fazemos uma proposta ao nosso cliente? Não estamos, na verdade, saindo na frente? É possível que um cliente possa usar esta ferramenta para nos prender a um preço específico ou a um termo do contrato? Isto pode acontecer, mas só se o cliente não confiar que lhe daremos uma solução incomparável a um preço justo.

No contexto da Alta Performance em Vendas, sair na frente não deve ser um problema. Ao longo do processo de vendas, estamos criando uma atmosfera de confiança e respeito mútuo com nossos clientes. Se estamos realizando nosso trabalho com eficiência, estamos reunindo informações ao longo do caminho para entendermos as limitações financeiras do nosso cliente. Estamos também construindo uma solução que é projetada para atender a uma necessidade, não um preço.

Digamos, por exemplo, que você seja um decorador. Seu cliente quer reformar seu escritório de dois andares no prazo de um ano. Você apresenta sua proposta. Ele lhe informa que seu orçamento não pode absorver o custo. Mas devido à confiança que nutre por você, ele quer realmente que você faça o trabalho. Infelizmente, você não pode baixar o seu preço, porque já lhe deu o menor preço possível, sabendo que ele poderia ter problema com o custo. Qual a solução? Após negociar, vocês dois concordam que ele irá reformar o primeiro andar da casa este ano, e o segundo andar no próximo ano. Ele concorda, e você assina o contrato.

O fato de sair na frente significou alguma coisa para um dos dois nesta situação? Absolutamente não. Numa atmosfera de confiança e respeito, não faz diferença. O que importa é que todos se sintam satisfeitos quanto ao resultado final e que ambas as partes se beneficiem com a solução.

ULTIMATO

Algumas pessoas confundem ultimato com desistência. Mas são duas coisas muito diferentes. Quando desistimos, estamos dizendo que cedemos ao máximo, mas deixamos a oferta sobre a mesa. Por outro lado, quando damos um ultimato a um cliente, estamos dizendo basicamente "É assim, senão...". Por exemplo: "Se não assinarmos o contrato até quinta-feira, terei que retirar a oferta." Ou: "Este preço só é válido se sua compra for em lotes de mil."

Qualquer que seja o caso, o ultimato não é uma ferramenta comumente utilizada em relações de venda a menos que seja absolutamente necessário. Os ultimatos encostam o cliente na parede. Eles atacam o ego do cliente e o deixam na defensiva. E praticamente tiram qualquer esperança de termos uma conversa produtiva com nosso cliente para desenvolver soluções criativas durante o processo de negociação.

Então por que o trazemos à baila? Em primeiro lugar, porque os clientes podem nos dar ultimatos, então precisamos reconhecer que essas manifestações podem ter o propósito de nos forçar a fazer mais concessões. Se este for o caso, nossa reação deve ser apelar sinceramente à ética e ao senso de justiça do cliente. Se, após o ultimato, ainda julgarmos que o cliente é um bom potencial de negócio, devemos considerar manter a porta aberta.

Nós também trazemos à baila ultimatos porque, às vezes, já fizemos todo o possível para levar o compromisso adiante. Basicamente, não resta nada a ser negociado, e não há por que continuar a conversa. Em vez de desistirmos e deixar nossa solução sobre a mesa, escolhemos retirar a oferta completamente, principalmente porque determinamos que o relacionamento de negócios não será bom para a nossa empresa. Numa situação dessas, cabe à nossa empresa e a nós retirar o contrato e seguir adiante.

Não devemos jamais usar o ultimato para forçar um compromisso. O ultimato é meramente uma ferramenta para terminar negociações para que possamos focar nossa atenção em atividades mais produtivas.

EXTRAS

Já lhe ofereceram algo "grátis" só para incentivar sua compra? Esta é uma tática conhecida como extras — itens ou serviços adicionais que nos fazem achar que estão valorizando nossos gastos.

Devemos simplesmente oferecer extras de saída esperando evitar o processo de negociação? Não, a menos que seja parte de uma promoção especial disponível a todos os clientes. De modo geral, esperamos e oferecemos extras quando chegamos mais próximo do compromisso. Em alguns casos, não precisamos de extras para a negociação e podemos acrescentá-los, apenas para mostrar apreço pelo nosso cliente.

Esther Hanlon é gerente de conta da CMS Hartzell, um fabricante de moldes fundidos e injetados. Esther nos conta uma história sobre negociação na qual um extra lhe ajudou a conseguir um contrato de 9,4 milhões de dólares — um dos maiores contratos já fechados por sua empresa.

— Nós havíamos sido contatados por um cliente que tinha a oportunidade de fechar um contrato bem grande para fornecer seu produto a um órgão do governo. Havia diversas peças de que precisavam para atender este contrato, e nós tínhamos a capacidade de fabricar todas as peças. Eles nos pediram, assim como a outros fornecedores, que apresentássemos uma proposta.

"Quando começamos a negociar, o maior problema era o prazo. Isto era especialmente importante para o nosso cliente porque, para cada dia de atraso na entrega, eles teriam que pagar uma multa. E se atrasássemos nossa entrega, poderíamos comprometer sua capacidade de entregar o produto no prazo.

"Embora o prazo fosse extremamente apertado, nós concordamos. Mas eles ainda não estavam decididos a nos fazer a encomenda. Este contrato significava muito para a nossa empresa, e sabíamos que precisávamos de uma resposta a fim de atender um plano de produção agressivo. Então demos a eles um incentivo a mais para fazerem negócio conosco: nós oferecemos um desconto de 50 mil dólares. Basicamente, o plano era devolver-lhes um percentual no valor de suas faturas em cada mês, até alcançar 50 mil dólares.

"Eles assinaram o contrato e a situação se revelou uma oportunidade ganha-ganha para todos. Por termos oferecido um desconto, não tínhamos que despender qualquer quantia até estarmos recebendo pagamento do cliente. A nossa empresa pôde lucrar e nós pudemos oferecer bastante trabalho aos nossos empregados nas três fábricas. Na verdade, adiantamos nossas datas de entrega graças ao trabalho de equipe de nossa organização.

"Mas o mais importante é que foi um bom negócio para o nosso cliente. Eles puderam fechar um enorme contrato para sua empresa. O projeto foi um sucesso para eles."

Características de uma negociação bem-sucedida

- Todos se sentem realizados.
- Ambas as partes sentem que a outra parte se preocupou.
- Todos acreditam que as negociações foram justas.
- Ambas as partes querem fazer negócio novamente.
- Ambas as partes sentem que a outra irá manter sua palavra.

Da mesma maneira que os extras foram eficientes para Esther, eles podem ser eficazes ferramentas de negociação para você também. Pense bem nos extras que você pode oferecer aos seus clientes. Acrescentar valor às suas soluções é sempre uma maneira de mostrar aos clientes que você os estima e se importa com o relacionamento.

COMPLETANDO OS ACORDOS NEGOCIADOS

Nós negociamos com sucesso os termos da nossa solução. O cliente está feliz porque está levando exatamente o que precisa e quer por um preço justo. Nós estamos felizes porque estamos tendo a oportunidade de estabelecer um novo relacionamento com um cliente e realizar uma venda para a nossa empresa.

No entanto, antes de assinarmos o contrato ou recebermos a ordem de compra, devemos ter certeza de que resolvemos detalhes e documentamos por escrito os pontos principais da nossa discussão. Se ignorarmos esta etapa, poderemos lamentar mais tarde. Se não colocarmos no papel todos os detalhes, poderemos nos esquecer de uma promessa feita ao nosso cliente, que pode vir a ser um dos fatores mais importantes que influenciaram sua decisão de compra. Se isto acontecer, nossa credibilidade estará comprometida, assim como o relacionamento.

Tenha em mente que o resultado desejado de uma negociação bem-sucedida não é diferente do resultado de qualquer outro aspecto do processo de vendas. No final das contas, nosso objetivo é estabelecer relações de negócios lucrativas com nossos clientes — lucrativas para eles e para nós. Este é o motivo pelo qual devemos abordar as negociações com o mesmo nível de habilidade, integridade e profissionalismo nas relações humanas que usamos em qualquer outra etapa da venda.

Assim como qualquer outra fase do processo de venda, a negociação exige prática. Mas a capacidade de negociar questões aparentemente menos importantes relacionadas à venda pode se tornar significativa quando multiplicada por muitos anos de carreira. Quando reconhecemos o papel das ferramentas de negociação no processo de vendas, estamos mais preparados para enfrentar os desafios de negociar com habilidade e confiança.

Lembre-se: nós sabemos o que precisamos para tornar a venda bem-sucedida. O segredo é descobrir o que o cliente precisa, então procurar onde nossas necessidades mútuas se sobrepõem. Quando encontramos a sobreposição, encontramos o segredo da negociação bem-sucedida.

Planejando negociações

- A negociação é simples ou complexa?
- Qual é a concorrência?

- Quais são os pontos a serem negociados?
- Quais problemas devem ser evitados?
- Em que ordem devemos tratar desses problemas?
- Quais as limitações de tempo?
- Quando meu cliente deverá tomar uma decisão?
- Quais as coisas que meu cliente deverá ter?
- Quais as coisas que meu cliente gostaria de ter?
- Qual o Motivo de Compra Dominante?
- Qual a minha autoridade para negociar?
- Qual a autoridade do meu cliente para negociar?
- O que eu sei sobre o estilo de negociação do cliente?
- Que influências externas afetarão as negociações?
- Qual o preço mínimo que posso aceitar?

CAPÍTULO 10

Compromisso
Mudando de cliente potencial para cliente

A maior parte das vendas foi ganha ou perdida muito antes de pedirmos um compromisso. Tentar compensar uma apresentação de venda malfeita com um fechamento mágico é como pregar gelatina na parede. Não vai grudar e faz uma enorme sujeira.

Todo o processo de vendas é na verdade uma série de compromissos que começam com o primeiro encontro com o cliente. Nós conseguimos compromisso para o primeiro encontro. Nós ganhamos compromisso para apresentar nossa solução. Poderemos conseguir compromisso para entrevistar outras pessoas envolvidas no processo de tomada de decisão. E a lista não pára aí. Se virmos o compromisso como algo que acontece somente no final do processo de vendas, poderemos não ter uma compreensão total do que significa conseguir compromisso nos relacionamentos com nossos clientes.

Pensar no compromisso como o grande passo na venda é como dizer que o *putting* é o grande passo no golfe, quando na verdade não é assim. Se o jogador de golfe tem que dar 11 tacadas só para chegar na relva do *putting*, acertar o buraco na primeira tacada é relativamente sem importância para o resultado daquele buraco.

O procedimento que um confeiteiro tem que adotar para preparar uma deliciosa sobremesa ilustra o mesmo conceito. O passo final da preparação pode ser assar a sobremesa no forno. Mas se todos os ingredientes não estiverem corretos, não importa se a temperatura do forno está certa. O resultado final será, provavelmente, decepcionante.

Estas duas ilustrações demonstram a importância de se reconhecer o papel dos compromissos na construção de relacionamentos sólidos com o cliente. Se não tivermos tratado do resto do processo de vendas eficientemente, então tentar conseguir compromisso no final é uma tarefa inútil.

Conseguir compromisso não significa fechar a venda. Na verdade, devemos abandonar a ideia de que conseguir compromisso requer uma técnica ou frase milagrosa misteriosa que somente os melhores vendedores conhecem. Nada está tão longe da verdade.

Mesmo assim, muitos vendedores procuram pela varinha de condão para ajudá-los a conseguir compromisso. Mas não há mágica nenhuma. Lembre-se: conseguir o compromisso do cliente nada mais é do que o resultado lógico de um forte processo de venda. Quando um vendedor diz: "Tenho dificuldade de conseguir compromisso", ele quer dizer: "Tenho dificuldade de vender."

Na venda de relacionamento, queremos tirar a palavra "fechar" do nosso vocabulário. Por quê? Soa final demais, e indica que o relacionamento terminou. Por outro lado, a palavra "compromisso" mostra que estamos nisso juntos por muito tempo.

Se nos imaginarmos trabalhando voltados para uma série de compromissos de aprimoramento em vez de fechamentos, isto muda nossa abordagem de vendas. Algumas pessoas argumentam que isto é só uma questão de semântica. Nós sustentamos que quando uma pessoa diz sim a um compromisso, abre-se uma nova janela de oportunidades.

Lembre-se de que não há uma fórmula mágica para o fechamento. A mágica está em fazer bem todo o resto, e então ter a confiança para pedir uma decisão.

Mesmo hoje em dia, vemos anúncio de emprego para bons "fechadores", e nos perguntamos por quê. Enfatizar demasiadamente o fechamento pode levar a táticas manipuladoras e relacionamentos tensos com o cliente. Qualquer comprador experiente reconhecerá essas táticas e ficará ressentido quando as utilizarmos. Na verdade, agentes de compra vão a seminários onde o líder diz: "Isto é o que os vendedores irão tentar usar com vocês. É assim que vocês devem reagir."

Quando estamos verdadeiramente concentrados em ajudar nossos clientes, conseguir compromisso não é um processo inconveniente. Bons vendedores não manipulam os clientes para depois se arrependerem de terem forçado um compromisso. O resto do processo de vendas é igualmente, se não mais, importante. Estamos estabelecendo um relacionamento, ouvindo atentamente, desenvolvendo soluções criativas e construindo confiança ao longo do caminho. Se fizermos essas coisas bem-feitas, conseguiremos compromisso por termos fornecido as melhores informações, a melhor análise e a melhor solução, tudo isso tendo em vista nosso cliente específico.

Se nos concentrarmos no cliente, conseguir compromisso é como uma parceria. Então, em vez de ficar imaginando "Como fechar a venda?", use uma abordagem melhor: "Como amarrar as duas pontas do processo de vendas para deixar o cliente satisfeito com a decisão de comprar?"

Princípios de relações humanas e compromissos de compra

- Deixe que a outra pessoa pense que a ideia foi dela.
- Estabeleça um consenso fazendo perguntas que recebam um "sim" como resposta.
- Fale em termos dos interesses da outra pessoa.

Maneiras de conseguir compromisso

Quando os clientes criam um compromisso de comprar um produto ou serviço, estão na verdade nos entregando a responsabilidade de encontrar soluções para as suas necessidades. Pedir o compromisso do cliente não envolve táticas contundentes. Basta que façamos as perguntas certas ou, em alguns casos, explicar melhor a solução que apresentamos.

Métodos para conseguir compromisso

- Pergunta direta
- Escolha alternativa
- Próximo passo
- Ponto menor
- Oportunidade
- Balança

USE UMA PERGUNTA DIRETA

Depois de despertarmos o interesse, apresentarmos uma solução e apelarmos ao Motivo de Compra Dominante, a melhor maneira de conseguir compromisso é simplesmente pedir. Então, por que não fazemos isso? Principalmente por medo, relutância e incerteza.

Veja, no entanto, que nossos clientes provavelmente estão experimentando as mesmas emoções. Eles podem estar com receio de gastar o dinheiro. Eles podem estar relutantes em mudar de fornecedor. Eles podem ter dúvidas se a nossa empresa fará a entrega. Mesmo que os clientes saibam que é uma boa decisão, isto implica mudança, e muitas pessoas não se sentem à vontade com mudanças.

Reconhecer que compartilhamos essas emoções com nossos clientes frequentemente as torna mais facilmente superáveis. Por que não deveríamos esperar conseguir o compromisso, afinal? Se lidamos bem com o processo de vendas, se sabemos que a nossa solução atende ao interesse primário da pessoa e ao Motivo de Compra Dominante, por que não esperarmos que o cliente faça negócio conosco? E já que esperamos esse resultado, por que não pedir por ele? Talvez o cliente esteja esperando justamente por isso. Um aluno formado em Michigan nos contou que apenas pedindo a ordem de compra conseguiu aumentar sua taxa de fechamento em quase 200%. Será que podemos estabelecer mais relacionamentos com o cliente apenas pedindo compromisso? Na maioria das vezes, sim.

PROPORCIONE UMA ESCOLHA ALTERNATIVA

Se você costuma fazer compras em lojas de departamento, talvez se lembre quando levava todas as suas compras até o balcão e o balconista perguntava: "Dinheiro ou cartão?" Este é um bom exemplo do que queremos dizer com escolhas entre alternativas.

Quando pedimos compromisso desta maneira, simplesmente pedimos ao cliente que selecione uma de duas opções, sendo que ambas são pouco importantes por natureza. Isto supõe que o cliente irá fazer um compromisso de comprar em nosso favor.

Veja alguns exemplos básicos de perguntas para escolha entre alternativas:

- Você quer pagar com desconto à vista ou prefere parcelar?
- Qual desses você prefere, este ou aquele?
- Como você prefere pagar, por semana ou por mês?
- Que cor você prefere?
- Onde você pretende usar isto, aqui ou lá?

Marco Poggianella, um empresário italiano da Energheia, uma empresa do ramo de produtos biológicos para a agricultura, utiliza frequentemente este método com seus clientes:

— Em vez de dar o preço total para o cliente, eu geralmente lhe dou a escolha de prestações mensais. Eu digo: "150 mil por mês está bom para você, ou 100 é melhor?"

FAÇA UMA REFERÊNCIA AO PRÓXIMO PASSO

Perguntar ao cliente sobre o próximo passo nos leva além do compromisso para a próxima ação que precisamos realizar. O próximo passo não é "Quando posso passar aí para pegar a ordem de compra?". Quando nos referirmos ao próximo passo, devemos fazê-lo de maneira que seja relevante para nosso cliente específico.

As perguntas do próximo passo não deverão suscitar respostas "sim" e "não". Por exemplo, se fizermos a pergunta "Você acha que dia 1º seria um bom dia para instalar esta nova máquina?", o cliente poderá pensar em diversos motivos pelos quais aquela data em particular não seria um bom dia.

Por outro lado, se perguntarmos: "Sr. Gonzalez, quando gostaria que marcássemos a instalação da nova máquina?", deixamos a porta aberta para uma discussão mais positiva.

OBTENHA CONCORDÂNCIA EM UMA QUESTÃO DE POUCA IMPORTÂNCIA

Se utilizarmos esta abordagem, estaremos pedindo ao cliente que tome uma decisão de pouca importância que indica que a decisão maior de compra já foi tomada. Tomar uma decisão de menor importância é geralmente mais fácil para o comprador. Conseguindo concordância numa questão menor, estamos facilitando aos nossos compradores fazerem negócio conosco.

Uma pergunta sobre uma questão de pouca importância é mais ou menos assim: "Você gostaria de optar por prorrogar a garantia desta copiadora?" Obviamente, se ele quiser essa garantia, então tem a intenção de comprar a copiadora.

Outros exemplos: "Devo enviar-lhe pelo correio os documentos ou você prefere pegá-los aqui?" Ou: "Sr. Geffert, em nome de quem devo emitir a nota promissória?" Qualquer que seja o caso, uma pergunta sobre uma questão menor pressupõe que o cliente quer fazer negócio conosco e nos permite ajudar o cliente a levar adiante o relacionamento.

PROPORCIONE UMA OPORTUNIDADE

Na maioria das situações de venda hoje em dia, a abordagem da oportunidade é particularmente útil com clientes que estão prestes a comprar, mas que estão claramente procrastinando. A oportunidade simplesmente apresenta ao cliente um breve ensejo durante o qual está disponível certa opção.

Toby Leach, gerente de vendas da Thermal Science Technologies, em Hanover, Maryland, usou esta abordagem com sucesso para conseguir compromisso de um cliente que parecia estar adiando sua decisão de compra.

— Meu chefe me parou no corredor e perguntou se eu já obtivera compromisso de um determinado cliente — disse Toby. — Depois de dizer-lhe que não, voltei para a minha sala para pensar o que deveria fazer para conseguir compromisso de meu cliente. Eu estava vendendo para este cliente mantas isolantes removíveis para poços de inspeção. Normalmente, depois que o cliente estabelece o compromisso, nós mandamos uma equipe de engenheiros para medir a tubulação dentro dos poços antes de fabricar as mantas.

"Eu sabia que teria uma equipe de engenheiros na área de Filadélfia, onde fica este cliente. Então lhe telefonei e lhe disse que nossa equipe de engenheiros ficaria satisfeita em passar no local e fazer as 'medições finais' em seus poços de inspeção. O cliente respondeu: 'Claro, diga que venham fazer as medições finais. Mandarei a requisição hoje ainda.' Simples assim, consegui seu compromisso."

Toby utilizou esta abordagem com eficiência e sinceridade. Mas há muitos vendedores que fazem mau uso dela. Eles criam falsas oportunidades só para fazer pressão sobre o cliente. Por este motivo, devemos nos assegurar que a oportunidade é legítima e verdadeiramente relevante para a situação do cliente. Se não for, corremos o risco de comprometer a confiança e a credibilidade que estabelecemos no relacionamento.

PESE NA BALANÇA

Você se lembra de quando teve de tomar uma decisão difícil? Você já pegou um papel e dividiu ao meio para listar os prós e os contras. É isto que usamos como método da balança — uma abordagem criteriosa para lembrar ao nosso cliente que os motivos para se comprometer em nosso favor são mais importantes do que os motivos para não fazê-lo.

Apesar de esta abordagem ser eficaz em certas situações de venda, apresentamos algumas palavras de advertência: o método da balança é utilizado há muito tempo. Compradores experientes o conhecem bem e o consideram frequentemente uma ferramenta de manipulação, mesmo quando estamos sendo sinceros. Só devemos utilizar esta abordagem quando: 1) o cliente não tem experiência em tomar decisões de compra e irá sinceramente aprovar nossa ajuda para esclarecer a situação, ou 2) estamos numa situação de venda em que muitas informações foram trocadas e todos podem se beneficiar com um resumo das questões.

Por exemplo, a abordagem da balança pode ser útil com propostas por escrito ou numa apresentação para uma equipe de compra. Nessas situações, podemos utilizar este método para comparar nossos produtos com os dos nossos concorrentes, se sabemos quem está concorrendo.

Alguns vendedores acham perigoso trazer à baila qualquer motivo pelo qual o cliente não deveria fazer negócio conosco. Eles parecem achar que, quando nos aproximamos da decisão de compra, já hipnotizamos o cliente para que esqueça os motivos para não querer comprar.

Na verdade, não temos nada a perder, porque de qualquer maneira o cliente está pensando nas desvantagens. Ponderando as alternativas, estamos simplesmente avaliando o que já foi discutido.

Embora não queiramos parecer mecânicos na nossa discussão, é útil entender o processo fundamental da abordagem da "balança".

Use algumas palavras para fazer a ligação entre o final da apresentação da sua solução e o início da ponderação... e peça permissão para continuar. Diga, por exemplo: "Sr. Rashad, nós discutimos diversos problemas. E conversamos sobre vários motivos a favor e contra a decisão de compra. Para ajudá-lo a tomar a melhor decisão, talvez ajudasse escrever numa folha de papel os prós e os contras de seguir adiante. Concorda comigo?"

Não repita simplesmente a apresentação da solução. Lembre-se, antes de chegarmos a este ponto da conversa, já expusemos os fatos importantes, os benefícios e as informações das aplicações relativos ao nosso produto e serviço. Já teremos identificado e respondido a todas as objeções. Também já teremos recorrido ao Motivo de Compra Dominante. Agora é a hora de resumir, do modo mais sucinto possível, os pontos a favor e contra de tomar a decisão de compra em nosso favor.

Não omita o resumo das vantagens do nosso produto e serviço a pretexto de já termos nos ocupado delas. Mais uma vez, não queremos ser repetitivos, mas queremos listar as vantagens com firmeza, sinceridade, entusiasmo e concisão.

Mantenha uma atitude amigável. Queremos nos apresentar como pessoas amigas, apresentando ao cliente os prós e os contras da compra para que ele possa decidir por si mesmo.

Como vendedores profissionais temos a obrigação diante dos nossos clientes, da nossa empresa e de nós mesmos de pedir compromisso. Nossos clientes esperam que peçamos. Alguns compradores experientes ficarão desapontados se não pedirmos. Eles sabem que isso faz parte do nosso trabalho. Não devemos jamais encerrar uma reunião sem pedir ou oferecer algum tipo de compromisso — quer seja para uma outra reunião, para uma proposta ou para uma oportunidade de apresentar uma solução. Pedir compromisso também é mostrar que temos orgulho de ser vendedores. Demonstra também a confiança que temos em nossa capacidade de fornecer soluções incomparáveis aos nossos clientes.

O poder da persistência

Winston Churchill levantou-se para fazer um discurso de formatura na Universidade de Oxford. Ele começou a falar e disse: "Jamais, jamais, jamais desistam." Então, sentou-se.

Pedindo indicações

As indicações ficam fora da sequência do processo de vendas porque podem acontecer em qualquer ponto do processo de vendas. Sempre que tivermos certeza de que temos empatia com a outra pessoa, podemos pedir uma indicação. Não temos nada a perder e tudo a ganhar. Afinal de contas, o objetivo das indicações é nos dar mais oportunidades. E mais oportunidades geralmente significam mais compromissos.

Você se lembra de que discutimos o valor das indicações em "Novas oportunidades e Comunicação inicial". Então, por que trazer isso à baila outra vez? Porque o compromisso é um outro momento adequado para pedir nomes de pessoas que possam estar interessadas no que nossa empresa tem a oferecer. Se o cliente estiver entusiasmado com a decisão de compra e nós tivermos superado as expectativas, não há melhor hora para pedir indicações. Por outro lado, podemos pedir indicações mesmo quando recebemos uma recusa. Se um cliente não precisar do nosso produto ou serviço, talvez ele conheça alguém que precise.

Raramente conseguiremos indicações se não as pedirmos. Dito isto, por que tantos vendedores profissionais deixam passar essa oportunidade?

Em primeiro lugar, podemos ter nossa atenção desviada na hora e esquecer de perguntar. Pense no que costumamos fazer depois de apertarmos as mãos e assinarmos o contrato. Procuramos nos concentrar em reunir a papelada para sacramentar a venda. E se for uma venda grande, saímos para comemorar. O problema é que raramente nos lembramos de pedir uma indicação.

Outro motivo porque não pedimos indicações pode ser por nos sentirmos constrangidos em pedir orientações de negócios após um longo processo de vendas com um cliente difícil. Isto é muito natural. É nosso dever avaliar a empatia que temos com nosso cliente e a hora certa para tocar no assunto. Em alguns casos, podemos esperar uma ou duas semanas depois de conseguirmos compromisso para pedir indicações. Ou, quem sabe, peçamos imediatamente indicações ao cliente, mas talvez ele prefira esperar para ver se o nosso relacionamento será bem-sucedido antes de fornecer nomes de outras pessoas. Qualquer que seja o caso, não devemos desanimar. O fato de não conseguirmos indicações imediatamente não quer dizer que não as conseguiremos.

Embora as oportunidades geradas pelas indicações estejam entre as melhores novas oportunidades que podemos encontrar, é pouco provável que cada indicação se torne um cliente. Mas se conseguirmos mais indicações que os nossos concorrentes, quem você acha que fará mais vendas? Lembre-se: tudo aquilo que deixarmos de fazer dará à concorrência uma oportunidade de ajudar mais clientes do que nós.

Quando pedir referências

- Pense nos seus clientes como parceiros que podem indicá-lo para uma nova oportunidade.
- Não subestime o poder da influência de um cliente satisfeito.
- Lembre-se que as pessoas indicadas a você têm mais probabilidade de encontrarem-se com você do que um cliente potencial sem indicação.
- Saiba que uma indicação representa um cliente potencial mais qualificado e mais disposto a considerar suas ofertas.
- Lembre-se de que pessoas que compram são mais propensas a indicar outras.

MÉTODOS DE CONSEGUIR INDICAÇÕES

Como você consegue uma indicação só interessa a você. Basicamente, no entanto, conseguimos indicações de duas maneiras:

O cliente inicia o contato. A introdução pessoal do cliente contribui para nossa credibilidade no início do processo de vendas com o novo cliente potencial, então fica mais fácil marcar o primeiro compromisso. Se a indicação ficar no mesmo prédio, podemos pedir ao nosso cliente que nos apresente. Se a pessoa não estiver nas proximidades, talvez o cliente possa dar um telefonema enquanto estivermos em seu escritório. Ou, se ele se sentir mais à vontade, podemos sugerir que telefone quando melhor lhe convier. Qualquer que seja o meio, este método geralmente causa mais impacto sobre a pessoa que nos foi indicada.

Conseguimos o nome da pessoa e iniciamos o contato sozinhos. Em alguns casos, o cliente está disposto a nos fornecer os nomes mas não tem tempo ou não percebe a urgência de telefonar para as pessoas indicadas. Se este for o caso, uma boa ideia é pedir que o cliente escreva o nome da pessoa no verso do seu cartão de visita. Isto nos ajudará a saber quem nos forneceu aquela indicação.

Qualquer que seja o método que usarmos, devemos fazer a pré-abordagem e seguir as etapas lógicas de iniciar a comunicação antes de fazer contato com a pessoa indicada. No entanto, por algum motivo, muitos vendedores vão diretamente para a comunicação inicial sem passar por essas etapas. Obviamente, podemos fazer uma pesquisa de pré-abordagem com o cliente que nos deu o nome do cliente potencial. Mas não podemos parar aí. Lembre-se, enquanto as indicações são ferramentas poderosas para abrir portas, não garantem a venda. Devemos colocar tanto esforço no trabalho com uma indicação quanto colocamos em qualquer outro cliente potencial.

Além disso, quando conseguimos indicações, é uma boa ideia enviar um cartão de agradecimento ao cliente que as forneceu. Lembre-se também de telefonar para o cliente para contar-lhe sobre o resultado da sua conversa. Isto não é apenas uma cortesia, pois provavelmente o cliente está interessado no resultado. Se o resultado tiver sido positivo, o cliente ficará satisfeito. Se o resultado não tiver sido favorável, você pelo menos tem a chance de lhe dizer que está grato pela sua disposição para ajudar. Quem sabe um simples agradecimento possa resultar em mais indicações.

INDICAÇÕES DE VALOR

Para o vendedor profissional Philip Crane, o relacionamento que ele estabeleceu com uma empresa líder nacional na área de consultoria financeira ajudou-o a conseguir ingressar em outra empresa. Doze meses após conseguir a indicação, a empresa de Philip tornou-se o principal fornecedor dessa empresa e o negócio representou um volume significativo nas vendas.

— Na minha opinião, não há nada de mágico em relação a uma venda ou uma indicação — diz Philip. — A Alta Performance em Vendas me ensinou a agir da mesma maneira que eu gostaria que meu fornecedor se posicionasse em relação a mim. Em suma, me ajudou a entender o ponto de vista do cliente e a proporcionar aquilo de que ele precisa em oposição ao que eu quero.

Gianluca Borroni, gerente de investimentos do Banco Mediolanum na Itália, depende exclusivamente de indicações para a sua atividade de vendas. Gianluca não sai de uma reunião sem pedir nomes de clientes potenciais.

— Pedir indicações é um dos meus pontos fortes — diz Gianluca. — Assim que o contrato é assinado, dou os parabéns ao cliente e depois faço algumas perguntas que levam ao meu pedido por indicações. Eu faço perguntas como: "Do que você mais gostou ao fazer negócio comigo?", "Quais foram os motivos que o levaram a se tornar meu cliente?". Com base nas respostas, eu reforço alguns pontos positivos das nossas conversas.

"Somente depois de estabelecer uma linha positiva de perguntas é que eu digo: A que outras pessoas do seu conhecimento nós poderíamos proporcionar essas mesmas vantagens? Vamos nos concentrar em pessoas bem próximas e que confiam em você, porque meu próximo passo será telefonar-lhes para marcar uma visita.'

"Se a pessoa disser que não consegue se lembrar de ninguém, eu digo: 'Vamos começar pela pessoa mais próxima.' Se eu conheço bem a pessoa, posso até pedir-lhe que dê uma olhada em seu caderno de telefones a partir da letra A — mas só faço isso se conhecer bem a pessoa. A questão é que sou persistente quando peço indicações."

A persistência de Gianluca foi recompensada. Ele foi eleito o Vencedor do Prêmio Global de maior vendedor da empresa na Itália. Atingiu os resultados necessários para receber este prêmio em apenas quatro meses, graças principalmente à sua capacidade de pedir indicações.

— Eu contei aos meus clientes sobre a competição. Eu disse: "Quero ser o melhor. Posso pedir sua ajuda?" Quando eles perguntavam como, eu pedia indicações. Eles se mostravam dispostos a ajudar a me tornar um dos melhores consultores financeiros da Itália.

"Depois que ganhei o prêmio, convidei todos os meus clientes para uma reunião e mostrei-lhes o filme da cerimônia de premiação. Então lhes agradeci, pois sua confiança foi o motivo pelo qual eu conquistei esses resultados."

David Michael, dono do Michael Mortgage Group, criou 100% do seu negócio com base em indicações. Por esta razão, David monta sua estratégia no início do processo de vendas. Então, quando ele chega à etapa de compromisso, já sabe que conseguirá indicações.

— Tenho o compromisso de dar aos meus clientes um serviço de alto nível — diz David. — Há vezes, no entanto, em que faço um esforço consciente para identificar certos clientes que sei que podem me fornecer uma boa rede de indicações. Para esses clientes, eu excedo meu nível típico de serviço para garantir que eles me indicarão aos seus amigos e associados. Na verdade, eles até me perguntam: "Você oferece isso para todos os clientes?" Neste caso eu respondo: "Não, estou fazendo isso para você." Então eu lhes digo que gostaria que me indicassem algumas pessoas. Eles ficam muito contentes em ajudar.

"Certa ocasião, eu estava ajudando um senhor a fazer a hipoteca de um imóvel. Eu sabia que esse senhor era influente e bem conceituado na comunidade dos negócios. Eu logo percebi que ele poderia ajudar os meus, então dispensei-lhe um tratamento especial. Neste caso, devido a alguns problemas de crédito no passado, eu sabia que a sua taxa de juros seria mais alta que o habitual, assim como os honorários associados ao empréstimo. E também sabia que ele não ficaria feliz com isso. Ele já tivera uma experiência de maus serviços com a nossa empresa.

"Então eu terminei por abrir mão de todos os meus honorários nesta transação, só para reduzir seus custos. Também fechamos o negócio na empresa dele, em vez de fazê-lo ir ao nosso escritório. E fui à sua casa visitá-lo para ter certeza de que estava realmente satisfeito. Desde então, consegui negócios no valor de 20 milhões de dólares graças às suas indicações. Embora já tenham se passado mais de cinco anos desde que ajudei esse cliente, ainda recebo pelo menos dois telefonemas por mês de pessoas indicadas por ele."

Percorrer o quilômetro extra é um elemento importante no relacionamento de vendas. Como a história de David ilustra, no entanto, identificar conscienciosamente as pessoas que podem fornecer boas indicações nos garante uma longa lista de clientes satisfeitos dispostos a compartilhar sua experiência com outras pessoas.

As indicações são tão importantes para os negócios de David que a sua empresa realiza um concurso mensal de indicações entre os clientes.

— Os clientes enviam suas indicações por e-mail e colocamos os seus nomes num sorteio — diz David. — No final do mês nós concedemos um prêmio. Pode ser um vale-presente ou entradas para algum show. Então, no final do ano, nós concedemos um prêmio maior, como um fim de semana num hotel.

"O concurso é apenas mais uma maneira de construirmos nosso negócio com base em indicações, porque neste ramo de negócios você tem que ter admiradores entusiasmados. Nós queremos identificar e criar tantos admiradores entusiasmados quanto possível através de indicações. É a melhor maneira."

O que David, Gianluca e Philip têm em comum? Entre outras coisas, eles sabem da importância das indicações, e não têm medo de pedi-las. Mas, o mais importante, eles sabem do valor dos sólidos relacionamentos com clientes quando se trata de pedir indicações. Se formos bem-sucedidos no desenvolvimento de confiança e respeito mútuos, conseguir indicações é simplesmente o próximo passo natural do compromisso.

CAPÍTULO 11

Acompanhamento
Mantendo nossos compromissos

"Quando você descobre o sentido da palavra 'suceder', sabe que ela quer dizer completar."

F. W. NICHOL

Assim que conseguimos o compromisso, as portas se abrem para uma oportunidade ainda maior: repetir o negócio. Diversos estudos sobre o ambiente de vendas de hoje em dia defendem a ideia de que é muito mais difícil e caro conseguir um novo cliente do que manter um antigo cliente satisfeito.

Eis por que manter nossos clientes satisfeitos é nosso principal interesse. Além disso, outras vendas e indicações só acontecerão se fizermos o acompanhamento dos nossos compromissos e garantirmos que nossa empresa forneça os produtos e os serviços que prometemos.

Considere a importância do acompanhamento do seu próprio ponto de vista. Você se lembra quando comprou alguma coisa que não correspondeu às suas expectativas? Em alguns casos, pode ter sido porque a pessoa que fez a venda descreveu enganosamente as características do produto ou serviço. Mas em muitos casos, a culpa não é do vendedor. É uma experiência após a venda — como um mau atendimento por parte do serviço ao cliente ou suporte técnico inadequado — que o impediu de fazer outras compras com aquele vendedor ou com aquela empresa.

Um vendedor nos contou que perdeu seu maior cliente por culpa do motorista do serviço de entrega da empresa. Na verdade, a empresa perdeu diversos clientes por culpa dessa pessoa, mas não percebeu imediatamente que o motivo era ele. Então, certo dia, um cliente foi sincero com o vendedor e disse simplesmente: "O seu motorista é um idiota."

Embora a atitude do motorista não fosse culpa do vendedor, era sua responsabilidade descobrir por que seus clientes estavam insatisfeitos. O mesmo se aplica a nós.

Embora possamos superar maus resultados após as vendas, geralmente é penoso. Quer gostemos ou não, nossa reputação como vendedores está intimamente ligada à atitude da nossa empresa após a venda. Isto é duro para a maioria de nós aceitar. Afinal de contas, diferentemente de outras etapas do processo de vendas, as atividades pós-venda exigem que abandonemos parte de nosso controle.

Mas mesmo se não tivermos controle total sobre a entrega do produto ou serviço, podemos ajudar a gerar bons resultados. Vendedores bem-sucedidos fazem de tudo para garantir um acompanhamento eficiente. Isto inclui não só contato com os clientes regularmente, como também a criação de um bom relacionamento dentro da sua empresa. Se fizermos um bom acompanhamento, ajudamos a assegurar que a impressão duradoura do cliente com relação à entrega do nosso produto ou serviço não seja sua última impressão.

Fazendo o acompanhamento com os clientes

Manter o contato com os nossos clientes é a melhor maneira de assegurar que eles permaneçam satisfeitos. Em ciclos longos de venda, o acompanhamento estimula relacionamentos de longo prazo e lealdade. Em vendas baseadas em transação, um bom acompanhamento mantém nosso nome na memória do cliente para que ele se lembre de nos indicar para amigos e parentes quando surge uma necessidade. Qualquer que seja o caso, um acompanhamento consistente e relevante demonstra que nós realmente nos importamos com os clientes e que não estamos lá apenas para ganhar comissões.

ACOMPANHAMENTO DE VENDA EM CURSO

Com essas considerações em mente, eis aqui diversas atitudes que você pode tomar para manter o importante contato pós-venda com os clientes:

- Entregue os produtos ou a papelada pessoalmente na casa ou no escritório do cliente.
- Confira com o pessoal interno se todos os componentes da sua solução foram enviados conforme o prometido.
- Deixe seus clientes cientes de que sua equipe está fazendo o acompanhamento para assegurar a entrega no tempo previsto.
- Certifique-se de que a instalação seja feita adequadamente e que o produto esteja funcionando conforme o prometido.

- Esteja disponível para resolver qualquer problema técnico.
- Mande cartas ou dê telefonemas para agradecer aos clientes pela compra e repita que sua satisfação é importante.
- Mantenha os clientes atualizados com novas tecnologias ou novas aplicações para os produtos ou serviços que utilizam.
- Lembre aos clientes de seus outros produtos e serviços. (Está lembrado do Diagrama de oportunidade? Esta é uma boa maneira de se lembrar de outras soluções que você pode oferecer aos clientes.)
- Saiba quando for a hora de eles fazerem nova encomenda.

APÓS A VENDA E MAIS ADIANTE

Se não fizermos o acompanhamento com nossos clientes depois que a venda é concluída, corremos o risco de perdê-los, mesmo quando tivemos bons resultados. Por que isso acontece? Porque damos a chance aos nossos concorrentes de darem aos nossos clientes a atenção que não mais estamos lhes dispensando. Nós transferimos nosso foco para necessidades mais urgentes de outros clientes ou para novos negócios. Até certo ponto, isto é necessário. Mas lembre-se de que na nossa notável ausência, o cliente poderá decidir que nosso concorrente se importa mais com seus negócios do que nós.

Por este motivo, devemos sempre encontrar oportunidades para deixar nosso cliente perceber que nos importamos com ele e estamos satisfeitos com o negócio. Um dos nossos treinadores contou uma história sobre um vendedor profissional que dava telefonemas de agradecimento nos fins de semana. Ele deixava um agradecimento gravado na secretária eletrônica no sábado. Enquanto gravava a mensagem, botava para tocar uma gravação de aplausos ao fundo. Ele dizia ao cliente o quanto tinha gostado do negócio e que os aplausos eram para ele. Na segunda-feira pela manhã, os clientes chegavam no escritório com uma agradável mensagem para ouvir.

Uma das coisas mais eficientes desses telefonemas é que o vendedor os utilizava para fazer o acompanhamento com todos os clientes, independentemente da quantidade que compravam ou da frequência com que compravam.

Quando fazemos um esforço honesto de nos comunicarmos consistentemente com todos os nossos clientes, estabelecemos um relacionamento que vai além de uma relação entre vendedor e cliente. Quando o cliente nos vê ou ouve o nosso nome, ele não pensa "O que será que esse vendedor vai tentar me empurrar hoje?". O cliente provavelmente será receptivo aos nossos telefonemas e às nossas visitas e irá crer que temos algo de positivo para oferecer-lhe.

Em alguns casos, temos oportunidades de criar acompanhamentos específicos para um determinado cliente. Susan Harkey, gerente de contas nacionais da Old Dominion Freight Lines de High Point, Carolina do Norte, constatou como o acompanhamento pessoal reforçou a confiança e a lealdade de um cliente importante:

— Eu mantinha frequentes contatos com uma tomadora de decisões de uma empresa nossa cliente — diz Susan. — Ela não era de muita conversa, por isso eu estava tendo dificuldade de conhecê-la como pessoa.

"Certo dia, num almoço de negócios, essa mulher mencionou que não tinha momentos de humor ao longo do dia e que gostaria de rir mais. Então, no dia seguinte, comecei a lhe enviar algumas piadas que recebia por e-mail.

"Ela me telefonou imediatamente e me agradeceu por ter me lembrado dela. Eu continuo a lhe enviar piadas e, desde então, nosso relacionamento tornou-se muito mais aberto e cordial."

O sucesso de Susan em reforçar o relacionamento com esta cliente demonstra o valor do acompanhamento mais pessoal. No entanto, fica claro que se a mulher não tivesse expresso o desejo por mais humor, os e-mails diários de Susan não teriam sido tão significativos. Na verdade, poderiam ser mal recebidos.

UMA ESTRATÉGIA PARA O ACOMPANHAMENTO

Conforme ilustra a história de Susan, o e-mail é uma maneira eficaz de acompanhamento. Na verdade, o e-mail e outras tecnologias facilitam nossa conexão com nossos clientes. Com isto em mente, eis alguns elementos importantes de uma estratégia eficaz de acompanhamento:

Um banco de dados atual e ativo. A base de qualquer bom esforço de acompanhamento é um banco de dados bem organizado e atualizado com frequência. Para que o acompanhamento seja simples, precisamos ter números de telefone, de fax e endereços de e-mail facilmente acessíveis. A melhor maneira de fazer isso é através de um sistema eletrônico de gerenciamento de contatos. Muitos desses sistemas podem até utilizar alarmes para nos lembrar de entrar em contato com o cliente num determinado dia. Seja o nosso banco de dados eletrônico ou manual, é importante mantê-lo atualizado. Registrar informações pertinentes após cada conversa com um cliente assegura que temos conhecimento de cada ponto para que possamos consultar as informações durante contatos subsequentes.

Boas linhas de comunicação. Há pouca coisa que seja mais irritante para um cliente, especialmente depois que a venda é feita, do que não conseguir entrar em contato com o representante de vendas. Por este motivo é imperativo que quando os clientes quiserem nos encontrar, sejam capazes de fazê-lo facilmente.

Precisamos estabelecer um processo para manter a comunicação que funcione para todos. Devemos fazer todos os esforços para informar aos nossos clientes nossos números de pager e de telefone celular, endereço de e-mail, ou qualquer outra maneira que possam entrar em contato conosco numa emergência. Os clientes não apenas devem ter essas informações à mão como também devem saber a melhor maneira de entrar em contato conosco.

E se não o fizerem? Digamos que um cliente nos envie perguntas por e-mail, mas justamente nessa semana estamos viajando e não podemos abrir com certa frequência nossa caixa postal. Isso significa que possivelmente não poderemos responder com a presteza que o cliente espera. Provavelmente o cliente ficará frustrado e irá interpretar nossa falta de resposta como falta de interesse. Nós, por outro lado, ficaremos frustrados porque nos importamos com ele. Estabelecer de antemão diretrizes de comunicação muitas vezes evita esses mal-entendidos.

Outro conselho: se você fala muito ao telefone ou não fica muito tempo no escritório, mantenha alguém no escritório que possa avisar-lhe quando os clientes telefonarem. Essa pessoa não precisa necessariamente resolver problemas, mas deve ser capaz de receber recados quando surgirem problemas.

Estratégia para acompanhamento

- Mantenha um banco de dados atualizado e ativo.
- Estabeleça meios definidos de comunicação.
- Envie informações interessantes.
- Providencie atualizações dos produtos.

Informações interessantes. Nós podemos nos tornar um recurso valioso para nossos clientes fornecendo-lhes informações sobre questões que dizem respeito ao seu pessoal e ao seu negócio. Nós devemos mantê-los informados acerca de novas tecnologias, mercados emergentes, tendências do mercado e outras informações sobre a indústria.

Novas atualizações do produto. Esta é uma boa maneira de o cliente saber que estamos atentos às suas futuras necessidades. É uma boa maneira também de mantermos nosso nome à vista dos clientes depois da entrega do produto ou do serviço. Podemos enviar pelo correio folhetos sobre novos produtos ou atualizações de seu equipamento. Podemos enviar faxes com informações técnicas. Podemos enviar e-mails sobre novas aplicações do produto. Essas são medidas que poupam tempo, são baratas e exigem um esforço mínimo de nossa parte, mas de grande valor para o cliente.

LEMBRETES IMPORTANTES PARA O ACOMPANHAMENTO DO CLIENTE

Qualquer que seja sua estratégia de acompanhamento, há duas coisas importantes a serem lembradas:

Esteja sempre ciente dos "próximos passos". Desenvolva um sistema que lhe permita avaliar o que o cliente tem e o que aquele produto ou serviço está proporcionando ao cliente. Pergunte-se continuamente o que você pode fazer para elevar a empresa do cliente a um novo nível de sucesso. Torne-se membro de sua equipe. Pense sobre seus problemas nos negócios e em como você pode tornar-se parte da solução.

Exceda as suas expectativas. Jamais pare depois de ter providenciado aquilo que o cliente solicitou — faça um pouco mais. Embora possamos providenciar exatamente aquilo que ele pediu, deixamos diversas oportunidades para os nossos concorrentes quando deixamos de exceder as suas expectativas.

Considere a seguinte situação: você está jantando num restaurante e pede sua entrada favorita. O garçom o conhece bem. Quando ele traz o antepasto, diz a você que pediu ao chef que pusesse uma porção maior que a habitual porque sabe o quanto você gosta daquele tira-gosto. O que ele está fazendo? Está excedendo suas expectativas e muito provavelmente reforçando sua lealdade como cliente.

FAZENDO ACOMPANHAMENTO COM SUA PRÓPRIA EQUIPE

O acompanhamento do cliente é apenas parte da equação. Conforme dissemos anteriormente, um dos grandes desafios que os vendedores enfrentam hoje em dia está dentro da sua própria empresa — o desafio de empenhar nossas equipes internas de apoio no objetivo comum da satisfação do cliente. No ambiente de vendas de hoje, é muito difícil ser totalmente bem-sucedido sem os esforços do pessoal da nossa própria empresa.

Geralmente se diz que podemos julgar o moral de qualquer empresa observando o empregado de salário mais baixo. Em alguns casos, essas pessoas representam parte do pessoal de apoio. Com isto em mente, é fundamental que nos esforcemos para manter o seu moral alto.

Para tanto, devemos começar a ver as coisas do ponto de vista do pessoal de apoio. Há dois motivos para que eles não queiram nos ajudar:

Ressentimento e percepção. Talvez o vendedor tenha deixado de demonstrar gratidão ou apreço pelos esforços do pessoal de apoio. Como consequência, essas pessoas — que não compreendem totalmente os desafios de venda — podem ficar ressentidas com o vendedor por este ter ficado com todo o crédito, para não falar na comissão.

Trabalho demais, mãos de menos. Frequentemente, é difícil empenhar toda a equipe interna simplesmente porque há trabalho demais para pouca gente. Eles não apenas têm que nos ajudar, como também ajudar a dez outros vendedores. Então, mesmo que eles sintam orgulho de fazer um bom trabalho, o tempo e a carga de trabalho nem sempre estão do lado deles.

Como demonstrar que você valoriza a equipe

- Telefone no fim de semana e deixe uma mensagem na secretária eletrônica, para que seja a primeira coisa a ouvirem na segunda-feira pela manhã.
- Agradeça-lhes na frente de outras pessoas.
- Envie cartas de agradecimento aos membros da equipe.
- Envie cópias das cartas de agradecimento aos seus supervisores.
- Traga-lhes balas e doces.
- Encomende pizza ou sanduíches para o almoço.
- Ofereça prêmios bem humorados.
- Leve-os para jantar fora.
- Dê-lhes presentes simples, porém significativos.
- Tente conhecê-los melhor.

HABILIDADE NAS RELAÇÕES HUMANAS FAZ A DIFERENÇA

Tratar a equipe de apoio com o respeito e a cortesia que ela merece é a melhor maneira de motivá-la para o objetivo comum que é a satisfação do cliente. É igualmente importante demonstrarmos interesse sincero em suas opiniões.

Steve Wedderburn é um dos melhores vendedores dos automóveis Lexus no estado do Texas.

— Apesar de eu saber como um Lexus funciona, não sou um especialista nos aspectos mais sofisticados do motor ou do computador. Eu estaria insultando meus clientes e arruinando minha integridade se fingisse saber o que ignoro. Eu posso explicar ao cliente como tudo funciona, de que maneira ele aproveitará isso e o que faz o carro ter a fama que tem. É isso que eles querem saber se vão investir num carro de luxo.

"Por outro lado, se o cliente tem uma pergunta sobre de que maneira o computador é configurado ou quantas peças há no motor, eu peço a um dos nossos mecânicos que venha conversar com ele. Afinal de contas, os mecânicos são os especialistas no que há embaixo do capô. Nossos clientes respeitam a opinião deles, assim como eu."

Steve reconhece a importância de estabelecer um relacionamento com seus mecânicos. Se você quiser saber como estabelecer um relacionamento com sua equipe de apoio, volte e veja o que é preciso para estabelecer um relacionamento com clientes. Esses mesmos princípios de relações humanas são importantes para se criar boas relações dentro da empresa.

Princípios de formação de equipe

- Crie um sentido compartilhado de objetivo.
- Torne os objetivos em objetivos da equipe.
- Trate as pessoas como os indivíduos que são.
- Torne cada membro responsável pelo produto da equipe.
- Divida as glórias, aceite a culpa.
- Aproveite todas as oportunidades para estabelecer confiança na equipe.
- Envolva-se, mantenha-se envolvido.
- Seja um conselheiro.

Nós não temos nada a perder e temos tudo a ganhar se respeitarmos nossa equipe interna. Uma vez que depende dela cumprirmos nossas promessas aos clientes, é importante que eles tenham um respeito mútuo por nós. Eles não têm necessariamente que gostar de nós (embora isso ajude!), mas têm que valorizar nosso papel na empresa.

Se formos bem-sucedidos em criar um relacionamento positivo com o pessoal da empresa, tornamos nosso trabalho muito mais divertido. Por quê? Porque podemos nos concentrar em estabelecer relacionamentos com os clientes e não perdemos tempo em resolver problemas que surgem porque nossa empresa não conseguiu manter seus compromissos.

TRABALHO EM EQUIPE COM OUTROS VENDEDORES

Estabelecer relacionamentos com nossa equipe de apoio é importante na criação de relacionamentos bem-sucedidos com os clientes. Mas e quanto a acentuar a comunicação e o trabalho em equipe com outros vendedores da nossa empresa? Compartilhando ideias e estabelecendo relacionamentos e confiança uns com os outros, não apenas melhoramos os resultados da nossa empresa como também podemos servir melhor aos clientes. Como? Compartilhando informações sobre desafios comuns e aprendendo de que maneira nossos colegas resolveram problemas semelhantes aos que nossos clientes estão enfrentando.

Ian Smith, gerente de vendas da Airborne Express em Manchester, Inglaterra, constatou por si mesmo como o estabelecimento do trabalho em equipe dentro da organização de vendas influenciou sua empresa e seus clientes.

— Na minha indústria, é quase impossível conseguir que clientes potenciais troquem de empresa de transportes. Por que deveriam? Eles não têm problemas, conseguem um ótimo preço e, geralmente, um ótimo relacionamento. Todos os vendedores da nossa empresa enfrentam esse desafio.

"Eu trabalho regularmente com nosso escritório europeu em Londres e, particularmente, com a gerente de vendas de contas nacionais, que veio dos Estados Unidos. Nós concordamos que trabalhar juntos como uma 'unidade' dentro do mercado do Reino Unido iria nos beneficiar enormemente. Ela tinha experiência de vendas nos Estados Unidos e eu conhecia o mercado e a competição no Reino Unido. Por este motivo, tínhamos muitos conhecimentos para compartilhar.

"Nós marcamos de nos encontrar para discutir as estratégias que poderíamos implementar com nossas respectivas equipes de vendas. Seis meses depois de começarmos a utilizar as mesmas abordagens estratégicas, vimos os resultados. Obtivemos um aumento nacional de 11% na nossa base de clientes e vencemos duas concorrências."

A história de Ian ilustra os benefícios de se trabalhar em conjunto com outros vendedores da nossa empresa. Embora pareça ser bom senso, não é necessariamente uma prática comum. No ambiente de vendas atual, muitos vendedores trabalham sozinhos em casa ou em locais longe de outros vendedores em sua empresa. Além disso, no nosso impulso de conseguir mais negócios, às vezes deixamos de desenvolver esta importante aliança que pode melhorar nossa eficiência de vendas.

Da próxima vez que você se deparar com uma situação parecida ou com um desafio de um mercado específico, lembre-se do recurso que está à mão: seus colegas vendedores. Pegue o telefone, mande um e-mail e entre em contato com eles. O que você aprender poderá melhorar sua capacidade de desenvolver boas soluções e fazer um melhor acompanhamento de seus clientes.

CAPÍTULO 12

Objeções
Oportunidades para se comunicar

> "Uma das maneiras mais garantidas de se fazer amigos e influenciar as opiniões das outras pessoas é dar atenção às suas opiniões, deixar que saibam que seus sentimentos são importantes."
>
> DALE CARNEGIE

Você se lembra da primeira vez que dirigiu um carro? Você segurou nervosamente o volante e ficou ansioso com aquela primeira volta no quarteirão. Mas ao olhar para o painel, você voltou à realidade. "Para que servem todos estes botões e relógios?", você provavelmente pensou. "Acho que nunca vou aprender a usar todos eles. Será que dá para olhar para a estrada e ligar o limpador de para-brisa ao mesmo tempo?"

Imaginando esta cena agora, é claro que fica difícil imaginar que dirigir um carro já pareceu complicado. Depois de praticarmos nossas habilidades, dirigir tornou-se uma coisa natural. E hoje em dia, quando entramos no carro e ligamos o motor, não pensamos duas vezes sobre o que é preciso para dirigir de um lugar a outro.

Lidar com objeções é a mesma coisa. Parece complicado à primeira vista, e temos que fazer muitas coisas ao mesmo tempo. Mas depois de estarmos familiarizados com as ferramentas e fazermos uso delas sempre que necessário, o processo de lidar com objeções se torna uma coisa natural. Da mesma forma que dirigir um carro, não pensamos no próximo passo. Fazemos tudo naturalmente.

Em um mundo perfeito, se conseguimos reunir boas informações, devemos saber exatamente quais objeções o cliente poderá fazer antes de apresentarmos nossa solução. Cientes disso, podemos abordar esses problemas apresentando a solução e minimizando a chance de o cliente trazê-los à tona mais tarde.

Por outro lado, o mundo de vendas não é perfeito. Mesmo quando fizemos um bom trabalho de reunir informações e procurar saber das necessidades e das vontades do cliente, ainda é possível que deixemos passar um ponto importante. Também é possível que algo tenha ocorrido no ambiente do comprador entre o nosso último encontro e a apresentação da solução. Se este for o caso, o cliente poderá fazer objeções a partes de nossa solução com base nas novas informações disponíveis.

Eis porque as objeções podem ser tão frustrantes. Não sabemos se irão acontecer. Não sabemos quando irão acontecer. E quando deparamos com elas, nem sempre são claras. O cliente pode parecer estar fazendo objeção a um aspecto da compra quando, na realidade, tem um motivo completamente diferente para protelar a decisão de compra.

Temos que ter em mente que as objeções ocorrerão. Então a melhor coisa a fazer é mudar nossa atitude em relação a elas. Em vez de encarar as objeções como obstáculos ao compromisso, devemos vê-las como oportunidades de construir relações ainda mais sólidas com nossos clientes.

Na verdade, uma objeção genuína geralmente significa que a pessoa está pensando seriamente em comprar conosco. Encare desta maneira: digamos que estamos na seção de utensílios domésticos de uma loja de departamentos. Passamos por uma lavadora e uma secadora. Será que iremos chamar um vendedor para começar a fazer objeções sobre esses produtos se não estamos interessados em comprá-los? Provavelmente não. Se não queremos a lavadora ou a secadora, qual a finalidade de fazer objeções?

Por outro lado, e se estamos precisando desses produtos? Antes de gastarmos o dinheiro, provavelmente conversaremos com um vendedor esperando que ele tenha respostas para as nossas perguntas a ponto de nos sentirmos à vontade com a decisão de compra.

O mesmo acontece com os nossos clientes. Se eles não estão interessados em nossos produtos ou serviços, provavelmente não avançaremos tanto no processo de venda a ponto de enfrentar objeções. Mas se eles estão interessados, irão querer informações suficientes para tomarem uma decisão que os satisfaça.

Quando analisamos as objeções desse ponto de vista, percebemos que apenas representam a indecisão do cliente ou a falta de informações. Sabendo disso, podemos parar de ter medo das objeções. Podemos começar a tratá-las pelo que realmente são: oportunidades de nos comunicarmos com nossos clientes de forma a deixá-los à vontade quanto à decisão de compra.

Por poderem acontecer a qualquer hora, as objeções não são parte específica do processo de vendas. Neste capítulo, analisaremos o processo que lhe dará um plano para ajudá-lo a resolver objeções com maior eficiência, não importando quando elas ocorrerem.

Regra para resolver objeções. Para resolver objeções, estabeleça confiança, credibilidade e valor, e trate sempre o cliente com respeito.

Relações humanas e objeções

As objeções muitas vezes criam obstáculos emocionais e mentais em muitos vendedores profissionais, mesmo os mais experientes. As objeções podem até nos fazer experimentar sentimentos de animosidade em relação aos nossos clientes. Quando isso acontece, podemos cometer o erro de lidar com elas de uma maneira ofensiva ao nosso cliente. Nem sempre temos culpa por este tipo de reação. Na verdade, muitos de nós fomos levados a acreditar que lidar com objeções é como ir à guerra com nosso cliente. Nada está mais longe da verdade.

Quando lidamos com objeções, em todos os estágios do processo de vendas, o relacionamento vem em primeiro lugar. Boas habilidades nas relações humanas, sinceridade e empatia são essenciais para evitar que o cliente fique na defensiva e estrague o bom trabalho que fizemos até este ponto.

Portanto, estabelecer e manter um relacionamento cordial com o cliente é fundamental neste ambiente. Os princípios de relacionamento humano de Dale Carnegie proporcionam boas sugestões. Eis apenas alguns:

- Comece de maneira amigável.
- Nunca diga à pessoa que ela está errada.
- Evite discussões.
- Deixe a outra pessoa feliz por fazer o que você sugeriu.

Obviamente, a filosofia aqui é o princípio de ver as coisas do ponto de vista da outra pessoa.

Ernie Kyger, um bem-sucedido corretor de imóveis novos de Washington, D.C., lembra de certa vez em que perdeu uma venda por deixar de ver uma objeção do ponto de vista do cliente.

— Sheila Walker me pareceu ser a compradora mais fácil do mundo. Respondeu a todas as perguntas sem hesitar, e eu estava certo de que tinha a casa certa para ela. Eu estava ciente de todas as suas necessidades e de suas motivações emocionais. Fiz minha apresentação com confiança, certo de que sabia tudo sobre a casa dos sonhos de Sheila.

"Mas Sheila não era tão fácil. 'Eu gosto de um vestíbulo aberto, e esta casa não tem', disse ela. Então ela começou a me falar de uma outra casa que meu concorrente oferecera, uma casa que não tinha a maioria das coisas que ela queria. Havia inclusive uma vala de drenagem no quintal dos fundos. Ela não gostou disso porque achava que os filhos iriam querer brincar lá. 'Ainda assim', disse ela, 'não tenho certeza. Ou fico com a sua casa, ou com a outra.'

"Achei que aquilo era apenas uma protelação sem importância. Eu lhe garanti que seria melhor ela ficar sem o vestíbulo aberto. 'Um vestíbulo aberto significa uma conta maior de energia, porque você vai manter aquecido um local que nunca é usado', eu disse. 'Além disso, o vestíbulo fechado é o motivo pelo qual a nossa casa possui quartos maiores que os da outra casa no segundo andar.' Um argumento convincente, pelo menos para mim.

"É claro que ela comprou a casa do meu concorrente. Fiquei perplexo. Eu era amigo do meu concorrente, então liguei para ele. 'Por que Sheila comprou a sua casa?', perguntei. 'Quais eram as suas motivações?' Meu amigo me disse: 'Sheila queria a fachada de tijolos e uma lareira a gás.' Eu fiquei mais perplexo ainda. A minha casa também tinha a fachada de tijolos e uma lareira a gás. Meu amigo nunca mencionou o vestíbulo aberto.

"Então percebi que havia rompido o mais importante princípio das relações humanas. Em momento algum olhei a situação do ponto de vista do cliente. Eu não lhe perguntei: 'Por que um vestíbulo aberto é tão importante?' Tentei dissuadi-la. Expus meu ponto de vista, sem dar importância ao dela. Se eu tivesse feito essa pergunta, teria mais informações com que trabalhar, e talvez tivesse conseguido a venda. Jamais esquecerei Sheila Walker, e jamais esquecerei de usar as habilidades das relações humanas para entender e esclarecer uma objeção."

Como disse Ernie, ele aprendeu da pior maneira como é importante ver as coisas do ponto de vista do cliente quando lidamos com objeções. Nem sempre é fácil. Mas devemos fazer um esforço.

Estamos dizendo que os vendedores precisam saber ler a mente? É claro que não. Lembre-se do que Ernie disse: "Eu não lhe perguntei por que um vestíbulo aberto era importante." A palavra-chave deste comentário é "perguntei". Precisamos nos lembrar da importância de fazer perguntas ao nosso cliente ao longo do processo de vendas, e também de prestar atenção nas suas respostas.

Andrew Winter, gerente de desenvolvimento do Ignition Group em Toronto, Canadá, percebeu este ponto crítico quando recebeu uma objeção de preço quando trabalhava para um ex-patrão:

— Depois de consumir um tempo enorme desenvolvendo um painel sob medida para o novo departamento de cosméticos de um revendedor, recebi um telefonema do cliente no final da tarde dizendo que havia encontrado um preço melhor para um produto semelhante. Fiquei abalado. Eu acreditava que tinha a melhor solução. Nosso projeto era original. E eu também achava que era o único fornecedor que eles haviam contatado.

"Após me recuperar do choque inicial de suas palavras, pude rever os custos através de um processo diferente de fabricação. Eu lhe fiz uma nova proposta. Eu temia que meu projeto tivesse sido desbancado pela concorrência. Na verdade, eu estava competindo contra mim mesmo porque deixei de fazer perguntas suficientes.

"Felizmente, no fim da tarde do dia seguinte, recebi uma encomenda de um programa de teste de 22 unidades. Se os projetos fossem eficazes, a encomenda para o lançamento seria de 200 a 400 peças.

"As coisas poderiam facilmente ter tomado outro rumo, motivo pelo qual eu acredito que boas habilidades para fazer perguntas são necessárias durante o processo. Se tivesse continuado a fazer perguntas relativas à política de compra do cliente, saberia que ele tem por princípio receber propostas de três fornecedores. Já que me esquecera de fazer essa pergunta, acreditei bobamente que era o único com quem ele estava negociando. Cometi o erro de ver as coisas do meu próprio ponto de vista, e não do cliente."

Se nos lembrarmos da importância de ver as coisas do ponto de vista do cliente, então devemos nos lembrar da importância de fazer perguntas durante o processo de venda. Esta é a única maneira de compreender o mundo do cliente e interagir com ele.

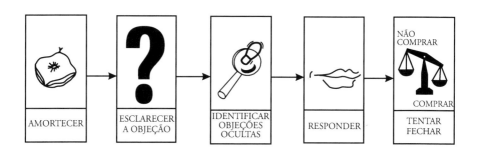

Figura 11: Como resolver objeções

Começar a agir: cinco passos para resolver objeções

Para lidarmos eficazmente com as objeções devemos praticar a habilidade cuidadosa e sensível de ouvir juntamente com respostas positivas e objetivas para os assuntos do cliente. Como para qualquer parte do processo de venda, é bom termos uma estratégia. E da mesma maneira como dirigimos um carro, essa estratégia se torna uma coisa natural se a compreendemos e a praticamos e nos comprometemos a usá-la em todas as situações em que ocorrerem objeções.

RESOLVENDO OBJEÇÕES ETAPA 1: AMORTECER

No mundo real, o que faz um amortecedor? Isso é fácil. Suaviza e abranda. Este também é o papel de um amortecedor ao se resolver objeções.

Suponha que nosso cliente crie uma objeção e nós digamos algo como: "Sr. Davis, não é assim. Que maluquice pensar isso!" Obviamente, mesmo se não concordarmos com o cliente, não responderíamos desse jeito à sua objeção. Ao contrário, nosso objetivo é encontrar um ponto de concordância — ou "amortecedor" — entre nós e o cliente antes de tratarmos da objeção.

Um amortecedor indica que ouvimos a preocupação do cliente e entendemos que isso é importante para ele. Um amortecedor não concorda, não discorda ou responde a objeção. Um produto eficaz transmite ao cliente que sua objeção não está nos dando desculpas para vender mais duramente ou fechar mais agressivamente. Um amortecedor diz a ele que ainda estamos preparados para ver as coisas do seu ponto de vista.

Esta é uma maneira formidável para diminuir a resistência e nos distinguir da concorrência. Afinal de contas, os clientes muitas vezes lidam com vendedores que tomam uma objeção como uma declaração de guerra. Naturalmente, eles podem pensar que iremos responder da mesma maneira. Se respondermos de forma diferente, mostrando empatia pelas suas preocupações, nós acentuamos a confiança e demonstramos nossa disposição para ouvir.

Veja alguns exemplos de amortecedores eficazes:

Objeção: Seu preço é muito mais alto do que eu imaginava.

Amortecedor: Sua preocupação com o investimento é perfeitamente normal.

Objeção: Nosso prazo de entrega é a última semana deste mês e não podemos considerar quem não puder cumpri-lo.

Amortecedor: Eu entendo que prazos de entrega são muito importantes.

Objeção: Não temos tempo ou recursos para treinar novamente o nosso pessoal para operar um novo sistema.

Amortecedor: Saber que o seu pessoal pode fazê-lo funcionar é fundamental.

Objeção: Nós simplesmente não podemos arcar com a perda de produção que a instalação que você propôs iria requerer.

Amortecedor: O tempo de manutenção é sempre um ponto importante.

Objeção: Nós realmente gostamos da casa, mas o financiamento convencional exige dez por cento de sinal. Isto tornará as coisas muito difíceis para nós.

Amortecedor: O valor do depósito é um fator significativo.

Uma advertência sobre amortecedores: evite a tendência natural de amortecer a objeção seguida da palavra "mas". Veja o que queremos dizer: "O valor do depósito é um fator significativo, mas o retorno do seu investimento será alto." Vê o que acontece? Nesta situação, encontramos um ponto de acordo. No entanto, se o acompanharmos de uma frase começada por "mas", a resposta parece envolver uma polêmica. Então, em vez de criar uma atmosfera de confiança e respeito mútuo, provavelmente acrescentamos um pouco de tensão na conversa.

Infelizmente, é da natureza humana usar o método "sim-mas". Por quê? Não é porque estamos tentando criar polêmica. Estamos simplesmente tentando ligar o amortecedor à nossa próxima frase.

Eis aqui três sugestões para se evitar a palavra "mas" nas suas conversas:

Use a conjunção "e". É uma palavra de ligação, mas não contém uma mensagem polêmica.

Diga o nome do cliente. "Eu realmente entendo sua preocupação, Angela, o tempo de manutenção é sempre um problema."

Faça uma pausa. "O tempo de manutenção é sempre um problema [pausa]. Vamos falar sobre isso depois."

Lembre-se: quando usamos um amortecedor, não o usamos como um ponto de lançamento para argumentar com o cliente e imediatamente falar sobre o nosso ponto de vista. Nós o usamos como um meio de estabelecer um consenso antes de fazer perguntas para esclarecer a verdadeira objeção.

RESOLVENDO OBJEÇÕES ETAPA 2: ESCLARECER A OBJEÇÃO

Alguns dos melhores exemplos de como esclarecer uma objeção vêm das crianças. Considere esta conversa típica:

— Mãe, posso ir à casa do meu amigo?
— Não — responde a mãe.
— Por quê? — pergunta a criança.
— Porque está ficando um pouco tarde — diz a mãe.
— Por quê? — repete a criança.
— Porque o jantar não vai demorar a sair.
Mais uma vez a criança pergunta:
— Por quê?
E a mãe responde:
— Porque estou fazendo carne moída, seu prato predileto.
Então a criança diz:
— Está certo, entendi. Você quer que eu fique em casa para comer carne moída.

Se a criança tivesse parado de fazer perguntas, não ficaria sabendo sobre o prato do jantar. Ao esclarecer objeções, precisamos abordar o cliente com uma curiosidade infantil. Por quê? Na maioria das vezes não estamos fazendo perguntas suficientes para entender totalmente os problemas do cliente.

Por este motivo, uma das coisas mais eficazes que podemos fazer depois de amortecer uma objeção é fazer uma pergunta, ou diversas perguntas, para esclarecer nossa compreensão e a compreensão do cliente acerca da objeção.

Para ilustrar este conceito, lembre-se de quando seus amigos o convidaram para sair, mas você não queria ir. Em vez de ser específico sobre a razão para não ir, você pode ter dito: "Eu adoraria, mas hoje não dá."

Ao dar esta resposta, você só estava dando um motivo indefinido para recusar o convite. Você respondeu compartilhando a informação que conscientemente — ou inconscientemente — queria dar.

A sua objeção foi "hoje não dá". Mas isso poderia significar várias coisas. Talvez você estivesse trabalhando muito e precisasse de um tempo sozinho. Talvez o capítulo final de uma novela fosse exatamente naquela hora. Ou talvez você não gostasse de uma determinada pessoa do grupo. A questão é que seus amigos nunca souberam realmente por que você objetou, então eles não tiveram uma oportunidade de adaptar os planos deles para acomodar seus verdadeiros problemas.

Nossos clientes têm a mesma tendência. Eles podem parecer estar fazendo objeções a um aspecto da nossa solução, quando na verdade estão objetando algo completamente diferente. Esta é a razão por que é tão importante compreender realmente a mensagem por trás das palavras.

Parece fácil para a maioria de nós. Mas, na realidade, é um dos passos mais desafiadores do processo de objeção. Por quê? Principalmente porque há muitos elementos no nosso ambiente de comunicação que tornam difícil interpretar a verdadeira mensagem.

> Quando um cliente expressa uma objeção, há quatro fatores que temos de considerar:
> - O que eles realmente dizem
> - O que nós ouvimos
> - Qual a nossa interpretação
> - O que eles realmente querem dizer

Para melhor entender por que não podemos confiar na nossa própria interpretação dos problemas do cliente, considere este exercício que às vezes fazemos no nosso treinamento: dizemos uma palavra ou frase para os trainees e então pedimos a cada um que nos diga o que significa.

Por exemplo, digamos que escolhemos a palavra "profundo". Algumas pessoas interpretam esta palavra como três metros de água. Para outras, a palavra significa mil metros de água. Algumas pessoas não pensam absolutamente em água. Para estas, a palavra "profundo" significa uma pessoa que tem pensamentos profundos a respeito de coisas simples.

Tente fazer este exercício com alguns amigos ou colegas de trabalho. Você irá se surpreender com a variedade de interpretações. De onde vêm essas interpretações? De muitas fontes: experiências passadas, opiniões de outras pessoas, ou aquilo que sempre achamos que a palavra significava. Existem infinitas razões por que interpretamos as coisas de um jeito e não de outro.

Mas de que forma isto está relacionado às objeções? Bem, pense um pouco. Será possível, quando um cliente nos faz uma objeção, que interpretemos incorretamente o que ele quis dizer? Isso acontece com centenas de vendedores todo santo dia!

Por exemplo, um cliente poderá dizer: "Tenho um problema com o preço." A maioria dos vendedores começará a lidar com a objeção "preço" baseada no que acha que o cliente quis dizer. Se o vendedor interpretar isso como "O cliente quer um preço melhor", ele responderá de uma maneira. Se sua interpretação for "A concorrência tem um preço menor", a resposta será diferente. Ainda, se o vendedor achar que o cliente está querendo dizer "Eu não gostei de você e estou só dando uma desculpa para que você saia do meu escritório", haverá um terceiro tipo de resposta.

Qual interpretação é a correta? Não temos como saber, a menos que esclareçamos a objeção. É claro que poderíamos supor, como muitos vendedores fazem, mas então responderíamos ao que pensamos ser a objeção, e não responderíamos aos verdadeiros problemas.

Veja alguns exemplos de perguntas que podemos fazer para ajudar a esclarecer a objeção (em cada caso, a objeção já foi amortecida):

- Acho que poderíamos procurar por outra coisa.
  O que exatamente você está esperando encontrar?
- Não estou convencido de que a sua firma é a mais indicada para nos ajudar.
  Se você fizesse negócio conosco, qual seria seu principal interesse?
- O seu preço é alto demais.
  O que mais preocupa você com relação ao preço?
  Você poderia falar mais sobre isso?
- Desde o nosso último encontro, houve algumas mudanças e gostaríamos que você nos procurasse daqui a seis meses.
  Você poderia me falar sobre essas mudanças?
- Não tenho tempo para falar sobre isso agora. Você poderia me enviar alguma coisa pelo correio?
  É claro. Que tipo de informação você precisa?
- Acho que esse equipamento não irá funcionar na nossa fábrica.
  O que o preocupa com relação ao equipamento?
- Ainda estamos avaliando as opções.
  Você poderia, por favor, me falar mais sobre suas necessidades específicas para vermos se temos uma boa opção para você?
- O seu concorrente apresentou uma proposta melhor.
  O que especificamente torna a proposta "melhor"?

Estes são apenas alguns exemplos das centenas de perguntas que podemos fazer para ajudar a esclarecer objeções. Faça uma lista das objeções que você mais ouve. Então desenvolva algumas perguntas que você pode fazer para ajudar o cliente a esclarecer as objeções em seu próprio ambiente de vendas.

Objeções mais comuns

- Dúvida de preço — não vê valor
- Dúvida quanto ao produto ou serviço — não acha que o desempenho vai atender às expectativas
- Feliz com atual fornecedor — não está motivado para mudar
- Pares ou influenciadores na empresa — preocupado com opiniões deles
- Prazo — não acha que a empresa pode entregar quando necessário

Você pode se perguntar: "Como vou me lembrar de fazer essas perguntas?" A resposta é "Prática, prática e prática!". Quando aplicamos continuamente esta linha de perguntas, torna-se uma coisa natural — um fluxo lógico em resposta aos argumentos do cliente.

Tim Fitzgerald, consultor financeiro do Ferris Baker Watts em Colúmbia, Maryland, descreve como ele utiliza esta abordagem:

— Certa vez, eu estava conversando com um cliente potencial e sua objeção era a respeito da taxa sobre os investimentos que eu lhe recomendara. Em vez de justificar minuciosamente minha remuneração (o que eu costumava fazer), eu lhe perguntei: "O que exatamente preocupa você com relação à taxa?"

"Depois de fazer-lhe outras perguntas, descobri que sua maior preocupação advinha de alguns artigos que ele havia lido em revistas financeiras. Os autores desses artigos entendiam que os investidores não deveriam pagar taxas. Diziam também que o desempenho de muitos corretores de bolsa de valores que cobravam taxa não havia sido bom. Essas conclusões o deixaram desconfiado da estrutura de taxas.

"Depois que ele respondeu às minhas perguntas, eu sabia que a principal coisa que ele precisava era de confiança renovada. Então tratei de dizer-lhe que nosso objetivo final, com taxas ou sem taxas, era aumentar o valor da sua carteira de títulos ao longo do tempo. Mostrei-lhe então o desempenho dos investimentos que eu lhe havia recomendado. Na média, a carteira de títulos havia, de fato, excedido em desempenho todos os principais índices nos últimos 20 anos. Portanto, mesmo com as taxas, ele ganharia mais dinheiro do que se tivesse investido em outras opções sem taxas. Sua preocupação a respeito das taxas então desapareceu, pois ele pôde ver o valor por trás delas. Nós decidimos trabalhar juntos e ele está muito satisfeito com o desempenho dos seus investimentos."

Um vendedor da Dale Carnegie Training admite — embora não concorde — que aprendeu por si só o poder de esclarecer a objeção.

— Eu estava numa reunião com uma pessoa de uma empresa de hospedagem de domínios na internet, na Virgínia, que estava interessada em fazer o curso de treinamento em vendas. As suas vendas eram boas, mas nos últimos anos ela rondava a cota de 100%. Nada mal, mas abaixo de seus padrões pessoais. Ela achava que se conseguisse aperfeiçoar suas habilidades de vendedora poderia ultrapassar aquela barreira.

"Tudo estava indo bem na reunião até que eu mencionei o preço do curso. Sua linguagem corporal mudou sensivelmente e ela se retraiu e ficou calada. 'É bem mais do que eu esperava', disse ela.

"Já que eu estava preparado para esta objeção, continuei a enfatizar o valor e os benefícios que ela teria, baseado na experiência de milhares de diplomados. Eu lhe disse que ela poderia esperar um aumento significativo de suas vendas e de sua renda. Comecei a ficar empolgado e mais entusiasmado. Mostrei-lhe testemunhos de vendedores que haviam aumentado suas rendas em 50% ou mais. Mostrei-lhe o manual e outros folhetos. Na minha cabeça, eu havia criado um valor tão incrível que ela não tinha como fazer objeção ao preço.

"O problema era que, quanto mais empolgado e 'convincente' eu ficava, mais ela se retraía. Então comecei a ficar frustrado. Depois de mais ou menos dez minutos, fiquei literalmente sem ter o que dizer e houve um silêncio constrangedor.

"Naquele ponto, ela me disse: 'A minha empresa só disponibiliza metade dessa quantia para treinamento de vendas.'

"Eu fiquei perplexo. Esta era uma objeção sem apelação! O silêncio constrangedor persistia. Comecei a pensar numa maneira de ir-me embora e cuidar do meu próximo compromisso quando ela disse: 'Como posso me inscrever?'

"Fiquei totalmente confuso. Perguntei-lhe sobre o problema do preço. Ela disse que tudo o que tinha que fazer era pedir ao seu gerente que aprovasse o investimento extra, o que não seria problema, pois fora ele quem lhe recomendara o curso. Na verdade, ela ficara quieta e retraída porque estava pensando quando poderia se encontrar com o gerente para conversarem sobre essa questão.

"Percebi na hora que eu estava respondendo a uma objeção baseado na minha interpretação. Eu estava empolgado ajudando-a a ver o valor do curso, o que foi um erro, pois ela já havia comprado o valor. Ela só precisava pensar em como conseguiria aquela quantia. Se eu tivesse lhe feito (depois de amortecer sua objeção) uma pergunta como: 'O que você quer dizer com isso?', teria esclarecido as coisas e nos poupado bastante tempo."

Categorias de objeções

Genuína. Este tipo de objeção bloqueia o fluxo natural da venda. A menos que seja resolvido, provavelmente irá impedir o prosseguimento da venda.
Exemplo. Nós temos um metro quadrado de espaço disponível no escritório e este equipamento ocupa quase 1,6 m².

Ceticismo. A pessoa não está convencida de que a nossa solução atende às suas necessidades. Ela provavelmente precisa de mais evidências ou um tipo diferente de evidência.
Exemplo. Não tenho certeza de que isso vai funcionar conosco. As nossas necessidades são um tanto excepcionais.

Interpretação incorreta. Esta objeção baseia-se parcialmente em fatos e parcialmente em ideias errôneas. Tipicamente, as interpretações incorretas são mais opinião do que fato, portanto não bloqueiam a venda.
Exemplo. Ouvi dizer que seu equipamento não é tão bom quanto o de algumas grandes empresas.

Protelação. Este tipo de objeção dá ao comprador mais tempo para decidir ou pode até indicar que o compromisso não terá continuidade. Em alguns casos, as protelações são criadas quando o cliente não tem autoridade para tomar a decisão de compra ou quando se sente pressionado para tomar a decisão.
Exemplo. Vou pensar e depois entro em contato com você.

Sem apelação. Uma objeção sem apelação que não pode ser suplantada desta vez.
Exemplo. Nós assinamos um contrato com o seu concorrente. Na verdade, o equipamento foi instalado ontem.

RESOLVENDO OBJEÇÕES ETAPA 3: IDENTIFICAR OBJEÇÕES OCULTAS

Será que devemos realmente continuar pedindo mais objeções aos nossos clientes? Sim. Veja por quê. Em muitos casos, há uma objeção subjacente que não foi tratada, uma objeção que representa um obstáculo adicional entre o nosso cliente e o compromisso. Se chegarmos à objeção oculta através de perguntas efetivas, podemos esclarecê-la logo. Em alguns casos, os clientes podem nem mesmo perceber por que estão hesitando. Podemos estar fazendo um favor ao fazermos perguntas que esclareçam todas as dúvidas.

Nós podemos identificar objeções ocultas fazendo duas perguntas simples:

"Além da sua preocupação sobre [objeção], existe alguma outra coisa que esteja deixando você inseguro?" Se o cliente disser que sim, então podemos continuar sondando. Se a resposta for não, podemos dizer:

"Então, se pudermos resolver a sua preocupação quanto à [objeção], podemos prosseguir?"

As respostas a estas perguntas nos permitem, de forma não ameaçadora, avaliar a seriedade da objeção. Elas também nos ajudam a entender qual ponto do pensamento do cliente tem relação com o compromisso.

Veja como estas perguntas podem funcionar se estivermos vendendo acesso à internet:

VENDEDOR: Fora a velocidade da conexão, existe alguma outra coisa que esteja preocupando você?

CLIENTE: Não, é basicamente com a velocidade que estou preocupado.

VENDEDOR: Então, se você estivesse satisfeito com a velocidade de conexão, poderíamos prosseguir?

CLIENTE: Sim.

Se a resposta for sim, devemos tentar resolver a objeção acerca da velocidade de conexão. E se a resposta for não? Isto também nos dá informações valiosas. Por que o cliente disse não? Nós podemos conjecturar (como a maioria dos vendedores), ou podemos fazer outra pergunta ao cliente:

VENDEDOR: Então, se você estivesse satisfeito com a velocidade de conexão, poderíamos prosseguir?

CLIENTE: Não, provavelmente não.

VENDEDOR: Obviamente, há alguma outra coisa deixando você indeciso. Posso perguntar o que é?

Se o cliente fizer outra objeção, voltamos ao início do processo. Nós amortecemos a objeção. Fazemos perguntas para esclarecer a objeção. E depois? Procuramos por outra objeção oculta. Afinal de contas, pode haver mais de duas preocupações para resolvermos antes que o cliente se sinta à vontade para estabelecer o compromisso. Muitas vezes, mesmo que o cliente faça mais de uma objeção, nós achamos que só há um fator importante deixando-o preocupado. Apesar disso, ainda precisamos percorrer todo o processo.

Lembre-se de que as objeções nem sempre são racionais. Então, se não as reconhecermos, se não as esclarecermos e não procurarmos por outras, há o risco de elas se tornarem um problema. Isto poderia protelar, e mesmo impedir, um compromisso de venda em nosso favor.

Greg Jacobson, um vendedor bem-sucedido da American Power Conversion de Washington, D.C., recorda-se de quando a descoberta de uma objeção oculta ajudou-o a ganhar um importante compromisso com o governo federal dos Estados Unidos.

— Eu estava tentando acrescentar alguns outros produtos nossos a um dos nossos maiores revendedores no contrato do Departamento de Estado. O acréscimo desses produtos representaria um negócio significativo para a nossa empresa.

O revendedor pediu que eu enviasse informações o mais breve possível. Ele sugeriu que o recebimento das informações seria a chave para o andamento rápido da venda.

"Depois de enviar para o revendedor coisas que ele havia requisitado, como folhas de dados, informações sobre preços, e outros termos e condições, eu reparei que a venda desses produtos adicionais não estava progredindo. Perguntei à pessoa responsável e ela me disse que eles 'só precisavam de mais algumas informações'.

"Mais uma vez, depois de atender o pedido, a venda dos produtos adicionais continuava parada. Quando perguntei a respeito, eles me disseram mais uma vez que o negócio estava parado porque as informações que eu havia fornecido estavam incompletas. Quando esclareci o que eles queriam dizer com 'incompletas', eles me pediram mais informações.

"Neste ponto, percebi que as informações não eram o verdadeiro problema. Então eu parei e disse: 'Se eu lhe der esta última informação sobre o produto, haverá mais alguma coisa que impeça você de acrescentar imediatamente este produto ao contrato?' Bem, havia, é claro.

"O fato é que eles haviam tido uma perda de receita bastante significativa com outros produtos neste contrato. Então eles decidiram que só poderiam acrescentar novos itens ao contrato se a margem fosse bem grande. Eles estavam buscando mais margem com o nosso produto, o que significava que eu teria que lhes vender por menos do que eu estava oferecendo.

"Eu perguntei: 'Por que vocês não me disseram isso antes?' Acontece que este não era um critério de compra anteriormente, por isso eles estavam hesitantes em me dizer isso.

"Depois de descobrir essa informação adicional, pudemos chegar a um acordo quanto ao preço encontrando cifras que agradaram ambos os lados. O produto foi acrescentado imediatamente depois disso."

Quando responder a objeções

Agora. Como regra, a hora mais comum para responder a uma objeção é assim que o cliente a faz. Isto mostra que você está sabendo ouvir e está atento às suas necessidades.

Antes de serem manifestadas. Geralmente é vantajoso responder a uma objeção antes desta ser expressa. No entanto, você só deve fazer isso quando tiver certeza de que ela será expressa. Esta certeza você adquire fazendo seu dever de casa, fazendo as perguntas certas e ouvindo seu cliente com atenção em todas as fases da venda.

Mais tarde. As respostas a algumas objeções devem ser proteladas. Veja algumas diretrizes para tomar esta decisão:
- A resposta à objeção é tão longa e confusa que interfere com o fluxo metódico do processo de vendas. Diga ao cliente que você voltará a ela no momento adequado.
- A resposta está incluída na sua apresentação, o que significa que você deve continuar com a sua apresentação e deve dizer ao cliente que tratará disso mais tarde.
- Você não possui os dados necessários para dar uma resposta verdadeira e convincente. Diga ao cliente que irá buscar os dados.

Nunca. Algumas objeções não precisam ser respondidas. Elas representam apenas a opinião do cliente acerca de algum aspecto do produto ou serviço. Se uma objeção não influenciar o resultado da venda, ou se outros fatores forem mais importantes que a objeção, podemos escolher não tratarmos dela.

RESOLVENDO OBJEÇÕES ETAPA 4: RESPONDER A TODAS AS OBJEÇÕES

Para entender a importância dos três primeiros passos quando se lida com objeções, vamos tomar como exemplo o vôlei. Quando o jogador que está no fundo da quadra recebe a bola, ele tenta uma jogada vencedora lá de trás? Geralmente não. Em vez disso, ele passa a bola para o jogador à sua frente. Ao receber a bola, este jogador tenta uma jogada vencedora? Possivelmente, mas provavelmente ele terá melhores resultados se passar a bola para o jogador que está bem próximo à rede, pois este estará na melhor posição para fazer uma jogada vencedora.

De maneira bastante semelhante, os três primeiros passos do processo de resolução de objeções estabelecem nossa resposta para sermos mais bem-sucedidos. Lembre-se, se passarmos direto do passo "ouvir a objeção" para "tentar resolvê-la", corremos o risco de responder à objeção errada ou de deixar passar obstáculos ocultos que criam barreiras para se conseguir compromisso.

Por outro lado, se amortecemos uma objeção, se a esclarecemos e depois identificamos quaisquer objeções ocultas, estamos bem posicionados para resolver os verdadeiros problemas do cliente.

Como responder

- Reverter
- Explicar
- Instruir
- Fornecer evidência
- Fornecer justificativa de valor

Reverter. Muitos vendedores profissionais acreditam que os motivos alegados pelos clientes para não comprar serão, no final, os motivos pelos quais eles comprarão. Portanto, devemos tornar a objeção no motivo para a compra.

Digamos que uma pessoa está em dúvida se deve ingressar numa aula de defesa pessoal. Neste caso, o cliente poderá dizer: "Sabe, agora que pensei melhor, não preciso aprender defesa pessoal — eu raramente saio sozinho." A resposta neste caso poderia ser: "Este é exatamente o motivo pelo qual você deve fazer o curso de defesa pessoal. Você disse que raramente sai sozinho por não se sentir seguro. Depois de fazer o curso, você se tornará mais confiante e sair sozinho não será uma grande preocupação."

Veja outro exemplo. A objeção: "Seu preço é muito alto." A resposta: "O fato de o nosso preço ser mais alto do que o de alguns dos outros produtos que você está considerando provavelmente é o motivo pelo qual você deve escolher o nosso produto."

Explicar. Quando fornecemos explicações em resposta a objeções, estamos simplesmente compartilhando com nossos clientes um pouco de compreensão, informações e ideias que estão diretamente relacionadas com as suas preocupações.

Se utilizarmos uma inversão como esta acima, precisamos acompanhá-la de uma explicação:

— Provavelmente você está se perguntando por que eu disse isso. Em vez de ver quão barato podemos produzir nossos produtos, tomamos a decisão de ver quão bem podemos fazê-los. Poderíamos utilizar motores menores, instalação elétrica mais leve e materiais menos duráveis e então reduzir o preço dos nossos equipamentos. Mas não fazemos isso. Quando você compra nossa máquina, está adquirindo algo projetado para atender a uma necessidade, não a um preço.

Assim como com toda a linguagem sugerida neste livro, a ideia é não ser mecânico na sua conversação. A ideia é entender os tipos de perguntas e respostas mais eficientes em certas situações de vendas. Lembre-se de adaptar as sugestões ao seu estilo e utilizar somente aquelas com as quais se sinta à vontade.

Instruir. Às vezes só precisamos fornecer aos nossos clientes informações objetivas em resposta a uma objeção. Podemos mostrar-lhes folhetos, especificações, fotografias, o nosso website — qualquer coisa que os ajude a entender melhor nosso produto ou serviço.

Raymundo Alejandro Acosta F. conta uma história sobre a venda de produtos esportivos na Acosta Deportes na Cidade do México. Certa vez uma mulher queria comprar tênis para o filho. Ela queria tênis de couro e fez objeção quando Raymundo sugeriu outro tipo de tênis. Raymundo sabia, nesse caso, que tênis feito de material sintético seria uma melhor opção. Depois de instruir a mãe sobre os benefícios do tênis sintético, tais como ventilação e durabilidade, ela entendeu por que ele seria mais adequado às atividades de seu filho. Ela ficou feliz com a compra e satisfeita com o fato de Raymundo tê-la ajudado a tomar uma boa decisão.

Fornecer evidência. Um advogado não iria para o tribunal sem evidências para sustentar seus argumentos. Da mesma maneira, não devemos entrar numa discussão sobre objeções — ou em qualquer parte da venda — sem uma evidência que sustente nossos fatos e reivindicações.

A evidência é uma ferramenta crucial ao lidarmos com quase qualquer tipo de objeção. Reveja a conversa sobre evidência no capítulo anterior. Lembre-se de que a evidência inclui demonstrações, exemplos, fatos, apresentações, analogias, testemunhos e estatísticas.

Hank Haaksma da Oakpoint Oil (uma distribuidora da Chevron), em Winnipeg, Manitoba, Canadá, conta como forneceu evidência quase sem querer:

— Fiz meu primeiro contato com a R.L. Trucking. Eles possuem alguns caminhões, tratores e reboques que seriam ideais para um dos nossos produtos, o Chevron Delo 400 (óleo para motores a diesel). O gerente demonstrou pouco interesse, mas o preço era uma objeção importante. Ele estava usando um produto da concorrência então.

"Eu o convidei para um jantar para dar-lhe mais informações. Então, no segundo encontro, meu gerente foi comigo e expusemos as vantagens do produto Delo 400. No entanto, o cliente ainda não estava convencido a fazer a opção. Nós concordamos, porém, que ele seria um bom cliente do nosso produto de baixo preço Chevron RPM, e sugerimos isso a ele. No dia seguinte, ele encomendou um tambor de RPM. Infelizmente não tínhamos o produto em estoque, e então lhe enviamos um tambor de Delo 400, mas cobramos o preço do RPM."

Cerca de cinco semanas depois, ele encomendou um segundo barril de óleo. Pensando que ele quisesse o óleo mais barato, fui entregar-lhe um barril do RPM. Quando cheguei, ele me disse que o levasse de volta porque queria o óleo Delo. Perguntei-lhe o que o tinha feito mudar de ideia, e ele respondeu que com o óleo Delo conseguira uma boa economia de custo. O desempenho do óleo Delo permitia que ele comprasse menos óleo porque tinha que trocar o óleo menos frequentemente. Então, mesmo que o óleo fosse mais caro, o maior intervalo entre as trocas permitia-lhe rodar com a sua frota com mais eficiência. Esta evidência foi mais do que suficiente para ele superar a objeção do preço. O cliente está agora experimentando outros produtos da linha Delo."

Hank usou um pouco de criatividade nessa situação. Se ele não tivesse enviado o óleo *premium* com o preço do óleo padrão, teria perdido a oportunidade de fornecer uma forte evidência que acabou sobrepujando a objeção ao preço.

Jerry Rodier, corretor de imóveis comerciais de Saskatchewan, Canadá, usou uma simples demonstração e alguma teatralidade para superar a objeção de um cliente.

Jerry estava na iminência de vender uma propriedade comercial de 400 mil dólares para um cliente institucional. Ele tinha ensaiado cuidadosamente as diversas razões pelas quais aquela propriedade iria exceder em valor nos dez ou 15 anos seguintes. Era um argumento bastante convincente, pensou. Mas havia algo que incomodava Jerry: ele achava que o cliente iria desaprovar sua comissão. Jerry então levou consigo uma caixa de fichas de pôquer para sua apresentação.

Jerry fez sua apresentação baseado no valor que a propriedade traria para o cliente, e este parecia convencido. Mas o cliente fez uma objeção sobre a comissão de Jerry, como ele esperava. Neste ponto, Jerry colocou as fichas de pôquer sobre a mesa:

— Esta é a quantidade de dinheiro que você pretende fazer nesta propriedade nos próximos dez ou 15 anos — disse ele. — E isto — disse ele, erguendo uma única ficha da pilha sobre a mesa — isto é o motivo da discórdia, não é? — O cliente sorriu. "Onde eu assino?", perguntou ele.

John Robertson e John Stinson, da Stinson Robertson Custom Builders, contam uma história de como usaram uma analogia — comparando o familiar com o desconhecido — como evidência em resposta a uma objeção ao preço.

— Fomos procurados por um arquiteto, com quem havíamos feito negócios anteriormente, acerca de um orçamento para um empresário do ramo do entretenimento que se mudara recentemente para a cidade. O empresário estava planejando construir um prédio temático de entretenimento em seu terreno à beira de um rio nos arredores da cidade.

"O arquiteto explicou que outro empreiteiro havia feito uma reforma na casa do cliente potencial alguns anos antes. No entanto, por motivos pessoais, o cliente potencial decidira escolher outra empreiteira para o novo serviço. Foi-nos dado um conjunto preliminar de planos para orçamento para dar ao dono uma ideia; melhor dos custos do projeto. Pediram-nos para dar o orçamento sem muita demora, o que fizemos.

"Quando nos encontramos com o cliente potencial, ele disse que o preço estava mais alto do que ele esperava. Nós então sugerimos algumas pequenas modificações no projeto do prédio e nos materiais a serem utilizados como um meio de ajudar a reduzir os custos. No entanto, deixamos claro que se ele fugisse muito das nossas recomendações, poderia prejudicar a qualidade e a imagem do novo prédio como um todo.

"Durante a reunião, o cliente potencial nos disse que ele também era dono de uma empresa fabricante de alimentos de cujos produtos ele se orgulhava por sua qualidade e valor. Ele ressaltou que era um bom homem de negócios e que conhecia o valor do dinheiro.

"Uma semana depois, conforme o combinado, enviamos ao cliente potencial nosso preço final, que era mais baixo que nosso preço preliminar, mas dentro da faixa que o cliente potencial dissera que seria aceitável. No dia seguinte ficamos chocados quando o cliente potencial telefonou e disse que também havia pedido orçamento ao seu empreiteiro anterior, o que desconhecíamos. O orçamento do seu empreiteiro anterior era mais baixo que o nosso. Portanto, ele queria nos dizer que o trabalho seria entregue para o outro empreiteiro.

"Eu e meu sócio ficamos decepcionados e totalmente desanimados sobre o que fazer em seguida.

"Mais tarde naquele mesmo dia, fui a uma delicatessen e vi os produtos do cliente potencial expostos nas prateleiras ao lado de marcas concorrentes. Observei que seus produtos eram significativamente mais caros que os da concorrência. Isto me deu uma ideia de como ajudá-lo a entender a qualidade do nosso negócio.

"Voltei para o escritório e escrevi-lhe uma carta. Contei que tinha ido à delicatessen e que notara que seus produtos eram bem mais caros que os da concorrência. Tinham uma bela embalagem, chamavam a atenção e, mais importante, eram mais gostosos que os da concorrência. A razão do sucesso dos seus produtos era que eles representavam um valor melhor para o cliente.

"Eu utilizei uma analogia e expliquei-lhe que era exatamente assim que eu e meu sócio víamos os nossos serviços em relação à concorrência. Podemos ter um preço mais alto que os nossos concorrentes, mas a nossa qualidade, o nosso serviço e nossa habilidade criavam um valor melhor para os nossos clientes.

"Alguns dias depois, recebemos um telefonema do cliente potencial dizendo que havia recebido a nossa carta e que, depois de pensar um pouco, havia reconsiderado sua decisão e iria fazer negócio conosco. Fizemos um acordo formal no dia seguinte e demos início ao trabalho."

Fornecer justificativa de valor. Todos precisamos estar atentos para os principais pontos que tornam os nossos produtos e serviços especiais. Para tanto, precisamos nos fazer uma pergunta básica: o que a nossa empresa traz ao cliente que o levaria a fazer negócio conosco e não com os nossos concorrentes? As respostas a esta pergunta nos ajudarão a criar a proposta de valor da nossa empresa

Às vezes, a proposta de valor inclui serviços únicos. As características dos produtos também podem imprimir valor ao cliente. Em alguns casos, é o próprio profissional de vendas que faz a empresa se destacar.

Este é o caso com Jonathan Wax, um conselheiro financeiro de Tampa, Flórida. Com o aumento dos negócios pela internet, Jon percebeu que agora precisava mais do que nunca demonstrar seu valor aos clientes. Sua proposta de valor? Jon entra em contato com seus clientes assim que vê mudanças em seus investimentos. O que isto significa para seus clientes? Se há alguma mudança em suas ações, títulos ou outras aplicações, Jon informa ao cliente imediatamente. Isto frequentemente evita que o cliente perca milhares de dólares. Jon sabe que este nível de serviço pessoal é algo que as empresas de comércio eletrônico não podem oferecer.

Qual é a sua proposta de valor? Crie uma para você. Ter uma proposta de valor não é importante apenas para responder a objeções, ela pode torná-lo um vendedor mais eficiente e confiante durante todo o processo.

RESOLVENDO OBJEÇÕES ETAPA 5: AVALIAR A POSIÇÃO DO CLIENTE COM UMA TENTATIVA DE FECHAMENTO

Quando assamos um bolo, como sabemos que está pronto? Geralmente enfiamos um palito no meio da fôrma para ver se sai limpo. Se o bolo estiver pronto, nós o retiramos do forno. Se não estiver, deixamos que asse um pouco mais.

Assim como usamos um palito para ver se o bolo está pronto, devemos fazer uma tentativa de fechamento para avaliar se o cliente está pronto para avançar com a decisão de compra.

A pergunta avaliadora da tentativa de fechamento é fundamental para nos ajudar a determinar nossos passos seguintes. Por quê? Se tentarmos conseguir compromisso e o cliente ainda tiver objeções, pode achar que estamos colocando pressão, quando, na verdade, não queremos pressioná-lo.

Por outro lado, se satisfizemos as objeções, então pedir o compromisso é totalmente adequado.

Esther Hanlon, da CMS Hartzell, estava lidando com uma objeção bastante complicada. Ela fez uma tentativa de fechamento que abordava os problemas do cliente e prosseguiu para conseguir compromisso.

— Meu cliente fez diferentes pedidos de compra para todo o ano, todos do mesmo produto. Os pedidos eram para quantidades diferentes e para diferentes datas de entrega. A objeção do cliente era que o preço variava de um pedido para outro, o que era um problema no controle de custos.

"Percebi que precisava explicar ao cliente o motivo pelo qual o preço variava. Lembrei-lhe que todos os nossos produtos eram feitos por encomenda, com as ferramentas desenvolvidas para cada trabalho específico. Cada pedido envolve a obtenção de inventário, organização do desenvolvimento de ferramentas, coordenação do processo de fabricação etc. Expliquei que pedidos maiores e planos de entrega mais consistentes nos ajudavam a manter os nossos custos baixos, e assim poderíamos passá-los para os nossos clientes. Agora ele podia entender por que nosso preço parecia inconsistente.

"Apresentei uma solução única que beneficiaria as duas empresas. Pedi ao cliente uma previsão de um ano e me comprometi a produzir seu material a cada seis semanas e guardá-lo para ele. Ele nos daria um recibo quando precisasse do material.

"Para avançar com a venda, fiz uma tentativa de fechamento. 'Quais serão os resultados quando você tiver um preço mais consistente e o benefício de ter o material disponível sempre que precisar?' Não precisei dizer mais nada. O cliente estava muito satisfeito. Fechamos o negócio."

Esther fez muitas coisas certas ao abordar as objeções do cliente. Ela fez perguntas suficientes para determinar os reais problemas do cliente. Ofereceu uma solução única que resolveria algumas coisas importantes para o cliente. E ela avaliou a posição do cliente antes de pedir compromisso.

Fazer perguntas avaliadoras antes de pedir compromisso é apenas parte do processo de estabelecimento de relacionamento. Se prosseguirmos sem saber a posição do nosso cliente, ele pode achar que não nos preocupamos com seus problemas. Quando isso acontece, prejudicamos nossa credibilidade e arriscamos perder o compromisso.

Diretrizes para resolver objeções

- Tome a atitude mental correta — e mantenha-a.
- Nunca discuta com o cliente. De todas as maneiras de se perder um compromisso de compra, esta é a mais certa.
- Nunca trate a objeção de um cliente com desdém.
- Responda sucintamente, e não perca muito tempo nas objeções.
- Mostre confiança e cuidado nas suas respostas. Se você parecer inseguro ou não tratar direta e inteiramente da objeção, o cliente vai se prender a ela.
- Só dê respostas que você tenha certeza serem verdadeiras. Se você não souber uma resposta, trate de descobrir e entre em contato com o cliente imediatamente.
- Desenvolva respostas padronizadas para objeções comuns e memorize-as.

CAPÍTULO 13

A mais Alta Performance em Vendas
Nossa atitude

> Algumas pessoas ouvem a oportunidade bater à sua porta e reclamam do barulho. Outras esperam, paciente ou impacientemente, ouvir a batida na porta. Não aja como essas pessoas. Vá bater nas portas da oportunidade até que elas abram devido à sua persistência.

Dale Carnegie disse certa vez: "Não é o que você tem, quem você é, onde você está, ou o que você está fazendo que torna você feliz ou infeliz. É o que você pensa sobre isso. Duas pessoas podem estar no mesmo lugar, fazendo a mesma coisa; ambas podem ter a mesma quantidade de dinheiro e o mesmo prestígio — e apesar disso uma pode ser infeliz e a outra feliz. Por quê? Por causa de diferentes atitudes mentais."

Pense sobre a afirmação do Sr. Carnegie. Você se lembra de alguma vez em que uma atitude ruim o impediu de ser produtivo? E uma situação em que uma atitude positiva o ajudou a superar uma adversidade?

Veja o caso de um sujeito chamado Fred Smith. Quando ele estava na faculdade, tirou C num trabalho em que descreveu seu conceito sobre uma empresa de entrega rápida. Se ele não tivesse mantido uma atitude positiva a respeito da sua ideia, provavelmente teria desistido do seu sonho. E hoje provavelmente não teríamos uma empresa chamada Federal Express.

Não somos diferentes de Fred Smith quando o assunto é o poder das atitudes em nossas vidas. Sem dúvida, elas têm um enorme impacto sobre a realização das nossas metas pessoais e das nossas metas de vendas.

No início deste livro, apresentamos o controle de atitude como um dos cinco condutores do sucesso em vendas. Apesar de todos os condutores serem importantes, a atitude é incomparável. Por quê? Diferentemente dos outro quatro condutores, a atitude é desenvolvida internamente. Aptidão para vendas pode ser ensinada. Aptidões para comunicação e relações humanas podem ser aperfeiçoadas através da educação. Habilidades para organização podem ser acentuadas através da tecnologia. Mas a atitude vem de dentro.

Considere o seguinte: milhares de pessoas em todo o mundo já participaram do nosso programa de treinamento de vendas. Se todos tivessem a mesma atitude em relação ao curso, todos seriam igualmente bem-sucedidos. É claro que isto não é verdade. Algumas pessoas não acreditam no poder das ferramentas e dos princípios. Portanto, eles ouvem com a mente fechada e mantêm uma atitude negativa durante todo o processo de aprendizado. Outros demonstram entusiasmo enquanto estão em sala de aula. Mas quando voltam à rotina, tornam-se complacentes e não se sentem motivados para fazer mudanças.

Apesar de gostarmos de pensar que uma boa compreensão do processo de compra e venda poderia superar essas atitudes improdutivas, é altamente improvável. Certamente, as ferramentas certas de vendas podem aperfeiçoar nossa atitude sobre vendas, mas não criam uma atitude positiva. Devemos encontrar esta atitude dentro de nós mesmos.

Por exemplo, em vez de encarar a prospecção e a pré-abordagem como trabalho monótono, devemos encará-las como oportunidades para construir melhores relacionamentos com os clientes desde o início. Não devemos deixar que o medo nos impeça de sair da nossa zona de conforto para pedir indicações. Devemos ser sempre receptivos a novas ideias para aperfeiçoar nossas aptidões para vendas, independentemente do nosso sucesso. Em vez de enxergar clientes problemáticos, devemos enxergar clientes com problemas a serem resolvidos. Tendo a atitude certa sobre construir um relacionamento com clientes, criamos uma situação ganha-ganha para todos os envolvidos.

Pense no empresário de Hong Kong Grant Craft, dono da Craft Projects. Grant e um sócio estavam no meio da negociação de um contrato de construção com uma importante empresa internacional. Eles estavam confiantes de que iam conseguir compromisso. Tão confiantes, na verdade, que Grant levou adiante seus planos de férias nas Filipinas.

Quando o avião de Grant aterrissou nas Filipinas, ele recebeu um telefonema do seu sócio. O cliente queria mais evidências de que a pequena empresa de Grant poderia realizar o trabalho. Percebendo que precisava estar lá pessoalmente para apresentar as evidências, Grant comprou imediatamente outra passagem e se preparou para um voo de quatro horas para Cingapura.

Grant fez uma apresentação bem-sucedida. O resultado? Sua empresa estabeleceu um novo relacionamento de negócios que teve um impacto significativo no resultado financeiro da Craft Projects.

É isso o que queremos dizer por atitude vinda de dentro. Enquanto Grant sabe como usar uma variedade de ferramentas de vendas, sua atitude "faça o que puder" é algo que ele desenvolveu em seu próprio caráter. E ele certamente está colhendo os frutos.

Em apenas quatro anos, sua empresa passou de um rendimento zero para 25 milhões de dólares. As estimativas para o quinto ano ultrapassam os 100 milhões. A Craft Projects tem escritórios em Hong Kong, Cingapura e Austrália. Em 1999, sua empresa foi considerada uma das maiores em negócios na Austrália.

Para a empresária Paula Levis Suita da Smith & Suita, cofundadora e diretora de uma empresa de relações públicas, relações com investidores e marketing em Boston, Massachusetts, a combinação de ferramentas do Alta Performance em Vendas e uma atitude positiva fez a diferença entre a ansiedade e o desenvolvimento de uma abordagem vencedora. Foi isso também que ajudou a jovem empresa a ganhar uma das maiores contas em sua história.

— Tudo começou quando recebemos um telefonema de uma pessoa de marketing de uma empresa conhecida que precisava de assistência nas relações com investidores imediatamente. O diretor financeiro havia saído recentemente da empresa, assim como o gerente de relações com investidores. Havia diversas atividades por vir nas quais eles precisavam de ajuda imediata. Uma reunião na "próxima semana" não era suficiente; eles queriam nos ver no dia seguinte pela manhã.

"Nós nos preparamos para a reunião fazendo um curso de duas horas de processo de Alta Performance em Vendas na noite anterior, e fizemos tantos trabalhos de pré-abordagem quanto nos foi possível. Nós nos reunimos com duas pessoas e desenvolvemos um ótimo relacionamento. Nosso contato pediu uma proposta por escrito e disse que a empresa entraria em contato conosco imediatamente após o recebimento do contrato. Nós enviamos a proposta naquela noite. Estávamos confiantes de que havíamos conseguido compromisso — mesmo antes de enviarmos a proposta. Então não tivemos notícias deles por dois meses.

"Durante esses dois meses, telefonamos para o nosso contato e depois para um representante secundário. Enviamos e-mails, primeiro individualmente e depois para ambos. Encontramos motivos relevantes para telefonar. Enviamos cópias de artigos que eles poderiam julgar interessantes como lembretes sutis. Mas por mais que fizéssemos, eles não entraram em contato conosco.

"Sendo a principal pessoa na negociação, comecei a duvidar da minha aptidão, a questionar minha capacidade e a levar aquilo a nível pessoal. Minha confiança começou a decair. Apesar disso, tentei manter o 'sorriso através do telefone' e procurei mostrar minha vontade de ajudar e de resolver seus problemas. Depois de semanas de insistência, finalmente conseguimos falar com o nosso segundo contato. Ela nos disse que a empresa tinha realmente gostado da nossa proposta, mas o nosso contato primário havia sido transferido para outro setor. Ela disse também que a empresa estava em meio a diversas mudanças e todos estavam muito ocupados, sem tempo para telefonar. Nós iniciamos os negócios com eles pouco tempo depois dessa conversa.

"As lições aprendidas desta situação de vendas incluem: 1) Donos de pequenos negócios não podem contar apenas com suas habilidades, serviços ou produtos específicos para obter um trabalho. Devem aprender os fundamentos das vendas para sobreviverem. 2) Vendedores bem-sucedidos — e particularmente mulheres que foram treinadas para serem apoiadoras e não afrontadoras — devem superar o medo de estar sendo agressivos demais e continuarem dando telefonemas — mais uma vez, e outra vez, e outra vez. 3) Uma atitude positiva faz toda a diferença.

MAIS ATITUDES VENCEDORAS EM AÇÃO

Ed Porter, gerente de contas de uma empresa de serviços de informações em Gaithersburg, Maryland, sabe que deve manter uma atitude positiva devido à natureza de sua posição. Ed lida com os telefonemas dos clientes, que ligam por diversos motivos e esperam resultados imediatos.

— Certa vez, uma companhia de seguros vinha fazendo contato conosco em busca de informações sobre nossos serviços de software. Embora tenhamos uma boa reputação no atendimento aos clientes, este de algum modo foi negligenciado. Para piorar a situação, no dia em que eles telefonaram, fui a sétima pessoa com quem falaram. O telefonema foi assim: "É isso que eu quero. Quero conversar com você sobre seus sistemas para empresas. Preciso de alguém aqui na próxima semana. Se você não puder providenciar isso, vamos fazer negócio com outra empresa, vamos tirar vocês dos nossos planos."

"Isto representou um pequeno dilema para mim. Eu faço vendas dentro da empresa, não vou até o cliente. Nós temos vendedores externos, mas nem sempre estão imediatamente disponíveis. Eu sabia que não poderia atender imediatamente às necessidades desse cliente se ficasse tentando encontrar respostas. Então, o que eu fiz?

"Aceitei a responsabilidade de assegurar que as necessidades deste cliente seriam atendidas. Fiz mais algumas perguntas para determinar exatamente seus problemas. Então, eu lhe disse que poderíamos fazer exatamente o que ele esperava de nós. Peguei seu nome e telefone. Prometi-lhe que telefonaria naquela tarde para dizer-lhe o dia em que mandaríamos alguém lá. Eu lhe disse que eu seria seu contato pessoal, e lhe dei o número da minha linha direta, para que ele não tivesse que ligar para o 0800. Assim que desliguei o telefone, chamei meu gerente e expliquei-lhe a situação. Disse-lhe que precisávamos mandar alguém lá. Ele me assegurou que enviaria alguém e marcou o dia.

"Liguei de volta para o cliente e marcamos o compromisso para a semana seguinte."

A atitude de Ed fez toda a diferença. Caso ele tivesse feito a abordagem "Este trabalho não é meu", sua empresa provavelmente teria perdido a oportunidade de fazer negócio com um cliente que representava uma receita significativa, mas Ed assumiu a responsabilidade da situação e encarou as coisas do ponto de vista do cliente. Ele então providenciou para que sua empresa cumprisse as promessas que ele fizera ao cliente.

Patricia Ferráez, gerente da loja Acosta Deportes na Cidade do México, é mais uma vendedora cuja atitude de assumir a responsabilidade fez toda a diferença.

— Certa manhã, um cliente que havia comprado diversos aparelhos de musculação para sua casa telefonou para exigir a entrega da mercadoria. Pelo fato de nossos caminhões de entrega serem alugados, infelizmente não pudemos entregar sua mercadoria no devido tempo. Ele queria que a entrega fosse feita o mais tardar no dia seguinte, ou então exigiria seu dinheiro de volta. Quando me botei no seu lugar, pude entender facilmente por que ele estava contrariado.

"Mais tarde, naquele mesmo dia, recebi um cliente de uma firma de iluminação. Quando este cliente estava indo embora, eu tive uma ideia. Eu disse: 'Será que você poderia me ajudar, por favor? Preciso entregar este equipamento de musculação e estou vendo que você está no caminhão da sua empresa. Você poderia entregar este equipamento para mim? Enquanto isso, eu vou fazendo o seu pedido com um desconto especial para este pedido e para futuros pedidos.'"

Patricia não apenas deixou o cliente dos aparelhos satisfeito, como também impressionou o cliente da firma de iluminação que pôde constatar seu compromisso com o serviço de atendimento ao cliente. Ambos os clientes permanecem fiéis à loja Acosta Deportes graças, em grande parte, à criatividade e à capacidade de Patricia de ver as coisas do ponto de vista da outra pessoa.

James, um vendedor bem-sucedido que mora na Flórida, tem a mesma atitude quando se trata de ver as coisas do ponto de vista do cliente.

— Eu nunca fiquei realmente focado na comissão. Estou sempre preocupado em tratar o próximo do jeito que gosto de ser tratado. Acredito que se fizermos isso todo o resto estará bem encaminhado.

Quando James começou em vendas com seu atual patrão, herdou um cliente que havia feito somente pequenas compras no passado. A pessoa responsável pelas decisões de compra muitas vezes estava sem tempo e não demonstrava muito interesse em estabelecer um relacionamento com a empresa em que James trabalhava.

Depois de fazer uma pré-abordagem, James descobriu que este cliente chegava no trabalho às 4h30 e só saía às 20h. Ao se colocar no lugar do seu cliente, percebeu que poderia ter uma oportunidade de encontrar-se com ele se seguisse o horário do cliente. O que ele fez então?

— Eu ia vê-lo às 4h30. Ou então às 20h. Às vezes, quando ia vê-lo à noite, ficava lá até as 11h, pois ficávamos conversando sobre negócios. O relacionamento começou a crescer a partir daí.

"Com o passar do tempo, passei a ficar com cerca de 98% do seu negócio. E o meu nunca era o produto mais barato. Chegamos ao ponto em que um confiava no outro e tomávamos decisões para ajudar um ao outro. O que ele precisasse, quer fosse serviço, peças, disponibilidade de crédito, eu trabalhava com ele para atender às suas necessidades.

"Certa vez, esse cliente teve que fazer um pedido bastante significativo. A oferta da minha empresa era aproximadamente 1,5 milhão de dólares a mais que a da concorrência mais próxima. Apesar da diferença de preço, o cliente preferiu fazer negócio conosco. Esta venda representou metade da nossa receita de vendas naquele ano.

"Quando o cliente veio para uma reunião na nossa empresa, eu estava curioso para saber por que ele havia nos escolhido apesar da enorme diferença de preço. Para minha surpresa, ele olhou para todos sentados à mesa, apontou em minha direção e disse: 'Relacionamento.' Apesar de saber que tínhamos um bom relacionamento, eu não esperava que ele dissesse isso. Ele não era o tipo de pessoa que expressa verbalmente sua gratidão. Desnecessário dizer que sua resposta fez com que todos olhassem para mim."

Para James, ter a atitude correta quando se lida com clientes é uma das maiores vantagens que um vendedor pode ter.

— A atitude é o principal. Concentre-se sempre em fazer o seu trabalho da melhor maneira possível, no que pode dar aos seus clientes e no que pode mostrar aos clientes como eles se beneficiarão fazendo negócio com você. Conheço pessoas que estão preocupadas basicamente com o aspecto pecuniário das vendas, e o cliente sempre percebe isso. Na minha opinião, você deve ter sempre uma boa atitude acima de tudo.

"Comecei a trabalhar com meu patrão como frentista quando eu tinha 16 anos. Decidi que não iria passar o resto da vida fazendo aquilo. Então, na minha cabeça, minha teoria tornou-se fazer o que me pedirem, usando o máximo da minha capacidade. Sempre trate as pessoas da maneira que você quer ser tratado. Eu mantive essa atitude em todas as funções que exerci na empresa, e isto fez toda a diferença em minha carreira."

OUTRA PERSPECTIVA SOBRE ATITUDE

Ao falarmos sobre atitude, não estamos dizendo que pessoas excepcionais como James nunca se sentem temerosas ou frustradas. É claro que se sentem. Vendedores com boa atitude têm dias ruins. Eles ficam irritados. Sentem-se ofendidos. Sentem-se até rejeitados. Qual a diferença? As pessoas excepcionais usam essas emoções como meios para alcançar o sucesso, não como barreiras ao sucesso.

Em seu livro *Wisdom, Inc.*, Seth Godin escreve: "Se um em cada dez telefonemas de vendas resultar em um novo negócio, um pessimista diria que isso corresponde a dez por cento de sucesso. Um vendedor bem-sucedido sabe que tudo o que tem de fazer é ser recusado nove vezes para garantir a venda na décima tentativa. Ao encarar a rejeição como um meio para obter aceitação, os vendedores são capazes de persistir até atingirem seus objetivos."

Tome, por exemplo, a reação típica dos vendedores quando se trata de rejeição. Como profissionais de vendas, ensinaram-nos a não levar uma rejeição para o lado pessoal. Afinal de contas, as pessoas estão rejeitando nossos produtos ou serviços, não a nós.

Estas palavras são reconfortantes, mas infelizmente os vendedores médios acham que são reconfortantes até demais. Eles as usam como desculpa para não aperfeiçoarem suas habilidades em vendas. Se puderem pôr a culpa da rejeição no produto, no serviço, ou na proposta, então há pouca motivação para uma mudança.

Vendedores excepcionais são diferentes. Eles entendem as razões lógicas pelas quais o cliente não comprou. Mas emocionalmente tendem a levar a rejeição para o lado pessoal. É isso o que os torna vendedores excepcionais.

Por quê? Em vez de pôr a culpa no produto, no serviço ou na proposta, assumem a responsabilidade. Sua atitude diz: "O que posso aprender com esta experiência?" ou "O que posso fazer de diferente?". Se não conseguirem passar por um porteiro, perguntam a si mesmos por quê. Se um cliente potencial não quer que participem de um processo de licitação, procuram descobrir por quê. Se perdem uma venda, analisam a situação para que sejam bem-sucedidos da próxima vez. Eles não dão desculpas ou se atêm a velhos clichês de vendas, eles se mantêm responsáveis pelos seus resultados. E usam essa responsabilidade para saírem das zonas de conforto e procurar rneios de se aperfeiçoarem.

Geralmente, as melhores pessoas em qualquer profissão são as muito emotivas e apaixonadas pelo que fazem. As melhores enfermeiras geralmente ficam emocionadas ao darem conforto e carinho aos seus pacientes. Os melhores oradores públicos são aqueles que se emocionam quando se dirigem ao público.

Os melhores gerentes geralmente se preocupam com as pessoas por quem são responsáveis. Os melhores atletas podem ser vistos chorando quando perdem, mas vibrando de entusiasmo quando ganham.

Quanto a nós, devemos esperar exatamente isso como vendedores excepcionais. Precisamos perceber que não há nada de errado em ficar emocionado se temos paixão pelo que fazemos. Medo, ansiedade e frustração são sentimentos normais na profissão de vendedor. O que não podemos é deixar que essas emoções negativas nos mantenham na nossa zona de conforto impedindo-nos de realizar mudanças positivas na nossa maneira de vender.

A ATITUDE NOS MOTIVA A ESTABELECER METAS E A ADMINISTRAR EFICIENTEMENTE O NOSSO TEMPO

Certa vez perguntaram a Abraham Lincoln como ele, um homem com pouca educação e proveniente de uma área rural, tornou-se um advogado e depois presidente dos Estados Unidos. Lincoln respondeu: "No dia em que botei essa ideia na cabeça, metade do trabalho já estava feito."

Em 1960, quando o presidente John Kennedy anunciou que os Estados Unidos colocariam um homem na Lua antes de 1970, estimou-se que então só existisse apenas dez por cento da tecnologia necessária para a realização dessa tarefa. No entanto, em julho de 1969, da superfície da Lua, Neil Armstrong pronunciou as palavras: "Este é um pequeno passo para o homem, um enorme salto para a humanidade."

Esses dois acontecimentos, aproximadamente com 100 anos de diferença, tiveram início com metas que pareciam impossíveis. Ambos se tornaram realidade.

Qualquer que seja a situação — quer seja viajar para a Lua ou atingir nossos objetivos de vendas —, ter metas específicas e prazos é importante para alcançar sucesso.

Ron Scribner, vice-presidente da Marsh &C Company Hospitality Realty, em Toronto, Ontário, Canadá, acredita que estabelecer metas com prazos específicos com os clientes frequentemente ajuda a gerar os melhores resultados.

— Um dos nossos clientes, Shoeless Joes (uma cadeia canadense de restaurantes e bares cujo tema é esportes), queria ampliar sua marca através de franquias. Nós sabíamos que a meta tinha que ser mais específica. Então desenvolvemos um objetivo de crescimento de quatro para 20 estabelecimentos num prazo de três anos, com todas as franquias sendo lucrativas.

"Depois de estabelecermos nossa missão, desenvolvemos um plano de negócios e marketing de cinco anos. Eu me comprometi a fazer o que fosse necessário para ajudar o cliente a atingir seus objetivos. Nós nos falávamos diariamente no espírito da harmonia e uma causa comum. Ao final daqueles três anos, tínhamos 20 estabelecimentos construídos ou em construção, com projetos de acrescentar oito estabelecimentos anualmente daí em diante. Nós realizamos isso sem contrairmos quaisquer dívidas.

"O resultado para o meu cliente tem sido riqueza e felicidade. O resultado para mim foi ter sido capaz de proporcionar valor agregado ao relacionamento de negócios que ajudou a atingir as metas do cliente. O prêmio para mim foi ter conquistado a amizade do cliente assim como uma sociedade nos negócios."

Ron teria sido capaz de atingir esses resultados em três anos sem um objetivo específico? Talvez. No entanto, sabendo exatamente o que tinha que realizar e o prazo para esta realização aumentaram as probabilidades de que ele obteria sucesso num período relativamente curto.

Hideo Suzuki, presidente da Cyberland Corporation no Japão, atribui o sucesso de sua carreira ao estabelecimento de um objetivo. Quando era empregado de uma empresa de computadores, Hideo estabeleceu o objetivo de que teria sua própria empresa em menos de cinco anos. Na preparação de seu objetivo de longo prazo, ele estabeleceu diversas metas de curto prazo. Ele começou a economizar dinheiro para ter um capital inicial. E, antes do trabalho e nos fins de semana, aprendeu sozinho a criar gráficos num computador Macintosh.

Como resultado da sua concentração e da dedicação ao seu objetivo, Hideo pediu demissão da empresa de computadores e criou sua própria empresa somente três anos após começar a trabalhar para atingir seu objetivo. Em seu primeiro ano vendeu 225 mil dólares. Dois anos depois, as vendas de Hideo ultrapassaram 1,75 milhão de dólares. Numa época em que muitos negócios no Japão estavam dando prejuízo, a empresa de Hideo estava dando lucro.

Nós todos somos capazes de realizar grandes coisas quando voltamos nossa mente neste sentido. Vendedores com metas e prazos específicos frequentemente realizam o impossível. Como? Assumindo uma atitude vencedora na administração do seu tempo e estabelecendo metas de forma a ajudá-los a cumprir os desafios de realizar vendas num mercado cada dia mais competitivo.

Vender requer diversas habilidades que frequentemente podem parecer desanimadoras e virtualmente ilimitadas. Se não definirmos claramente nossas metas, ou não encontrarmos um meio de administrarmos diversas prioridades, não atingiremos nosso potencial como vendedores. Ter a atitude correta quanto a estabelecer metas e administração de tempo faz toda a diferença.

Atitude positiva e a Alta Performance em Vendas: uma combinação vencedora. Nós acreditamos que as ferramentas e os princípios do Alta Performance em Vendas podem energizar seu empenho em vendas. Eles podem fortalecê-lo, desafiá-lo e dar-lhe um novo nível de confiança na sua capacidade de vendas. Mas a palavra-chave é você. A sua atitude faz toda a diferença se as ferramentas irão motivá-lo a criar os relacionamentos sólidos com o cliente que você precisa para obter sucesso em vendas a longo prazo.

Como podemos manter uma atitude positiva quando as coisas não estão saindo conforme esperávamos? Eis aqui algumas ideias:

Procure pessoas que são apaixonadas por vendas. O Sr. Dale Carnegie gostava de citar Mark Twain, que dizia: "Mantenha-se longe de pessoas que gostam de subestimar suas ambições. Pessoas pequenas fazem isso, mas as pessoas verdadeiramente grandes fazem você sentir que também pode se tornar grande."

Leia, assista e ouça coisas inspiradoras. Use o tempo em que está dirigindo para ouvir fitas motivadoras ou educacionais. Leia revistas de negócios, jornais e publicações sobre comércio. Ligue-se na internet. Assista a programas de televisão e vídeos que tragam conhecimento e motivação.

Converse com clientes que gostam do produto ou serviço que você vende. Recompense-se telefonando para clientes que estão satisfeitos. Às vezes temos a impressão de que estamos constantemente lidando com problemas e apagando incêndios. Nossos clientes satisfeitos nos ajudarão a nos lembrarmos das recompensas do nosso negócio.

Escreva seu ponto de vista e dedique-se com emoção ao seu trabalho. Se você tem metas e se dedicar emocionalmente ao seu trabalho, não apenas você irá gostar mais dele, como também as pessoas que trabalham com você. Você aguardará ansiosamente pelo dia seguinte, pelo próximo telefonema ou pelo próximo pedido — qualquer que seja o resultado.

Quando você embarcar em sua nova aventura em vendas, munido das ferramentas e princípios do Alta Performance em Vendas, tenha em mente estas três coisas:

Você consegue Alta Performance em Vendas aprendendo a usar as ferramentas e os princípios.

Você mantém a performance comprometendo-se a praticar o uso das ferramentas, todos os dias, até se tornarem uma coisa natural.

Você venderá mais do que nunca tendo a atitude correta com relação a vendas, criando relacionamentos focados no cliente e procurando maneiras de sair da zona de conforto para tentar algo diferente.

Em vendas, é fácil desistir. É fácil fazer um pouco menos e então tentar explicar por que não estamos produzindo os resultados que a nossa empresa espera e merece. Podemos pôr a culpa no mercado, na concorrência, no nosso produto, no preço, na publicidade e nas práticas antiéticas das pessoas na nossa indústria. Mas ao fazermos isso, devemos ter em mente que outros estão sendo bem-sucedidos no mesmo mercado. Alguns deles estão até vendendo produtos de qualidade inferior a preços mais altos, mesmo sem publicidade, e estão fazendo isso eticamente. Como eles conseguem? Eles têm a atitude correta quanto a aperfeiçoar suas aptidões, tentar novas ferramentas de vendas e fazendo o máximo para servir bem o cliente.

Então, quando as coisas parecerem estar contra você, lembre-se destas palavras do Sr. Carnegie: "Não deixe que nada o desencoraje. Continue. Não desista jamais. Este tem sido o lema da maioria das pessoas bem-sucedidas. Obviamente que o desânimo virá. O importante é vencê-lo. Se você conseguir fazer isso, o mundo é seu!"

Faça os treinamentos da Dale Carnegie

Alta Performance em Vendas
Este é o programa que deu origem ao livro de vendas da Dale Carnegie. Apresenta modernas técnicas de vendas como prospectar novos clientes, fazer abordagens e descobrir suas necessidades, como transformar seu produto em solução, como imprimir entusiasmo e influência à sua comunicação, resolver objeções com eficácia, gerenciar melhor seu tempo e sua atitude, e fazer fechamentos bem-sucedidos.

Treinamento de Liderança Gerencial
Um programa que une liderança e gerenciamento. Ele ajuda a desenvolver as habilidades necessárias para transformar grandes projetos em ações bem-sucedidas e lucrativas. As principais abordagens do programa são: como fazer planos funcionarem, delegar com êxito, gerenciar o tempo, aumentar o desempenho das pessoas, instaurar um ambiente motivante de trabalho, gerenciar conflitos e erros, ampliar a visão gerencial, tomar decisões e fazer reuniões mais eficazes. Este treinamento capacita na prática a arte de gerenciar processos e liderar pessoas.

Apresentações de Alto Impacto
Este é o programa mundial de comunicação da Dale Carnegie, escolhido pela Microsoft para fazer parte do conjunto de ferramentas do programa PowerPoint (apresentações), como a ferramenta "treinador Carnegie". Neste programa você aprende como estruturar suas ideias, apresentar-se para diversos públicos, ser envolvente e atrair a atenção para suas ideias, responder perguntas com eficácia, projetar sua imagem corretamente, adicionar estratégia e impacto a suas apresentações. O programa perfeito para quem já fala em público e que realizar mais com menos.

Treinamento Dale Carnegie de Relações Humanas e Comunicação Eficaz

O famoso programa da Dale Carnegie que já formou mais de 5 milhões de pessoas em todo o mundo. Este programa aborda as 5 áreas-chave para o desenvolvimento de um ser humano: autoconfiança, relações humanas, comunicação, liderança e preocupações e tensões. Testado com sucesso ao longo de 90 anos o programa tem proporcionado transformações na vida de muitas pessoas.

Serviços de Classe Mundial

Este programa traz um novo conceito de prestação de serviços para as empresas, levando as pessoas a pensarem em seus clientes e seus mercados de forma mais ampla, resgatando a cultura e a particularidade de cada negócio. As empresas que participam deste processo descobrem novas formas de se relacionar e prestar um serviço que deixe os clientes mais envolvidos com suas soluções.

Equipes de Alta Performance

Este programa leva um grupo de pessoas trabalhando juntas a entender o processo necessário para transformarem-se, com o tempo, em uma equipe de alta performance. Um programa que trabalha de forma prática a comunicação entre diferentes áreas, a coordenação de projetos, a solução de conflitos e a cooperação entre as pessoas para que os objetivos sejam atingidos com satisfação.

Estado/Cidade		Contato
Ceará, Maranhão e Piauí	Fortaleza	Tel.: (85) 3224-6768/(85) 9101-3067 contato@carnegienordeste.com.br www.dalecarnegie.com.br
Brasília	Distrito Federal	Tel.: (61) 3328-0380 comercial@dalecarnegiedf.com.br www.dalecarnegie.com.br
Espírito Santo	Vitória	Tel.: (27) 9999-0115 atendimento@dalecarnegie_es.com.br espiritosanto.dalecarnegie.com.br
Goiás	Goiânia	Tel.: (62) 3093-1221/(62) 8132-4949 mirtha.zucco@carnegie.com.br goiania.dalecarnegie.com.br
Manaus	Amazonas Roraima	Tel.: (92) 3343-4347 george.oliveira@dalecarnegie-am.com.br amazonas.dalecarnegie.com.br.
Minas Gerais	Belo Horizonte	Tel.: (31) 3271-5949 sollusbh@carnegiemg.com.br
	Uberlândia	Tel.: (34) 3211-9200 sollustm@carnegiemg.com.br

Estado/Cidade		Contato
Bahia	Salvador	Tel.: (71) 8781-8040 ivan@dalecarnegie.com.br
Paraná	Cianorte	Tel.: (44) 637-2899 dale@irapida.com.br
	Curitiba	Tel.: (41) 338-8191 Fax: (41) 338-7547 carnegiecuritiba@terra.com.br
	Londrina	Tel.: (43) 3324-2454 carnegie@sercomtel.com.br
	Pato Branco	Tel.: (46) 225-5148 dalecarnegiepato@qualinet.com.br
	Ponta Grossa	Tel.: (42) 225-3664 dalepontagrossa@uol.com.br
Pernambuco, Alagoas e Sergipe	Recife	Tel.: (81) 8931-6308/(81) 3221-5024 dalecarnegie.pe@terra.com.br www.dalecarnegie.com.br
Rio de Janeiro	Rio de Janeiro	Tel.: (21) 2531-2510 atendimento@dalecarnegierj.com.br
Rio Grande do Norte	Natal	Tel.: (84) 3213-1846/(84) 9684-2225 dalecarnegie.rn@terra.com.br www.dalecarnegie.com.br
Rio Grande do Sul	Bento Gonçalves Novo Hamburgo Passo Fundo Porto Alegre - Matriz	Tel.: (54) 452-7506 Tel.: (51) 594-4013 Tel: (54) 3312-2285 fernando@carnegie.com.br Tel.: (51) 3337-8866 carey@gremio.net
Santa Catarina	Joinville	Tel.: (47) 422-3422 carnegie.joi@terra.com.br
	Blumenau	Tel.: (47) 323-0947 carnegie@uol.com.br
	Florianópolis	Tel.: (48) 3028-6008 carnegie@matrix.com.br
	Chapecó	Tel.: (46) 225-5148 dalecarnegiepato@qualinet.com.br
São Paulo	São Paulo	Tel./Fax: (11) 5084-5353 atendimento@dalecarnegiesp.com.br
	Campinas	Tel.: (19) 3253-2015 Fax: (19) 3252-6294 atendimento@dalecarnegiesp.com.br
	Ribeirão Preto	Tel./Fax: (16) 3911-5859 atendimento@dalecarnegiesp.com.br
Estado Minas Gerais Rio de Janeiro São Paulo Paraná Rio Grande do Sul Ceará		**Sites** www.dalecarnegiemg.com.br www.dalecarnegierj.com.br www.dalecarnegiesp.com.br www.dalecarnegie.com.br www.carnegie.com.br www.carnegienordeste.com.br

Este livro foi composto na tipografia
Minion Pro, em corpo 10,7/13, e impresso em
papel off-set no Sistema Digital Instant Duplex
da Divisão Gráfica da Distribuidora Record.